现代学校校长
管理攻略

XIANDAIXUEXIAOXIAOZHANG
GUANLIGONGLUE

小学校长
管理艺术

[XIAOXUEXIAOZHANG
GUANLIYISHU]

陈福●著

吉林文史出版社

图书在版编目（CIP）数据

小学校长管理艺术 / 陈福著. ——长春：吉林文史
出版社，2013. 2（2021.6重印）
ISBN 978 - 7 - 5472 - 1455 - 8
Ⅰ. ①小… Ⅱ. ①陈… Ⅲ. ①小学 - 校长 - 学校管理
Ⅳ. ①G627.1
中国版本图书馆 CIP 数据核字（2013）第 028007 号

现代学校校长管理攻略

小学校长管理艺术

XIAOXUEXIAOZHANGGUANLIYISHU

编著/陈福
责任编辑/高冰若
封面设计/小徐书装
出版发行/吉林文史出版社
地址/长春市福祉大路5788号
邮编/130118
网址/www.jlws.com.cn
印刷/三河市燕春印务有限公司
开本/710mm×1000mm 1/16
印张/17 字数/250 千字
版次/2013 年 6 月第 1 版 2021 年 6 月第 3 次印刷
书号/ISBN 978 - 7 - 5472 - 1455 - 8
定价/39.80 元

小学校长管理艺术

目 录
CONTENTS

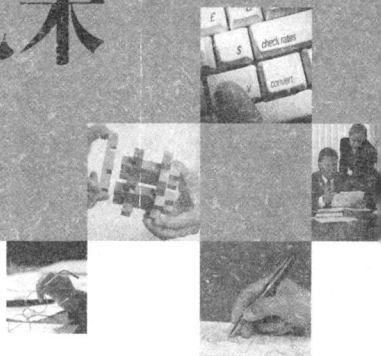

第一章
小学校长的决策艺术

第一节　关于校长决策的基本概述

一、关于校长决策

1　什么是决策

"决策"一词的意思就是做出决定或选择。不同的学者看法不尽相同。决策理论学派的代表人物赫伯特·西蒙认为，"管理就是决策"[①]。组织领导理论家彼得·德鲁克认为，"决策就是判断，是在各种可行方案进行选择"。周三多认为："所谓决策，是组织或个人为了实现某种目标而对未来一定时期内有关活动的方向、内容及方式的选择或调整过程"。[②]有国外学者则将决策定义为："管理者识别并解

知识链接

赫伯特·西蒙（HERBERT ALEXANDER SIMON1916-2001），经济组织决策管理大师，第十届诺贝尔经济学奖获奖者 1978年瑞典皇家科学院贺辞说，其科学成就远超过他所教的任何一门学科——政治学、管理学、心理学和信息科学。他的研究成果涉及科学理论、应用数学、统计学、运筹学、经济学和企业管理等方面，在所有的这些领域中西蒙都发挥了重要的作用，人们完全可以用他的思想为框架来对该领域的问题进行实证研究。但西蒙首先是一位经济学家，因终生从事经济组织的管理行为和决策的研究完而获诺贝尔经济学奖。

彼得·德鲁克（PETER F.DRUCKER ,1909.11.19-2005.11.11），现代管理学之父。彼得·德鲁克于1909年生于维也纳，祖籍为荷兰，后移居美国。德鲁克家族的先人在17世纪时从事书籍出版工作。德鲁克的父亲为奥国负责文化事务的官员。母亲是率先学习医学的妇女之一。德鲁克从小生长在富裕文化的环境之中，其1979年所著的自传体小说《旁观者》对其成长历程作了详细而生动的描述。彼得?德鲁克是受人尊敬的思想大师。

周三多 男，1933年11月7日出生，江苏宜兴人，汉族。1955年中国人民大学工业经济系本科毕业。1958年哈尔滨工业大学工程经济系研究生班毕业。现任南京大学企业管理系教授、博士生导师，享受政府特殊津贴。曾任南京大学国际商学院首任院长，全国MBA教育指导委员会第一届委员，全国MBA入学考试研究中心主任等职。

[①]　赫伯特·西蒙(Harbert A. Simen)《管理行为》，(1945)。
[②]　周三多.《管理学》,中国石化出版社,2010。

决问题以及利用机会的过程"①。 管理学所讲的决策，是指管理者为了实现一定的目标和在处理管理中的实际问题时，从各种备选方案中做出选择的活动。 决策是指向未来的，而未来对于任何人来说都是一个未知的领域。

现在使用决策相当广泛。 但是对于什么是决策，不同的人却理解不一。 凡是根据预定目标做出行动的决定，都可称为决策。 诸多界定归纳起来，基本有以下三种理解： 一是把决策看作是一个包括提出问题、确立目标、设计和选择方案的过程。 这是广义的理解。 二是把决策看作是从几种备选的行动方案中做出最终抉择，是决策者的拍板定案。 这是狭义的理解。 三是认为决策是对不确定条件下发生的偶发事件所做的处理决定。 这类事件既无先例，又没有可遵循的规律，做出选择要冒一定的风险。 也就是说，只有冒一定的风险的选择才是决策。这是对决策概念最狭义的理解。

2 校长决策的含义

校长是学校的管理者，校长在学校管理中应以育人为目标，校长决策是为实现学校教育目标对学校教育活动未来的方向、目标、内容、原则和方法进行选择的过程。 其中包括三层含义：一是决策的主体是学校组织和组织中的成员（包括校长）；二是决策的目的是为了解决组织或个人活动的选择问题以实现目标；三是决策的对象是未来活动的方向、内容和活动的方式。

二、校长决策的主要特征

决策是校长管理学校的一项基本职能，分析把握好决策的主要特征，有助于校长更好地行使决策职能，校长决策不仅具有一般管理决策的共性特征，还具有其自身的个性特征。

---

① 张济正.《学校管理学导论》，华东师范大学出版社，2000。

（一）共性特征

⭐**1 决策的目标性。** 决策是为了实现特定目标的活动，没有目标就无从决策，目标已经实现，也就无需决策。目标是组织在未来特定的时限内完成特定任务的标志。决策是以目标为基础，目标是决策的核心。校长决策应围绕教育目标的确定和实现来进行。没有目标，就没有学校教育发展的方向和评价的依据。此外，目标要具有可行性。校长决策的目标是为了指导学校的未来活动，实现办学的预期目标。这都需要一定的教育资源支撑。如果缺乏一定的教育经费、办学设备、教师等资源，再好的决策方案也只能是可望而不可即。所以决策方案的拟定和选择，不仅要考虑学校发展的必要性，还要注意到决策方案的教育资源的支持情况。无法实施的决策是多余的。

⭐**2 决策的选择性。** 决策的实质就是选择，只有一个方案，就无从优化，没有选择就等于没有决策。而要有所选择，就必须提供可以相互代替的多种方案。学校的发展是建立在通过价值判断选择符合学校实际的行动方案的基础上，特别是学校管理的主要对象是各具个性的人，因而需要更多的因人制宜的决策方案。当然，不同的决策所需的条件和达成的效果会有所不同。因此，学校管理决策不仅有选择的可能，也有选择的必要。决策在选择中优化，优化有两层含义：一是在同样的约束条件下寻找以最低的代价，最短的时间，最优的效果实现既定的目标；二是把决策实施后可能产生的消极后果减少到最低限度。

⭐**3 决策的过程性。** 决策是一个过程，而不是校长"拍板"的瞬间行为。实际上，校长决策不是单项决策，而是一系列决策的综合。学校管理决策往往涉及到多个方面。如开展"生命教育"研究，包含校情与学情的调研、课程内容的选择、科研队伍确定、科研经费保障等一系列决策。只有这些配套的决策做出后，才能认为学校这项决策已经完成。在这其中的每一个决策本身就是一个过程，而且相互联系、相互交融，难以截然分开。可见，一切决策过程都大致包括以下四个阶段：第一，确定决策目标。第二，设计备选方案。第三，评价和选择方案。第四，对付诸实施的方案进行评价。

4 **决策的动态性。** 学校管理决策的动态性是与其过程性相关的。当前对学生的教育更具实践性，学校与外部环境的物质、信息的交流更加广泛，师生的思想也更为活跃，这使学校更易受外部环境变化的影响，因此，学校组织要把握这些变化，从中找出可以利用的机会，调整学校的活动，使教育活动的内容和方法能适应环境的要求，以实现学校与环境的平衡。例如学生习惯教育问题，就需要各方面的力量综合给力。可见，校长的决策不仅是一个过程，而且是一个不断循环的发展过程。

5 **决策的风险性。** 决策可能实现目标，也可能出现意想不到的结果，给组织带来损失。造成这种现象的原因很多，比如目标错误，方案不佳，选择不当，实施不利，信息不准，环境变化等。所有决策都有失误的可能性，领导者应采取各种措施，谨慎从事，努力减少失误。但是也不能害怕失误而造成回避问题，举棋不定，贻误时机。

（二）个性特征

1 **决策的人本性。** 学校的主要管理对象是人，其管理活动是"为了人""塑造人"，并且要"依靠人"。诚如英国哈里·托姆林森所说的"人们将很少关注结构、层级、和角色地位等。管理的焦点将集中于人、人、人"。[①] 因此，以人为本是学校管理决策的基础。学校管理决策不能"目中无人"，简单地一味追求效率最大化，忽视生命的需要的人性的光辉。学校管理决策要充分尊重师生的人格和自尊心，既要满足人的多元化需求，如情感、兴趣、意志、价值选择等，又要充分反映个性差异，如态度、习惯、信仰、需要、观念等方面，真正做到全面提升人的素质和促进人的全面发展，

> **知识链接**
>
> 哈里·托姆林森 在受彻斯特担任了18年中小学校长和学院院长后，哈里·托姆林森到利益城市大学负责"教育领导国际MBA"项目。之后，他负责管理约克郡和争伯地区的国家专业能力资格委员会(NPQH)。随后，他担任过国家教育领导学院七个全国公会之一的在职校长领导计划的项目主管。他还曾经为英国教育标准局负责管理约克郡和亨伯地区的"绩效管理合同"。他担任过中学校长协会财务总管和BELMAS的主席。他主要负责编辑的图书有《教育中的绩效工资》、《寻找标准》、《教育和培训》的第14章至第19章，《领导者——声音，价值观和愿景》，《教育绩效管理》。他最近成为立陶宛教育部"学校重组，领导和管理发展"项目的顾问。他获得过国家培训奖，拥有MBA学位、绩效教练和生活教练的资格证书。

---

① 哈里·托姆林森.《教育领导力的修炼》，译者：刘玲等，中国轻工业出版社。

只有这样，决策才能得到广泛的认同和有力的执行。

2 决策的教育性。 学校管理决策始终以育人为目的，因而其本身都具有一定的教育意义。无论什么样的学校，管理决策都会对学生乃至教师产生显性或隐性、直接或间接的影响。积极的学校管理决策产生正面的教育效应，反之，则产生负面的教育效应。此外，决策者要"正人必先正己"，要带头做到"有令则行，有禁则止"，发挥言传身教的作用。

3 决策的公平性。 教育公平是社会公平的重要基础，是社会公平价值在教育领域的延伸和体现，是人发展起点的公平。学校管理决策应体现学生的入学机会、教育过程和教育结果的公平。其中包括在教育过程所提供的各种教育资源的基本均等。

4 决策的公益性。 教育是一项公益事业，提供的是一种"非赢利"的公共新产品。学校管理决策并不是考虑决策行为的经济利益，而是要追求人的可持续、全面的发展。

5 决策的发展性。 发展性是学校决策的生命力所在，对学校及其成员而言，发展意味着学校规模的扩大、办学条件的完善、教学质量的提升、学校成员的成长、学校文化积淀等。校长决策既要考虑学校组织本身的发展，又要注重个体成员的发展。例如有关学生的综合评价、教师的专业发展的决策都应具有发展的眼光。

三、校长决策应把握的原则

当前，随着校本管理理念的逐步兴起，学校日趋社会化和开放化，学校管理决策也日益复杂化，所面临的问题错综复杂、千变万化，因此，学校要因地制宜地进行决策，才能提高决策成功的可能性，这就要求学校在决策时要把握好以下几项原则：

（一）系统性原则

系统性原则，也称为整体性原则，主要指从整体着眼看待部分，使部分服从整体。学校是社会系统的一个子系统。因此，管理者要从学校整体着眼看待学校的各个部分，使学校职能部门的一系列决策服从学校整体的目标。同时，还要把学校放到教育系统乃至社会系统的整体中去权衡，以整体系统的总目标来协调学校系统的目标，从而在决策过程中正确处理学校全局与局部的关系、全面发展与突出重点的关系、当前利益与长远利益的关系、学校利益与社会利益的关系。那种"头痛医头，脚痛医脚"、"拆东墙，补西墙"等顾此失彼的决策，都是违背系统性原则的。

（二）预测性原则

古人云：凡事预则立，不预则废。可见，预测是决策的前提和依据。预测是由过去和现在的已知，运用各种知识和科学手段来推知未来的未知。决策是面向未来的，是在未来执行的，科学决策必须用科学的预见来克服没有科学根据的主观臆测，防止盲目决策。决策的正确与否，取决于对未来后果判断的正确程度，不知道行动后果如何而草率决策，常常造成决策失误，所以学校管理决策必须遵循预测性原则，要对决策后果可能出现的问题甚至危机做出预测。尤其是教育决策，关系到社会未来人才的培养，更要着眼预测决策对未来可能的深远影响，而不能"走一步，看一步"，或认为"船到桥头自然直"。

（三）民主化原则

学校管理决策民主化，是学校管理的必然要求，也是教育社会化的必然趋势，因此，决策时要充分发扬民主作风，调动决策参与者，包括决策执行者的积极性和创造性，共同参与决策活动，并依靠集体的智慧与力量进行决策。民主化原则有三个方面的具体要求：一是切实保障决策参与者、决策执行者在决策活动中的地位和权利。学校管理的民主性体现在课堂教学、师生交往、学校活动和学校与社区、家庭以及其他成员的沟通与合作中。决策时要树立民主观念，建立和健全民主监督机制，确保学校成员的基本民主权利，如知情权、表达权、参与权、表决权等。二是正确处理好集权和分权、集中和民主的关系。学校管理决策要做到"职责权"的统一，既要注意适当地集权决策，又要合理地分权决策，同时，要坚持民主集中制，既讲民主，又讲集中。凡是与教师、学生、家长等学校成员有关的而且他们有能力处理的事情，应由他们自主决策、自我负责。例如德国提出了要从家长、学生、学校大会、教师大会四个方面来构建学校民主的框架。这个新的改革动向是值得学校民主决策时参考借鉴的。三是依靠集体进行决策。

当前，由于教育信息的瞬息万变和教育技术的日新月异，学校管理决策日趋复杂化和多变性，仅凭个人的能力往往捉襟见肘，因此，要形成决策集体，群策群力。当然，决策也要预防过度民主，追求所谓的完全平等，否则，不仅会造成学校权力边界模糊，而且会使权力结构和指挥混乱，甚至造成学校管理机构瘫痪。

（四）科学化原则

科学化原则是一系列决策原则的综合体现。现代化科学技术，特别是信息论、系统论、控制论的兴起，为决策从经验到科学创造了条件，只有遵循科学化原则，才可能进行有效的决策。决策科学化的基本要求：一是决策思想科学化。按照科学思想进行决策，是决策科学化的决定性因素。科学的决策思想要求决策者有端正的决策态度、合理的决策标准、系统的决策观念、求异的决策思维。二是决策程序科学化。决策是为了解决问题，因此科学的决策应该遵循一套科学的程序。决策程序化很大程度上影响着决策方案的质量，并使决策行为制度化、规范化、条理化，从而提高决策实效。三是决策方法科学化。要把发挥专家的经验与智慧同运用数学模型进行系统分析结合起来，把定性分析方法和定量分析方法结合起来，联系学校实际探索出一套科学的决策方法、技术和手段。四是决策机制科学化。要建立起完善的决策机构、执行机构、反馈机构和监督机构，且各个机构相互协调、相互促进、相互制约，使学校管理的决策力、执行力、反馈力和监督力成为有机的整体，形成自主决策、自觉执行、自动反馈和自我监督的管理决策运行机制。

（五）弹性权变原则

任何事物都在发展变化之中，学校管理决策也不例外，不存在一成不变的、普遍适用的决策模式。决策的有效性总是与特定的管理对象和环境条件相联系的，没有放之四海而皆准的决策方法。一元化与多元化、分权与集权的优劣都是相对而言的。在不同的学校运用相同的决策，其有效性未必一样；在同一学校的不同职能部门运用相同的决策，其有效性未必一样；同一学校在不同时期运用相同的决策，其有效性未必一样。任何优秀的决策方法和技巧总是相应于特定的组织和特定的环境中，当组织和环境发生变化时，决策也应相应地做出改变。因此，学校管理决策要根据所处的内外条件随机应变、保持弹性、留有余地，对决策执行进行调节，甚至重新决策。同时，还应对可能发生的特定变化及其对学校战略实施的影响，以及应采取的应变方案都要有充分的了解和准备，从而具备足够的应变能力。在学校管理中，学校教育目标通常不会发生太大的变化，但学校组织环境、组织成员因学校内部条件和外部条件的不同而具有很大的差异性。管理者应该从实际出发，在不违背教育规律的前提下，实事求是，灵活地选用决策方式，努力实现学校教育目标，使学校不断向前发展。

第二节　校长决策的类型与模式

一、校长决策的类型

由于学校活动非常复杂，因而，管理者的决策也多种多样。不同的分类方法，具有不同的决策类型。

（一）按决策的重要程度

⭐1 战略决策

有关组织全局利益和长远利益的决策。这类决策对组织的生存与发展将产生决定性影响，并作用于一个较长的时期。

★2 战术决策

有关实现战略目标的方式、途径、措施等的决策，它比战略性决策更为具体、作用范围比较小，影响的时间也要短一些。如企业原材料采购数量的确定、产品库存量的控制等。

（二）按决策的重复程度

★1 程序化决策

例行问题的决策。是指经常重复发生，能按原已规定的程序、处理方法和标准进行的决策。应对结构良好的问题（指那些直观的、熟悉的和易于解决的问题），即有关常规的、反复发生的问题的决策。

★2 非程序化决策

例外问题的决策。应对结构不良问题（是指新颖的，不经常发生的，信息模糊的和不完整的问题），是指偶然发生的或首次出现而又较为重要的非重复性决策。是指具有极大偶然性、随机性，又无先例可循且有大量不确定性的决策活动，其方法和步骤也是难以程序化、标准化，不能重复使用的。

程序化决策一般有先例可循，有现存的政策和规则可依；非程序化决策则往往缺乏信息资料，无先例可循，无固定模式，需要开拓与创新。

（三）按决策制定条件的确定性

★1 确定型决策

是指在可供选择的方案中只有一种自然状态时的决策。即决策的条件是确定的。可供选择的方案之间的优劣比较和预期结果是明确的，决策选优是显而易见的。

确定型决策亦称标准决策或结构化决策。是指决策过程的结果完全由决策者所采取的行动决定的一类问题，它可采用最优化、动态规划等方法解决。确定型决策应具备下述条件：一是存在着决策人希望达到的一个明确目标。二是只存在一个确定的自然状态。三是存在着可供选择的两个或两个以上的行动方案。四是不同的行动方案在确定状态下的损失或利益值可以计算出来。

② 风险型决策

是指决策事件未来的各种自然状态的出现概率是可以测出的，在这种情况下所做的决策具有一定的风险性。可供选择的方案中，存在两种或两种以上的自然状态，但每种自然状态所发生概率的大小是可以估计的。

风险型决策主要特点：一是存在着决策者希望达到的一个明确的目标；二是存在着决策者可以选择的两个以上的行动方案；三是存在着不以决策者主观意志为转移的两种以上的客观状态；四是不同的行动方案在不同自然状态下的损失或利益可以计算出来；五是未来将出现哪种自然状态，决策者不能肯定，但可大致估计出其出现概率。

③ 非确定型决策

即决策事件未来各种自然状态完全是随机的，选中的方案的执行结果是无法预知的。指在可供选择的方案中存在两种或两种以上的自然状态，而且，这些自然状态所发生的概率是无法估计的。

主要依靠决策者的经验和判断能力。由于决策主要靠决策者的经验、智慧和风格，便产生不同的评选标准，因而形成了多种具体的决策方法。

（四）按决策主体所处的管理层次

① 高层决策：组织的高层领导者所做的决策，这类决策事关全局、事关长远。

② 中层决策：组织的中层领导者所做的决策，其影响范围大多只涉及一个部门。

③ 基层决策：组织的基层领导者所做的决策，这类决策主要解决局部的日常工作中的问题。

一般来说，越接近高层的决策越具有战略性、非程序性、非确定性，而越接近基层的决策，就越具有战术性、程序性、确定性。

（五）个体决策与群体决策

⭐1 **个体决策**：校长决策属于学校管理决策本身的一部分。个体决策主要靠个人的价值观、知识、经验以及个人所掌握的情报信息去进行决策。在一个组织内，个体决策所涉及到的主要问题是，个人是否愿意对组织做出贡献，贡献个人努力的程度如何。

个人决策的优点：第一，它能使人们对事物感知得更迅速、更有效；第二，有助于使人们透过事物的表面现象抓住事物的本质；第三，有助于人们从不完全的情报中获取重要的变化信息；第四，有助于人们形成决心，做出果断而大胆的选择。缺点：容易使人们在情况发生变化时固守过时的观点，因循守旧，错失成功的良机，以及固执于先入为主的成见等。

⭐2 **群体决策**。群体决策是指一群个体中每一成员对某类事物的偏好汇集成群体偏好，以使该群体对此类事物中的所有事物做出优劣排序或从中选优。作为一种抉择的手段，群体决策是处理重大定性决策问题的有力工具。阿罗（K. J. Arrow）的不可能性定理是群体决策序数理论的基础，少数服从多数的规则是群体决策中应用最为普遍的一个重要方法。

知识链接

阿罗（K. J. ARROW）的不可能性定理

1951年，阿罗提出一个合理的群体可排规则（他沿用福利经济学中的术语称它为社会福利函数）应该满足一组理性的条件（或称阿罗公理）[1, 2]，包括：正相关性条件、无关方案独立性条件、帕累托原则和非独裁性条件。

以选举问题为例，正相关性条件要求：在两次投票中，如果所有选民都认为候选人X和Y相比第二次不比第一次差，并且其他候选人之间的情况不变，那么若第一次投票的结果是X优于Y，则第二次的结果也应该是X优于Y。

无关方案独立性条件表示：在两次投票中，若所有选民对任意一对候选人X和Y的态度都不变，则他们之间的关系对两次投票的结果应是一样的，即X和Y之间的排序关系与他们之外的候选人如何无关。

帕累托原则意即：若所有的选民都认为候选人X优于Y，则投票结果应该是X优于Y。

非独裁性条件则要求：在选民中不存在有这样的独裁者，即不管其他人的态度如何，只要他认为候选人X优于Y，选举的结果就是X优于Y。

群体决策的优点：一是有更完全的信息和知识。通过综合多个个体的资源，我们可以在决策过程中投入更多的信息。二是增加观点的多样性。除了更多的投入以外，群体能够给决策过程带来异质性。这就为多种方法和多种方案的讨论提供了机会。三是提高了决策的可接受性。许多决策在做出之后，因为不为人们接受而夭折。但是，如果那些会受到决策影响的人和将来要执行决策的人能够参与到决策过程中去，他们就更愿意接受决策，并鼓励别人也接受决策。这样，决策就能够获得更多支持，执行决策的员工的满意度也会提高。四是增加合法性。北美和许多资本主义社会重视民主的方法。群体决策过程与民主理想是一致的，因此，被认为比个人决策更合乎法律要求。如果个人决策者在进行决策之前没有征求其他人的意见，决策者的权力可能会被看成是独断专行。

群体决策的缺点：一是浪费时间。组织一个群体需要时间。群体产生之后，群体成员之间的相互作用往往是低效率的，这样，群体决策所用的时间与个人决策所用时间相比，就要多一些，从而就限制了管理人员在必要时做出快速反应的能力。二是从众压力。群体中存在社会压力。群体成员希望被群体接受和重视的愿望可能会导致不同意见被压制，在决策时使群体成员都追求观点的统一。三是少数人控制。群体讨论可能会被一两个人所控制，如果这种控制是由低水平的成员所致，群体的运行效率就会受到不利影响。四是责任不清。群体成员对于决策结果共同承担责任，但谁对最后的结果负责呢？对于个人决策，责任者是很明确的。对于群体决策，任何一个成员的责任都会降低。

二、校长决策管理的模式

根据华盛顿大学 Professor Bettin 的研究分析，大多数的领导者，他们的决策模式可分为五大模式，但是每一位领导者都有他们习惯或偏爱的决策模式，有些是合适的，有些不见得是适当的决策模式的应用，这与决策的时机、性质都有关联。首先让我们来探讨一下这五种决策模式[①]。

---

① 蒂勒.《管理决策》，肖霞译，经济管理出版社，2010。

（一）"L"决策模式

L 型决策模式，是领导者对该项事情的决策，完全依据自己对该事情的了解与信息，凭其经验与知识做决策，完全不与相关部属讨论或征询意见。自信满满的领导者，或认为部属没有能力，或不习惯部属的参与决策，都喜欢使用这种决策模式。这种 L 型的决策模式，完全没有员工的参与，更谈不上透过决策模式与员工讨论，来提升员工的能力。习惯这种决策模式的主管大都倾向独断式的领导，平时与员工保持距离，由领导统驭的角度来看，这是一种最差的决策模式。但是有时候，由于时间紧迫，领导者被迫必须采用这种决策模式，如果领导者对该项事务并不十分了解，这时候 L 型的模式就要冒决策失败的风险了。

（二）"LI" 决策模式

LI 型决策模式，领导者面对一项决策时，会选择性地询问员工对一些问题的看法，但并不会让员工知道询问的目的何在，之后自己根据这些得来的信息，就做决策了。由参与式管理的角度来看，LI 决策模式，也只有 10% 的参与度，主要还是领导者依据自己的知识与情报来做决策。如果决策的品质与正确性是很关键的时候，且领导者对这项决策又缺少足够知识时，L 与 LI 两项都不是最理想的决策模式。

（三）"LC" 决策模式

LC 型决策模式，是领导者单独地分别找几位部属，征询他们对决策的意见，领导者会先说明决策的目的与困难，并与这些部属相互讨论什么是最佳的方案。

LC 型的决策模式，虽然也只是与少数几位部属分开讨论，但是因为领导者会提出困难与决策目的说明，这样的参与程度，大概有 50%，可算是比较民主参与式的领导，对员工的训练与培育，也可以起到一些作用。相对于 L 与 LI，LC 决策模式会花较多时间，但是如果这可换来更正确适当的决策与员工的能力成长，牺牲小部分效率还是值得的。

（四）"LCT" 决策模式

LCT 型决策模式，领导者在需要做决策的时候，会先召集相关的主管一起开会，先向主管们说明决策的目的与困难，并请每一位主管提出各自的看法与决策建议，在会议中，领导者只扮演鼓励发言、引导讨论的角色，让不同的意见激荡出更好的意见，最后领导者综合大家的意见后，加上自己深入的思考，才做出决策，并向相关提供意见的主管说明最终的决定与原因。

LCT决策模式，虽然很花时间，但是这种决策模式充分做到上下交流，全员参与，对形成团队合作有很大的帮助，对员工能力的成长效果最好。这种模式，透过脑力激荡法，可以找到较佳的方案，也由于大家都参与讨论，决策的结果由大家一起承担，大家都愿意全力来支持这项决策，对决策的彻底执行，起到决定性的作用。对于复杂且没有规范可循的问题，LCT是最好的决策模式。

（五）"T"决策模式

T型决策模式，是一种全员参与的模式，领导者将决策的形成完全交给团队，并全力地支持团队最后的决定。

T模式由于是全员共同决策，可能会花比较多的时间，会缺乏效率，但是这种模式，最能被大家接受，并愿意全力支持，效力最高。当然这种决策模式也存在决策错误的风险，因为决策结果是由团队决定的，如果你的团队对公司向心力与认同度不够，员工容易只考虑自己的立场，而不管公司的立场与公司的利益，尤其是当这项决策涉及员工的切身利益时，更容易发生偏差的决策。

T模式是最民主的决策模式，是员工参与度最高的模式，但这种模式如同L模式，也是一种极端，很容易被部分忽略自己管理责任的领导者，以授权之名义，完全放任员工做决策。

第三节　校长决策的问题分析

小学实行校长负责制以来，相当一部分学校在校长的引领下，有力地提升了学校的管理效能，学校执行性、事务性的决策效率有了很大程度的提高，学校有了不同程度的发展。但是，毋庸讳言，在教育改革与发展新时期，"一长制"下的学校管理决策普遍存在一定问题，其成因既有个人因素，又有组织因素。

一、学校管理决策存在的问题

随着信息时代的扑面而来、知识经济的全面兴起、教育理念的不断更新、教育权力的逐渐下移和学校组织的日益开放，现行学校管理决策封闭性、集权式、简单化的弊端愈加凸显，存在着一些与当前学校管理复杂性和创新性不能相适应的问题。

（一）决策主体趋向一元化

在校长负责制下，由于校长具有最后自由裁量权，有的学校决策异化为校长个人决策，异化为"校长说了算"。

⭐**1 个人决策独断化。**校长以自我为中心，往往是分工而不分权，缺乏有效的授权，事无巨细都要由其拍板。

⭐**2 个人决策随意化。**校长是学校的法人，其权力受制度的保障，却少有实质性制度的制约，因此，学校决策常常取决于校长的情绪和偏好，如果校长出尔反尔，学校决策则朝令夕改。

⭐**3 个人决策权力化。**决策权是学校管理的一项职能，然而，"我负责"这句话的潜台词成了"我说了算"。负责体现的是权力的彰显而不是责任的承担。

(二)决策参与趋向形式化

学校管理决策的参与方式有集体参与决策、教师参与决策、学生及家长参与决策、社区成员参与决策等。而这些决策采取的方式和参与的程度往往也是个决策的结果。因此,决策常常流于形式,缺乏实效性。甚至出现"小事开大会,大事开小会,关键的事不开会"的现象。

1 集体参与决策。学校金字塔式的科层结构使得学校组织成员难以形成真正意义上的团队,学校推行的是层级管理。学校决策虽经集体讨论,然而由于缺乏一定议事制度的集体决策方法,集体的成员出于各方面的考虑,不能畅所欲言,坚持己见,难以做到集思广益、和而不同。

2 教师参与决策。教师参与决策是学校管理决策的重要组成部分,然而实际上,教师参与决策的意愿不高,参与决策的范围不大,参与决策的影响不强。

3 学生及家长参与决策。学生及家长参与决策的机会不多,基本上是通过家长会或家长委员会通报学生学习表现情况和要求家长配合学校教育教学工作。这种方式与其说是参与决策,还不如说是通报要求。

4 社区成员参与决策。这种决策方式并非是常态的,社区的参与是被动的,一般是学校需要社区支持的事情,如校园周边的安全工作等。

(三)决策认知趋向"常识化"

在学校管理过程中,决策无时不在,对于学校而言,进行科学、有效、迅速的决策显得十分重要。但是,学校管理决策时,由于决策的认识先入为主,使决策似是而非,产生一定的偏差。

1 心理定势。学校管理决策在遇到以往类似的问题时,就不假思索地再次选择过去获得了比较好的效果的方法去应对。殊不知,教育活动是动态发展和极其复杂的，虽然两个问题发生的条件十分相似，但由于教育的背景、教育对象的不同，沿袭以往的方案去应对，可能忽视某些潜在的、不同的影响因素，进而造成不良的后果。

⭐ **2 最效应。** 学校管理决策希望所选的方案是"最优"的，忽视了"人是有限理性的"，过于追求完美，期望值过高，造成坐失良机抑或心理受挫。尤其是对于"众口难调"的具有差异性的学生而言，任何一项学校的教育教学改革都不可能是对每个学生的"最优决策"。

⭐ **3 集思广益。** 这常常被认为，参与决策的为数越多或者方案选择的人数越多，风险就越小。可是，由于群体决策使得决策结果的风险由多人共同承担，因此，在选择方案阶段，进行集体共同决策时，容易出现"冒险的群体"现象。

（四）决策过程趋向简单化

学校管理决策是一个过程，而不是一瞬间的"拍板"，甚至是"拍脑袋"，其主要表现在决策的的制定是一个完整的过程。决策的有效性取决于制定过程的完整性。然而，在实际的决策过程中，为了急于求成，决策过程趋向简单化。

⭐ **1 问题意识淡化。** 发现和提出需要解决的问题，这是决策的起点。但是大部分学校管理决策囿于事务性、执行性决策，而不是基于主动发现学校发展的问题，进行创造性决策，对于一些现象司空见惯，习以为常，往往是见怪不怪，不认为是问题，虽然有些问题认识到了，但由于种种顾虑而不敢理直气壮地提出来，以致使问题日益严重，增加解决的难度。对学校一些"老大难"问题，也是浅尝则止，得过且过。

⭐ **2 目标确定不明确。** 决策制定和执行是为了实现决策目标。而学校教育目标具有长远性，要经过一系列持之以恒的决策才能达成。实际上，在这一系列决策中，每个决策却不能总是服从和服务于教育目标，而是形成各种目光短视、急功近利的目标。

⭐ **3 方案选择单一。** 学校管理的多方不确定性，要求拟定出更细致、更多样的可行方案以供选择。然而，在解决实际问题时，为了能速断速决，拟定方案时，仅仅设计极少甚至只有一个方案，并不考虑反面意见，直接加以选择。

⚑ **缺乏决策追踪。** 学校教育活动具有滞后性，教育效果往往不能立竿见影，管理对象会随着时空的变化而不断发生变化。有的学校管理决策采取"一劳永逸"的方法，没有进行决策追踪，不能根据实施决策时的具体情况进行调整。

此外决策趋向功利化。学校管理决策的主要特征具有公益性和公平性。但是，由于受到市场经济追求利益的影响，学校管理决策遵循的教育公平的价值和理念受到功利主义的冲击，造成了教育的"马太效应"。学校提高教育教学质量的目标一定程度上被异化为学校创造经济利益的手段。这不难从当前白热化的"优质生源抢夺战"得以启示。显然，这是与"有教无类"、"学有所教"的精神背道而驰的。

二、学校管理决策的问题成因

影响学校管理决策的因素既有宏观的社会因素，宏观的社会因素过于宽泛，这里仅从学校组织本身出发，又有微观的组织系统因素。由于宏对其决策的影响因素做微观分析，以防范决策偏差，提高决策质量。影响学校决策的主要因素有决策者的个人因素和组织因素。

(一)影响决策的个人因素

决策的过程是决策者的主观世界作用于客观现实的过程。可见，决策者是影响决策过程的关键因素。决策者的观念、知识、能力、心理、经验和态度等因素在很大程度上对决策产生作用。这些因素是决策的自然基础。

⚑ **思想观念。** 决策者的教育观念、价值取向是制约决策的首要因素。教育思想是学校管理活动的指导思想，是学校管理决策的出发点。有什么样的教育思想就有什么样的决策行为。由于受到市场经济的影响，有的决策者并没有转变教育观念，其决策行为仍然表现片面追求升学率、青睐教育功利化等违背现代教育理念的价值取向，使决策难以体现教育的永恒价值和教育的终极目标。

2 个人经验。 决策者的个人经验在决策过程中所起的作用具有两重性。一方面，决策者可以凭借经验的积累，甚至是直觉，对一些难以依靠理性决策的问题做出非理性决策；另一方面，决策者也可能因为成功的经验使自己形成思维定势，过分依赖自己的经验，在决策时不再积极探索和寻求新的思路、新的方法，使决策过于保守。在实践中，决策者往往自我感觉良好，为经验所束缚，不能适时转换视角和思维方式，缺乏对决策相关理论的学习和运用。

3 决策能力。 决策能力是决策者进行决策所需的综合素质的体现。决策者在决策过程中发现问题的敏感度、分析问题的深刻度、判断问题的准确度、拟定方案的有效度、选择方案的果敢度都会影响决策的质量。实际上，决策者为了便捷，习惯于随意简化决策的过程，忽视决策程序化的重要作用，而对于非程序化决策却难以有效把握。

4 决策风格。 决策者对问题的感知能力、经验积累、个性特点、工作作风不同，其决策风格也不相同。国外有人将抉择阶段的各种决策风格分为五种：固执己见，善言逆耳；见风使舵，没有原则；因循敷衍，拖延决策；缺乏主见，不知所措；多谋善断，敢于质疑。显然，前四种风格往往造成决策失误。

5 风险态度。 决策者对未来教育活动的认识是有限的，决策方案的实施不是总能达到预期效果的。可见，决策风险是客观存在的，任何决策都有一定的风险。决策者对风险的态度无疑会影响其对决策方案的选择。勇于承担风险的决策者，面对挑战敢于开拓创新；但求无过，怯于承担风险的决策者则惯于墨守成规。当前，有些学校决策者但求无过，不求有功，但求无过，只会跟着别人亦步亦趋，缺少开拓进取，富于创新的精神。

6 心理效应。 心理效应是指由于社会心理、心理规律的作用，使人在社会认识过程中，对人或事所持有的一些特殊的反应效果。心理效应既有积极作用，又有消极作用。决策者常常受消极心理效应的影响。例如在选择决策方案时，呈现唯一选择的"霍布森效应"；在教育公平上偏好锦上添花、雪中夺炭的"马太效应"。

（二）影响决策的组织因素

学校管理决策的主体是组织，学校的组织氛围同样在相当大的程度上影响着组织成员的决策。影响决策的组织因素主要有：决策体制、过去决策、环境条件、组织文化、决策群体等。

1 决策体制。 校长负责制强调学校工作由校长统一领导和全面负责，校长对学校行政事务具有最后决定权。虽然，其中也不乏有学校党组织的政治核心、保证监督和教代会的民主管理、民主监督等要义，但在管理实践上，却没有制度上的实质性保障，其作用的发挥程度往往取决于校长的党性意识和道德素养。这就容易使为了防止决策低效化的校长负责制走向另一个极端——决策独裁化，从而造成决策主体的实质唯一和集体决策流于形式。

2 过去决策。 学校管理决策是在学校发展中的决策，并不是真正零起点的初始决策，而是对过去决策的完善、调整和改革。目前决策是基于过去决策之上，过去方案的实施，对学校内部的状况和外部环境带来一定程度的变化，从而对"非零起点"的当前决策产生影响，此外，过去决策与当前决策者的相关性也会影响决策。如果决策者是过去决策的主要制定者或参与者，就会极力保持决策的连续性，以维护自身的权威性；反之，则往往会倾向重新决策，以表现自己的创造性。

知识链接

霍布森选择效应（HOBSON CHOICE EFFECT）1631年，英国剑桥商人霍布森从事马匹生意，他说，你们买我的马、租我的马，随你的便，价格都便宜。霍布森的马圈大大的，马匹多多的，然而马圈只有一个小门，高头大马出不去，能出来的都是瘦马、赖马、小马，来买马的左挑右选，不是瘦的，就是赖的。霍布森只允许人们在马圈的出口处选。大家挑来挑去，自以为完成了满意的选择，最后的结果可想而知——只是一个低级的决策结果，其实质是小选择、假选择、形式主义的选择。人们自以为作了选择，而实际上思维和选择的空间是很小的。有了这种思维的自我僵化，当然不会有创新，所以它是一个陷阱。霍布森选择效应对我们的启示在于：对于个人来说，如果陷入"霍布森选择效应"的困境，就不可能发挥自己的创造性。如果管理者用这个别无选择的标准来约束和衡量别人，必将扼杀多样化的思维，从而也扼杀了别人的创造力。

马太效应（MATTHEW EFFECT），指强者愈强、弱者愈弱的现象，广泛应用于社会心理学、教育、金融以及科学等众多领域。其名字来自圣经《新约·马太福音》中的一则寓言："凡有的，还要加给他叫他多余；没有的，连他所有的也要夺过来。""马太效应"与"平衡之道"相悖，与"二八定则"有相类之处，是十分重要的自然法则。

3 环境条件。 环境因素对组织决策的影响具体表现在各种环境条件对组织决策的互动性和制约性。当前的学校是一个开放的系统，其管理活动不断与外部环境进行物质、能量和信息的交换，外部社会环境的变化自然会引发学校内部的变化，影响学校的决策。同时，学校自身的硬件和软件环境也制约着决策方案的选择。例如学校的德育工作深受社会价值取向的影响；一项教学改革要充分考虑教学设施以及师资力量。

4 组织文化。 学校组织内部的文化氛围，是指组织成员的价值观念、行为准则的总和。学校的组织文化会潜移默化地影响师生对变革的态度，进而影响学校的决策。在一个开拓、创新氛围的组织中，组织成员总是用发展的眼光去分析创新决策的合理性，希望通过变革获得新的发展和新的利益，从而渴望变革、欢迎变革、支持变革；在一个怀旧、保守氛围的组织中，组织成员安于现状、墨守成规，担心打破现有的格局，会失去既得利益和跟不上变化，从而对变革持有怀疑、惧怕、抵制的态度；而在一个冷漠、倦怠氛围的组织中，组织成员则产生"群体冷漠"的现象，对变革持无所谓的态度，游离于组织之外，从而对一切麻木不仁、漠不关心。

5 决策群体。 一般而言，集体决策由于经过讨论获得多数人的支持，在实施过程中会减少阻力。但是在决策群体中如果存在不民主的氛围，就会促成"群体思维"现象的发生，即群体盲目赞成某些自己不懂或缺乏深入思考的决策意见。此外，决策群体如果存在权力之争，则会由于不同意见的冲突与制约，大大削弱决策的有效性。这些决策并不完全是为了实现组织的目标，而是一定程度上为了满足个人层面的权力要求。

第四节　校长决策的基本要求

校长管理学校的一切工作，都是围绕着制定决策、执行决策和实现决策目标进行的。一个学校决策水平的高低直接关系到其管理水平的高低。学校组织能否根据需要适时正确地做出决策，将直接关系到学校管理工作的成败，决策可谓是"牵一发而动全身"。因此，必须注重校长对学校管理决策的策略探究，以提升决策水平。

一、深化理论学习，提升决策素养

马克思主义认为："一个民族想要站在科学的最高峰，就一刻也不能没有理论思维"，学校管理决策行为同样要有一定的理论支撑，缺乏理论指导的学校决策是难以有效达成目标的，并可能因此付出更多的成本代价。作为学校管理者，必须掌握基本的教育学、心理学和决策学等相关理论，努力把理论学习成果转化为科学决策，使学校各项决策更具科学性、前瞻性和可操作性。

（一）增强紧迫感

教育是一种复杂的社会活动，是一种永恒的社会现象，在不同时期，不同国家和地区表现出不同特征。在跨入 21 世纪之际，经济全球化的步伐明显加快，为适应知识经济时代要求，各国都相继提出了"全民教育"、"学习型社会"、"学习型组织"、"终身教育"等现代教育的理念和实践，这对我国教育来说，既是一种挑战，也是一种机遇。同时，也对学校组织成员的决策素养提出了新的更高的要求，因此，必须把理论学习作为一种责任、作为一种内在的需要，切实加强。

(二)注重方法论

方法论是人们认识世界和改造世界的方法及如何运用方法的科学理论。在不同层次上，有哲学方法论、一般科学方法论、具体科学方法论之分。掌握方法论，就如同是直接站在巨人的肩膀上，直接得到了人类的智慧结晶。因此，学校决策者要注重学习掌握辩证唯物主义、历史唯物主义的方法论、系统科学的方法论和管理决策的方法论，用以指导观察事物、判断问题、解决问题。

(三)拓宽知识面

正确的认识是成功决策教育活动的前提。因而，要结合学校教育工作的需要，学习掌握经济、政治、文化、科技、法律、管理、历史乃至文学艺术等各方面的知识，以加深对教育现象的认识，认清教育与社会、教师与学生、知识教育与能力培养等各种基本关系，避免因认识的模糊带来实际行动的偏差。例如只有掌握现代教育中的师生关系的有关理论，才有可能真正促进教学方式的转变，做到学有所教、有教无类、教学相长。

(四)提高实效性

决策理论来源于管理实践，又对实践具有能动作用。作为学校管理者，为提高理论学习的实效性，避免知行脱节，必须善于把理论学习成果运用到科学决策实践，按照教育教学规律和青少年儿童身心发展的规律决策教育活动，调整控制教育行为，切实使理论的学习掌握转化为强大的武器。例如只有把小学生"网瘾"问题同小学生身心发展状况联系起来认识，才能找到有效的解决方案。

(五)形成制度化

建立健全学校组织成员理论学习制度、调查研究制度、学习考核制度，促进学习的制度化、经常化。理论学习要把集中研讨、个人自学与专家辅导结合起来，把解决问题与理论培训结合起来，把知识积累和科学决策结合起来，着力形成促进学校成员自觉学习、学以致用的长效机制。

二、倡导多元参与，完善决策方式

决策是学校管理的一项基本职能，是其他各项管理活动的基础。决策成效是学校发展成败的关键。在决策过程中，除了保障个人决策，还要积极推进集体决策、教师参与决策以及家庭、社区参与决策，同时，注重完善不同的决策方式。这种多元参与的决策方式，校长应该做到"多谋善断"。

知识链接

陈澹然(1859——1930)，字剑潭，今伩山乡人。其家境贫寒，幼时从父读，9岁能握笔为文，聪慧异人，才思横溢后应试桐城，在数千人中，澹然文压群芳。光绪十九年(1893年)思科举人。他好读史书，为文不拘守"桐城派"的家法，人称"野才""狂生"。澹然恃才自负，狂放不羁。他不仅在学术上有独特的见解，在政治上亦不随声附和，而敢于阐发不同观念。著有《江表忠略》10卷、《异伶传》、《原人》6卷、《原人订本》4卷、《寤言》、《权制》8卷、《田间兵略》、《波兰泪史》、《哀痛录》、《中国通史》、《诗文集》、《卷文简四书考证》、《万国公史议》等。

（一）校长决策要多谋

一是问题求明。问题是决策的动因和起点，决策对象的情况和问题不明，就实现不了决策，更不能进行决策。因此，校长在决策前必须掌握充分而可靠的信息。从大处讲，就要熟知党和国家的大政方针，吃透上级各种文件精神；从小处讲，就要及时准确和全面地把握决策对象的性质、特点、范围，找出问题的症结及产生的原因。只有这样，才能把握住时代脉搏，区分出问题的轻重缓急、关键和非关键，为正式决策做好充分的准备。

二是目光求远。校长在决策时，一定要有战略眼光，能高瞻远瞩，做到"远谋"。清代学者陈澹然就说[①]："不谋万世者，不足谋一时；不谋全局者，不足谋一域"。人无远虑，必有近忧。教育是为未来培养人才的事业，切忌鼠目寸光，急功近利，短期行为。因此，校长在为教育教学改革实施决策时，一定要着眼于未来，使学生能可持续发展，使教师能可持续发展，使学校自身能可持续发展。

三是纳谏求真。教职工的建议和意见可分为怨言、众言和谗言。

---

① 清代学者陈澹然先生的文集《寤言》·卷二《迁都建藩议》，1902年。

校长对这些建议和意见必须有个去粗取精、去伪存真的过程，做到真实、可靠。校长听到怨言时，要仔细推敲一下其中隐含的合理因素，注意"提炼"怨言中那些领导决策时需要的可靠信息。

校长对众人之言不可不听，众人之说不可不察，特别在重大问题决策面前，更要广泛听取各方面的意见。报喜的，报忧的，悦耳的，逆耳的，都不放过，并对众人之言进行认真的鉴别和比较，要加以"筛选"，从中获得真实的意见和建议。

校长要特别警惕谗言，因为谗言具有欺骗性、虚伪性、破坏性。张闻天同志在《论待人接物问题》一文中说："那些善于恭维自己，奉承自己，拍自己马屁的人，正是那些最容易把事情弄坏的人。"实践证明，那些善于阿谀奉承的人一旦捞不到好处，在背后捅刀子的往往也是他们。因此，校长在向教职工征求意见时，要注意识别那些别有用心的花言巧语、阿谀奉承，做到"善识"谗言，自觉地远离谗言，谨防"糖衣炮弹"的侵袭。

（二）校长决策要善断

"善断"，就是熟练使用各种决策方法善于做出决策，即决策准确、可行、科学、恰当。

一是情绪稳定。心理学研究表明，稳定的情绪是一种精神优势，是一种无形的力量。只有情绪稳定，才能沉着冷静，镇定自若，才能思维有序，判断正确。反之，如果情绪烦躁不安，就会反应迟钝，判断失真。因此，校长在决策过程中，要始终保持头脑清醒，不断进行自我调适、自我控制，求得情绪的稳定。这是校长在决策时首先必须做到的。

二是从实际出发。决策是否正确可行，要看它是否符合客观事物本身的特点和要求。一方面，在决策时要坚持以客观事实为依据，要从分析事实中找出解决问题的办法来。另一方面，要具体问题具体分析，任何事物都有自身的特殊性，校长只有从本校校情出发，才能制定出切实可行的决策。

三是要民主决策。学校管理主要靠领导班子集体的力量，坚持民主决策就是把决策权集于领导班子，凡是重大问题，都由领导班子讨论决定。校长是领导班子的主要决策者，实行校长负责制不是校长一人说了算，校长在决策时，必须听取党支部和教代会的意见，接受他们的监督，确保决策更科学，更完善。学校还要积极推动教师参与决策，有效引导家长和社区成员积极参与学校管理决策。

四是把握时机。校长要做到决策恰当，必须注意场合，把握时机，即关键时刻当机立断，容缓时刻深思熟虑，环顾左右不当断的则不断。

所谓关键时刻当机立断，是指校长对学校发生的突发事件、完成突击任务、有悖政策法规、偏离办学方向等大事，要及时迅速地做出处理决定，决不能随波逐流，人云亦云，姑息迁就，贻误时机。当断不断必有后患。

所谓容缓时刻深思熟虑，是指学校在制定规章制度、出台改革举措、考核和评估教师等大事时，校长要深入调查研究，听取群众意见，掌握第一手资料，分析得失利弊，充分考虑教师的心理因素和承受能力，做到深思熟虑。

【案例】

杨东文校长新官上任莫点火

都说"新官上任三把火"，可这杨东文校长上任都快两个月了，怎么一把火也不见点呢？大伙儿都觉得挺纳闷儿的。你看吧，各部门的职数没有变，部门领导的分工没有变，教育教学的要求没有变，规章制度没有变，纯粹一副"依葫芦画瓢"的架势，让人感觉这校长好像压根儿就没有变动过似的。

咦，他这葫芦里到底卖的是什么药呢？都说他善于管理，可是为什么按兵不动，莫非是这样规模的大学校难于驾驭？还是对这所学校的现状非常满意，要坐享前人之果？

要说他管理失策技穷的话，那前两所名不见经传的小学，的的确确是被他搞出名堂，以至老师乐教、学生向往、家长满意的呀；要说满足现状，可现状不应该达到让他坐享清福的境地呀。这些不大不小的问题，不是或多或少地存在着吗？迟到早退者有之，中溜逛街者有之，备课拖拉者有之，班级管理懈怠者有之，上班打游戏者有之……虽然犯规者不多，但得说呀，何不杀鸡儆猴，树树威信，把几把火点了得了？ 难道让那些踏踏实实、规规矩矩的老实人吃亏？

"不能让老实人吃亏！"这是杨东文校长的一句名言。 两个月后，即期中的时候，终于有了动静。 杨校长提议，根据学校目前状况，尽快出台教学质量奖和综合奖考评办法。 杨校长分析现状时说，目前，大部分人是优秀的，只有少数人存在大校优越感，缺乏危机意识，导致责任心不强。 所以，出现散漫状况的根源是态度问题。 要让所有教师认识到，态度决定高度，细节决定成败。 学校要发展，首要的是解决态度问题。 我们要让所有教职员工参与到制度的制定中来，要通过有效的制度，激发教师们的工作热情。

于是，此管理艺术案例中由校长室草拟，全体教师参与修改、制定的"两奖"考评办法应运而生，有机地将教师成长和学校发展协调起来，成为应用到现在的兼具约束和促进作用的有效奖惩制度，成为学校健康正确前进的重要保障。

看着现在和谐有序的校园和团结敬业的教师群体，管理艺术案例中的杨校长笑言，"有人问我当初为什么不点那三把火？ 我说，点那三把火往往是急功近利的表现，许多都是追求立竿见影快出成效的形象工程、政绩工程。 俗话说，心急吃不了热豆腐。 我觉得管理应该不温不火，不急不躁，要在了解摸索、通晓全局的前提下，根据学校的校情、人情、事情等实际情况，调整管理思路，确定管理措施。"

说来也奇怪，这管理艺术案例"两奖"考评办法里，没有一条制度是禁止迟到、早退什么的，但现在这些现象确实看不到了。 哈，这治标与治本、治人与治心里面的学问大着呢，一字之差，效果却有霄壤之别。 有志成为管理人才者不妨用心参悟。

【点评】

通瞻全局，谋而后动

常听人说，某某领导新官上任三把火，一下子就把"威信"树起来了。其实这样做，很多时候都会犯"头疼医头，脚疼医脚"的错误，治标不治本，员工表面臣服，内心却多有不甘。比如你第一天上任就看到几个迟到的，于是大动肝火，安民告示：迟到一次，扣奖金 50 元。好呀，我不迟到了，现在我早早来，上班聊天，消极怠工。你奈我何？杨东文校长深谙此中三昧。他没有急着去点这三把火，是因为对学校状况还不熟悉，对每个员工还不了解，如果凭着一己经验，草率决策，难免失之偏颇，结果往往是欲速则不达，适得其反。所以他按兵不动，其实是"无招胜有招"，是在耐心观察阶段。待到通瞻全局、洞察秋毫后，找准管理艺术案例的问题症结所在，此时考虑出对症良药，谋而后动，轻松地药到病除，好似"谈笑间，樯橹灰飞烟灭。"管理艺术案例中，"两奖"考评办法正是他通过全面观察后，针对管理艺术案例的"态度"这一症结问题，开出的两味良药。

第二章
校长的用人艺术

校长是学校工作的组织指挥者，学校任何一项政策的实施与成功，都离不开校长的组织指挥。然而校长作用发挥的大小，工作成绩的大小，在很大程度上取决于校长的用人艺术。用人是校长的基本职能之一，也是实现校长决策的组织保证。用什么样的人以及如何用人，往往关系到校长工作的成败。因此，校长的用人艺术是领导科学的一项重要内容。

第一节 提高校长用人艺术的必要性

所谓校长用人艺术，是指校长在学校管理实践中所表现出来的高超的用人技巧。校长工作千头万绪，但最重要的就是两条，即决策和用人。而决策方案的实施和决策目标的实现又依赖于人才，因此，校长注重用人技巧，选好用好人才十分关键。

首先，校长的各项决策，在决策之前需要参谋人员出谋划策，在决策之后需要有关人员再组织落实，而这些人员还必须是具有较高的组织、管理水平和专业技术水平的人，即管理人才和技术人才。其次，为实现校长所确定的工作目标，大量的日常管理工作需要校长的下属人员

29

去做，而这些下属人员也必须具有一定的工作才干。再次，校长在管理活动中，也需人才鼎立相助。因此，校长在实际工作中讲究用人艺术，选用好有才能的人才，对于保证校长实践活动的顺利进行十分重要。

（一）校长用人艺术的基本内涵

校长用人，主要是指校长或班子集体在实施领导活动的过程中，凭借自身的职权，按照一定的隶属关系和干部管理权限，对下属加以选拔、使用和培养的一种组织行为过程。

校长用人的环节很多，它包括对人才的识别与发掘、考察与选拔、培养与使用、吸引与激励、举荐与保护等。同时，校长用人的类型也十分广泛，因此，校长要根据不同领域和不同工作岗位的需要，选拔和使用多种多样的人才。不论是在哪个用人环节，也不论是选用何种人才，校长都必须从事业出发，坚持正确的用人原则，发挥人才的最佳价值。

洪秀全曾说："天地之中人为贵，万物之中人为灵。"毛泽东同志也说："世间一切事物中，人是第一个可宝贵的。"因为人是一切社会实践活动，包括领导活动中唯一有自觉能动性的因素。而领导活动正是通过对人的领导，进而达到对事物的认识和改造的社会实践过程。在领导活动中，如果离开了人，忽视对人的领导和使用，任何领导活动都不能进行。毛泽东同志早就指出："领导的责任，归结起来，主要是出主意、用干部两件事。"在教育改革发展的今天，校长的用人职能就显得更为突出了。校长如果不注重广泛发掘人才，把合适的人才选拔到合适的岗位上，建立严格的工作制度，从上到下各司其职、各尽其责，发挥每一个人的长处，即使个人才高八斗夜以继日地忘我工作，也很难成为一个事业有成的现代校长。

（二）校长用人艺术在学校管理中的重要地位和作用

我国古人曾经说过：为政之要，唯在得人。用非其才，必难治政。孙中山说：人能尽其才，则百事兴。毛泽东也指出：政治路线确定之后，干部就是决定的因素。这些都充分说明了用人对于教育事业的成败起着重要作用。古今中外无数事实也都证明了这一点。校长科学地选人用人，就能保证事业的兴旺发达；反之，不重视人才或者用错了人，必然使事业遭受损失甚至导致失败。汉高祖刘邦之所以能够战胜项羽，原因之一就在于他会用人。他曾经说过："论带兵打仗，我不如韩信；论管理钱粮，我不如萧何；论运筹帷幄之中、决胜于千里之外，我不如张良。但是，三者皆人杰，吾能用之，此吾所以取天下也。"而项羽虽然兵多将广，势力强大，却由于不善用人，最终败在了刘邦手中。校长能否科学用人，关系到学校教育事业的兴衰成败。

21世纪是中华民族伟大复兴的世纪。从现在起到2020年，是我国全面建设小康社会、加快推进社会主义现代化的关键时期。世界格局深刻变化，科技进步日新月异，人才竞争日趋激烈。世界国与国之间的竞争，实质上是科技和人才竞争，中国未来发展、中华民族伟大复兴，关键靠人才，根本在教育。为此，校长必须更新用人观念，改变思维方式，真正解放思想，努力树立与社会主义市场经济的新时代适应的人才观念，大胆起用一代新人，这是摆在每个校长面前的重大课题。

《国家中长期教育改革和发展规划纲要（2010－2020年）》已明确指出："必须始终坚持把教育摆在优先发展的位置。按照面向现代化、面向世界、面向未来的要求，适应全面建设小康社会、建设创新型国家的需要，坚持以育人为根本，以改革创新为动力，以促进公平为重点，以提高质量为核心，全面实施素质教育，推动教育事业在新的历史起点上科学发展，加快从教育大国向教育强国、从人力资源大国向人力资源强国迈进，为中华民族伟大复兴和人类文明进步做出更大贡献"①。关于学校人才问题，目前，一方面人才不足，另一方面现有人才由于使用不当，被大量浪费。所以，科学、合理地使用好各种人才，是完成教育在新时期的总任务，实现教育战略目标的迫切需要。

（三）继承和发扬我国古代用人艺术的优良遗产

中国是一个历史悠久、文化灿烂的文明古国。历代的一些有所作为的政治家和有识之士，都很讲究领导艺术，注重选拔和使用人才，并重视人才在历史上的栋梁地位及其所发挥的重大作用，积累了丰富的领

---

① 顾明远，石中英.《国家中长期教育改革和发展规划纲要（2010－2020年）解读》，北京师范大学出版社，2011年。

导科学经验。近年来，随着改革开放的不断深入，一大批优秀人才脱颖而出，相继走上领导岗位，领导科学无论是从理论到实践都日臻完善，不断走向成熟。在今天的改革开放和现代化建设中，校长干部运用马克思主义的观点和方法，批判地继承中国古代政治家的领导科学经验，吸取现代领导科学的理论和实践成果，对于校长提高用人艺术具有重大的理论意义和现实意义。

综观中国古今领导科学的发展史，值得校长借鉴的主要有以下几点：

⭐1 关于治国以人才为本的思想

《诗经》说："得人者兴，失人者崩"。它说明了古代政治家注重用人，人才是创业之本、治国之本的思想。现代伟人毛泽东、邓小平、江泽民也十分重视人才的作用，"政治路线确定之后，干部就是决定的因素"，也深刻地说明了这个道理。求贤用才，自古以来皆为杰出的校长所重视。

汉高祖刘邦在平定天下后的一次庆功宴会上说："夫运筹帷幄之中，决胜于千里之外，吾不如子房。镇国家，抚百姓，给馈飨，吾不如萧何。连百万之军，战必胜，攻必克，吾不如韩信。此三者，皆人杰也，吾能用之，此吾所以取天下也。项羽有一范增而不能用，此其所以为我所擒也。"[①]这是刘邦对自己夺取天下成功经验的总结。其实，刘邦不仅重用"三杰"，而且注意把各方面人士，不论出身贵贱，都集中在他的周围。如萧何是县吏，张良是贵族，陈平是游士，樊哙是狗屠，韩信是混子，彭越是强盗，周勃是吹鼓手，灌婴是布贩。可谓三教九流，他都量才录用，各尽其长。所以他谋臣如林，猛将如云，终于成就了统一大业。从这则故事中可以看出，人才的得失是事业兴衰、成败的关键。

在我国古代，还有这样一个故事。战国时期有一天，齐国的齐威王与魏国魏惠王一起到郊外打猎，惠王向威王说道："你身为齐国之王，可收藏些什么宝物？"齐威王答曰："没有。"魏惠王说："像我这样的

_____

① 《史记·高祖本纪》。

小国，我都藏有直径一寸大的珍珠几颗，这种珍珠所发出的光彩可以照耀12辆车子。你这千乘之国，何以一件珍宝都没有？"齐威王回答说："我有一些珍宝，但是与你所说的珍宝不同，我有一个叫檀子的臣子，我派他驻守高唐，北方的赵人不敢来打鱼；另有一个臣子叫黔夫，我派他驻守徐州，能管理徐州那里四方来往的百姓7000多户；我还有一个臣子叫种首，我叫他防备盗贼，百姓可以路不拾遗、夜不闭户。像这样的珍宝，它的光辉可以照耀千里，何止12辆车子？"齐威王的这席话，道出了齐国之所以富强的原因。

中国有句古语："得士者富，失士者亡，"又说，"得才兴邦，得才兴业"。唐太宗李世民是杰出的封建君王，治国成就赫赫，在他的身上以人为本的治国思想更是体现得淋漓尽致。他总结说，他成功的主要原因就在于用人：第一，不妒忌有才能的人，看到别人的才能，好像就是自己的才能；第二，用人所长，避免其短；第三，敬重贤良，原谅犯错误的人；第四，褒奖正直，从不黜责出去一人。唐太宗深知人才的价值，在治国的过程中，正是充分地体现了以人为本的思想，他才实现了"贞观之治"，在中国历史上写下了显赫的一页。

中国自古凡有成就的政治家，无一例外地在治国中体现了以人为本的思想，留下了宝贵的领导科学遗产。

⭐ 2 关于"任人唯贤"和德才兼备的思想

自从有阶级的社会产生以来，统治阶级在用人问题上出现了两种截然不同的路线，一种是"任人唯贤"的路线，一种是"任人唯亲"的路线。这两种用人路线的对立和斗争，贯穿了整个人类文明发展史。我国古代大量事实证明：凡是推行"任人唯贤"路线的，国家和民族就会兴旺发达；而推行"任人唯亲"路线的，国家和民族就会衰弱危亡。

"任人唯贤"由《尚书·咸有一德》中的"任官唯贤才"一词演化而来。所谓"任人唯贤"，实际上就是在用人的问题上坚持德才兼备的标准。早在春秋时期，管仲就提出了以德、功、才作为选人标准。他在《立政》篇中说："君子所审者三：一曰德不当其位，二曰功不当其禄，三曰能不当其官，此三本者，治乱之原也。"这种朴素的德才兼备的选才标准，一直为后来的一切有识之士所采用，并加以发展。

墨子主张："选择天下之贤者，立为天子。"他认为，虽然是出身贫贱的农夫、工匠，如果有贤能，则可以提拔使用，给以高官厚禄，托以大事。王安石在一篇题为《兴贤》的文章中说："国以任贤使能为兴，弃贤专己而衰。"贤能之士，什么时候都有，就看校长对贤能之士使用与否。王安石列举了商周以来的历史发展之后，强调指出："有贤而用之者，国之福也，有之而不用，犹无有也。"

唐太宗就把德才和影行（实际能力和表现）作为衡量人才的标准。贞观二年，唐太宗对侍臣说："今所任用，必须以德行、学识为本。"贞观六年，唐太宗对魏征说："为官择人不可造次。用一君子，则君子皆至；用一小人，则小人竞进矣。"魏征回答说："然。天下未定，则专取其才，不考其行；丧乱既平，则非才行兼备不可用也。"司马光说："夫聪察强毅之谓才，正直中和之谓德。才者，德之资也。德者才之帅也。"意思是，聪明能干、明察事理、富有魄力的人方为才，公正坦率、合乎中庸之道的才是德。才和德，两者互相依存，不可偏废。

在教育新的历史条件下，党将人才的德才标准具体化为"四化"，这就是干部的革命化、年轻化、知识化、专业化，这实质上是"任人唯贤"和德才兼备的思想体现。其中所谓德，最主要的就是坚持正确的教育方针。具体地说，就是坚持正确的政治方向，全心全意为人民服务，忠实执行党的路线，党性强，作风好，敢于坚持原则，善于团结同志，密切联系群众，能为人民造福。所谓才，就是要有师生服务、为群众造福的本领和才干，具有现代学校教育所需的文化知识，熟悉以至精通自己的业务，有专业知识和能力。

3 关于知人善任的思想

如何知人识人，在我国古今领导科学中，不仅有理论，而且有具体的方法。所谓"知人"，就是能够历史地、全面地了解别人的长处和短处，及时地发现和识别人才。人各有"长"有"短"，每个人都有他独到的优点，也有其不可回避的缺点。完美无缺的人是不存在的。实际上人的长处和短处、优点与缺点，不仅是共生的，而且在某些情况下就是同一个问题的两方面。例如具有办事果断、泼辣优点的人，同时也具有武断的缺点；具有虚心、谨慎优点的人，往往同时也具有优柔寡断的缺点；具有事业心强、好胜心强优点的人，也具有好出风头的缺点。可见，人无绝对的优点和缺点，关键是领导如何用其所长。

我国古代早就懂得这样的用人之道。战国时期齐国孟尝君的门客鲁仲连就曾说过："让猿猴离开树木跳到水中，当然不如鱼鳖；要论钻墙跳房，老虎不如狐狸；让勇士抛掉宝剑去拿锄头，必然不如农夫。因此，如果对人去其所长，用其所短，那连尧舜这样的圣人也一无成就。"我国古代还有一则"西邻五子"的寓言，说的是西邻有五个儿子，五子中除一个朴实、一个聪明之外，其余一个是瞎子，一个是跛子、一个是驼子。由于西邻注意发挥每个人的长处，叫朴实的种田，聪明的经商，盲人算卦，跛足搓麻，驼背纺线，用人所长，避人所短，使五人均无衣食之忧。

"知人"是为了"善任"，即做到人尽其才，才尽其用，充分发挥各类人才的作用。我国古代思想家和政治家们通过对实践经验的总结，提出了许多重要的用人原则。其中在社会上影响较大的有：

第一，扬长避短。事物有长短，人才有高下，这是古往今来客观存在的事实。唐太宗在用人方面总结的一条原则就是："人不可以求备，必舍其所短，取其所长。"王安石的"取其长不问其短"，理不应"责人以细过"的主张，以及朱元璋的"量才录用"、"用其所长，不强其所不能"的观点，都是同唐太宗"舍其所短，取其所长"的思想一脉相承的。

第二，"察能授官"。春秋初期的政治家管仲在《管子·权修》篇中说："察能授官，班禄赐予，使民之机也。"荀子也主张"察能授官"，他说："论德而定次，量能而授官。"[5]以后，凡是有作为的君臣也都实施这个政策。刘邦主张，"爵以功为先后，官以能为秩序。"[6]在"察能授官"的问题上，陆贽不仅从理论上做了系统的论述，而且提出了一套具体的做法。他主张，经过严格考核，定出官吏政绩、才能的等级，作为升降的依据。可见，陆贽把选拔、任用人才与考核人才联系起来，强调量才录用，能职相称，这是很值得重视的。

第三，用人不疑。古人说：疑则勿任，任则勿疑。"用人不疑，这是校长使用人才必须注意的原则。唐太宗说："但有君疑于臣，则不能上达，欲求尽忠虑，何以得哉？"[7]把这句话推而广之，用人者疑于被用者，对他办事不放心、不放手，就不能充分发挥被用的人才的作用。历史上无数事实证明，在"知人"的基础上做到疑人则不用，用人则不疑，就能成就大事。

第四，必须懂行。作为校长，要真正做到慧眼识人才，知人而善任，就必须是内行。孙武说："不知三军之权，不同三军之任，则军士疑矣。三军既惑且疑，则诸侯之难至矣，是谓乱军引胜。"[8]这段话很有见解。把这种观点推而广之，就是不熟悉学校管理各门各类的特点和规律，就不可能合理地使用各种管理人才和专业人才；如果主观武断，乱加指挥，就会给事业带来危害。

⭐4 关于新老人才参用的思想

这是明朝开国皇帝朱元璋为代表的用人的战略思想。朱元璋把选人用人看作是治国安邦的根本大计，不仅提出了"选贤任才，立国之本"[9]的思想，而且提出了破格提拔、老少参用的思想。他说："朝廷悬爵禄以待天下之士。资格者为常流设耳，若有贤才，岂拘常例？"他说这些话后，"一下子就超擢者九十五人"。[10]在谈到新老人才交替和参用的问题时，他说："郡县官年五十以上者，虽练达政事，而精力既衰。官令有司选民向俊秀年二十五以上，资性明敏，有学识才干者，避赴中书，与年老者参用之，待老者休致而少者已熟于事。如此，则人才不乏而官使得人。"[11]，他对不同年龄者也做了妥善安排："年六十以上七十以下者，置翰林以备顾问。四十以上六十以下者，于六部及布、按两司用之。"[12]朱元璋关于新老"参用"的思想和一些规定，正是他用人之道，为政精明的表现，很值得现代校长借鉴和学习。

第二节　校长用人艺术举要

校长用人艺术贯穿于整个领导过程和领导活动的各个方面，其内容十分广泛，现将主要内容概述如下：

（一）授权的艺术

授权是由上级主管或权力者妥授下属以一定责任与理事权，使下级在其领导、监督下有相应的自主权和行动指挥权。

（1）授权的方式。针对工作的重要性、下属的水平和下属的工作能力等不同情况，可分别采用以下几种授权方式：充分授权、不充分授权、弹性授权、制约授权。

（2）要选好"受权者"。具有以下特点的人，往往是受权的理想人选：一是大公无私的奉献者，他们做工作从不讨价还价，不计较个人得失；二是不徇私情的忠直者，他们办事认真，也敢于坚持原则、坚持真理，对错误言行也敢于直言；三是勇于创新的开拓者，他们是"实干家"，开拓能力、成事能力很强；四是善于团结协作的人，他们在实际工作中协调能力强，善于理顺人际关系，凝聚力强；五是善于独立处理问题的人，他们善于独立思考，能提出有价值的独立见解，善于处理复杂棘手的问题；六是某些犯过偶然的、非本质性错误并渴求改正机会的人。

（3）"将能而君不御者胜。"意思是说，将领有指挥才能，国君不要干预将领的行动，保证将领的才能得到充分发挥，以求取得战争的胜利。杰克·韦尔奇相信"每个人都有无限潜力可挖"，所以，在他任美国通用电气公司CEO时，他敢于将许多重要的事情委托给别人去做，而他的任务是寻找合适的经理人员来分担某些工作。他说："我主要的工作就是去发掘出一些很棒的想法，扩张它们，并且以光速般的速度将它们扩展到企业的每个角落。我坚信自己的工作是一手拿着水罐，一手带着化学肥料，让所有的事情变得枝繁叶茂。"在现代学校管理中，学校的校长，在用人时应遵循这个原则。

（二）激励的艺术

所谓激励，就是校长遵循人的行为规律，根据激励理论，运用物质和精神相结合的手段，采取多种有效的方式方法，最大限度地激发人才工作的积极性、主动性和创造性，以保证组织目标的实现。人的行为是受人的思想动机所制约的，而思想动机又来源于人们对社会的需求。美国行为学家马斯洛提出了人的需要有以下五种：生理需要、安全需要、社交需要、自尊需要、自我现实需要。这五种需要是依次排列，逐级提高的。人的需求内容和程度不同，激励的方式也应该有所不同。侧重于物质需求的，宜采用物质方式予以奖励，对上进心、荣誉感很强的人，则通过正面表扬、发奖状、授予光荣称号等方式给以奖励。校长必须爱护人才，关心人才，帮助人才。要放手工作，使他们敢于负责，同时又要适当地给以指导，使他们在自己的本职岗位发挥最大的积极性；要给他们以学习的机会，使他们在政治上、理论上和工作能力上不断提高；对他们的错误予以正确对待，既要严肃批评，又要说服教育，帮助他们改正错误；要关心他们的困难，体贴他们辛苦，对他们的生活予以必要的照顾。凡是人才，真正有能力的，要提高他们的物质待遇。对人才的爱护、关心和帮助，一方面能使大批的人才不断涌现出来，为领导所用，为学校发展建设服务；另一方面，对人才的工作热情是一种巨大的激励，能极大地调动人才的积极性，使他们的作用得到最大限度的发挥。

（1）日常交往中，沟通式激励。领导者和员工的沟通，一是情感方面的沟通；二是信息方面的沟通；三是信任方面的沟通。这是沟通的前提。对于任何一个领导者与员工来说，都是平等的。那种"唯我独尊"的领导，是不受员工欢迎的。人都是有感情的，都需要得到尊重、友情和信任。只有双方处在一个平等的基础上，才能情感融洽、信息畅通，作为领导者才能听得到真话，了解到实情，才能激发员工全身心地投入工作。

（2）布置工作时，发问式激励。 布置工作时只会发号施令的领导者，往往会扼杀员工的积极性，是难以激发员工的工作热情的。 现代管理研究表明，以发问式布置工作，可以使领导者与员工之间的距离拉近，充分利用人的自尊心、荣誉感，使其潜在的能力得到最大的发挥。

（3）委派任务时，授权式激励。 领导者的职能不仅在于做事，更在于成事，在于谋略、决断、协调。 授权管理工作重要的组成部分。 分配下属任务，就意味着下属要承担一定的责任，这时领导就应授予相应的权力，允许他正确行使权力，不加干预。 如果领导者放手不放心，委任不授权，则下属在完成任务的过程中，可能会事无巨细样样请示，贻误战机，也可能因责权不统一而产生逆反心理，消极怠工，这样，预期的工作必定会难以落实。

（4）决策过程中，参与式激励。 行为科学表明参与管理、参与决策是人类自我实现的一种需要，也是精神方面的一种高层次需求。 领导者在决策过程中，要养成民主作风，争取更多的人出主意、想办法，这是激发员工的责任心、荣誉感和团结合作意识的最有效的方法之一。在任何一个组织中，领导者和员工群体相比，其智慧总是微乎其微的。只有让多数员工明白组织的目标，并为他们创造献计献策的机会，才会诱发出许许多多不寻常的创见和有价值的建议，从而使决策更为科学，使目标更切合实际。

（5）评价功过时，期望式激励。 一个人在取得成绩后，总会期望得到恰如其分的评价和适当的鼓励，而一旦发生某种过失时，最担心的莫过于大家的冷淡。 这时候领导者若能及时给予适当的鼓励和热心的帮助，对其发扬成绩或改正缺点，往往会起到一种积极的作用。

（6）满足需求时，层次式激励。 人的需求是有层次的，当一种需求得到满足后，便不再是激励的因素，此时就会有另一种更高层次的需求出现，成为一种新的激励起点。 作为领导者，要因势利导，循序渐进，根据实际情况，在不违背原则的基础上，尽力满足员工的需求。 需求层次的满足程度越高，员工主观能动性就越大。

（7）发生矛盾时，宽容式激励。 领导者和员工之间发生矛盾是在所难免的，下级触犯上级的情况也时有发生，作为一位领导者，当下级触犯自己而又未自觉时，要不生气、不计较、不报复；当下级发觉触犯了上级但又不便于启齿时，领导者应主动沟通，宽宏大量。但在原则问题上绝不能姑息迁就，必须指出其错误或缺点，找到问题症结帮助其提高认识，并使其心服口服。

（8）令行禁止时，影响式激励。俗话说，"打铁首先本身硬"。这种激励，在于领导者自身的模范作用。领导者凡要求下属做到的，自己必须首先做到；凡要求下属遵守的，自己必须首先遵守。同时必须做到言行一致，违令必纠。这样，下属才会与你同心同德，心往一处想，劲儿往一处使。

此外，对人才的激励，还有物质激励：工资和资金等物质报酬；成就激励：工作、事业上取得成就；职务激励：晋职与职称晋升。在综合运用这些激励方式时，校长还必须考虑到不同人才的不同特点，必须采取灵活多变的政策，因时、因地、因人而异。

用人不疑，保护人才和支持人才，也是一种强大的激励手段，因为人被信任，他就会有一种强烈的责任感，自信心便油然而生。尤其是上级对下级的信任，就是对下级最好的奖赏，它将形成一股促使下级努力工作的强大动力。信任是一种催化剂、助推器，它可以加速蕴藏在身体深处的自信力的爆发，而这种自信力一旦爆发，工作起来就可以达到忘我工作的程度。

（三）扬长避短的艺术

金无足赤，人无完人。在选择人才时不能求全责备，在使用人才时也应如此，要扬长避短，用其所长。

人各有"长"有"短"，每个人都有他独到的优点，也有其不可避免的缺点，完美无缺的人是不存在的。实际上人的长处和短处，优点与缺点，不仅是共生的，而且在某些情况下，就是同一个问题的两个方面。

这对校长使用人才提出了一个重要的课题：即如何扬长避短，既利用他的长处，又避免他的短处。

一位高明的校长，总是用人先看其长。道理很简单：人人皆有所长，先看其长，就能充分利用其长，尽量发挥其长。唯有先看长，才能发现谁有干哪件工作的才能和专长，才能不至于埋没身边的人。

请看下面的小故事：

美国 IBM 公司的总裁小沃森用人的特点是"用人才不用奴才"。

有一天，一位中年人闯进小沃森的办公室，大声嚷嚷道："我还有什么盼头！销售总经理的差事丢了，现在干着因人设事的闲差，有什么意思？"

这个人叫伯肯斯托克，是 IBM 公司"未来需求部"的负责人，他是刚刚去世不久的 IBM 公司第二把手柯克的好友。由于柯克与小沃森是对头，所以伯肯斯托克认为，柯克一死，小沃森定会收拾他。于是决定破罐破摔，打算辞职。沃森父子以脾气暴躁而闻名，但面对故意找茬的伯肯斯托克，小沃森并没有发火，他了解他的心理。小沃森觉得，伯肯斯托克是个难得的人才，甚至比刚去世的柯克还精明。虽说此人是已故对手的下属，性格又桀骜不驯，但为了公司的前途，小沃森决定尽力挽留他。

小沃森对伯肯斯托克说："如果你真行，那么，不仅在柯克手下，在我、我父亲手下都能成功。如果你认为我不公平，那你就走，否则，你应该留下，因为这里有许多的机遇。"

后来，事实证明留下伯肯斯托克是极其正确的，因为在促使 IBM 做起计算机生意方面，伯肯斯托克的贡献最大。当小沃森极力劝说老沃森及 IBM 其他高级负责人尽快投入计算机行业时，公司总部响应者很少，而伯肯斯托克却全力支持他。正是由于他们俩的携手努力，才使 IBM 免于灭顶之灾，并走向更辉煌的成功之路。

后来，小沃森在他的回忆录中，说了这样一句话："在柯克死后挽留伯肯斯托克，是我有史以来所采取的最出色的行动之一。"

小沃森不仅挽留了伯肯斯托克，而且提拔了一批他并不喜欢，但却有真才实学的人。他在回忆录中写道："我总是毫不犹豫地提拔我不喜欢的人。那种讨人喜欢的助手，喜欢与你一道外出钓鱼的好友，则是管理中的陷阱。相反，我总是寻找精明能干、爱挑毛病、语言尖刻、几乎令人生厌的人，他们能对你推心置腹。如果你能把这些人安排在你周围工作，耐心听取他们的意见，那么，你能取得的成就将是无限的。"

管理是一门艺术，科学地采用适合于彼此的工作方法进行管理，处理人事关系，可以避免简单生硬和感情用事，避免不必要的误解和纠

第二章 校长的用人艺术

纷，扬长避短，因势利导，进而赢得同事的支持与配合，造就一个协同作战的班子，并且能更迅速、更顺利地制定和贯彻各种决策，实施更有效的管理。

扬长避短，人尽其才，这是当前使用各类人才的最基本原则。要达到人尽其才，才尽其用，充分有效地发挥各类具有不同专长的人才的作用，就必须扬其长，克其短，扬其精，舍其粗。具体说来主要有以下三种取长方法：

第一，个体取长法。即根据人才在某一方面的突出才能来加以使用的方法。这种方法可以使人才的最佳才能在短时期内得到较好的发挥。

第二，群体取长法。即对人才群体在通过类比和科学分析的基础上，充分发挥每个人才的最佳才能。这种方法避免和克服了个体取长法中存在的，不能动用宏观比较的观点来正确看待人才的特长和特"短"的不足，兼顾了个体的最佳才能和群体的最佳才能，从而使人才的特长得到最科学、最充分的发挥。

第三，提前取长法。即动用发展变化的观点，来科学分析人才的各项基本素质，然后根据每种素质的发展势头，提前选择最有可能成为最佳才能的的某一项基本素质，并以此作为使用某个人才的决策依据。

（四）适才适所的艺术

所谓适才适所，是指要把适当的人才安排到最能发挥他才能的适合的工作岗位上去，实现人与事的最佳配合。一个人只有处在最能发挥其才能的岗位上，他才有可能干得最好，把自己的能力全部发挥并且贡献出来。

适才适所，是一条重要的用人艺术，由于不同的人之间在学识、专业、经历、品德、志向、智力、体质、性格等方面都存在着很大的差异，因此，要想使每个人都最大限度地发挥积极作用，就必须遵循适才适所的艺术规律，也就是说，要尽可能把每一个人安排在最适合于他的岗位上。只有这样，才能避免用非所长，用非所学，用非所好，用非所愿等不合理的用人现象。做到用人所长，用人所愿，专才专用，偏才偏用，大才大用，小才小用，实现人尽其才，才尽其用。

在科技竞争、人才竞争愈演愈烈的现代社会，使用人才讲求适才适所的艺术，意义十分重大。人才资源总是有限的，每个单位所拥有的人才更加有限，因此，充分地发挥每个人的长处和才智，而不是埋没才智，是时代的要求。校长应学会适才适所这一用人艺术，使有限人才的智慧都能放射出它的光芒。

（五）鼓励人才冒尖的艺术

所谓冒尖，就是指一些人才由于他的才智，更由于他的勤奋工作，在工作中一下子做出重大成就或突出的贡献。

人才冒尖很不容易，其成就都是辛勤劳动的结晶。当然，冒尖的人才都有其"才智"作为基础，但是，仅靠其基础是不行的，更需要辛勤的劳动。在一些风气不正的地区和单位，冒尖等于冒险。冒尖人才最易受嫉妒、诽谤、攻击和污蔑。由于冒尖者在人数上居少数，在精力上又一心扑在工作上，无暇顾及"自卫"和"攻击"，因而他们最易被"小人"和"庸才"掀起的舆论恶流所吞没。因此，作为校长，应该鼓励人才去冒尖，造成一个人人争当先进的良性竞争局面。

鼓励冒尖的最好方法，除了口头表扬外，还要给冒尖者职务、工资等物质上、精神上的适度奖励。奖励冒尖人才，就等于为广大群众树立了榜样。高明的校长，不仅深知鼓励冒尖的巨大激励作用，而且还善于掌握鼓励的时机、分寸、范围和"量级"。

鼓励冒尖是一种重要的用人艺术。在具有敢于鼓励冒尖的校长周围，总是聚集着一批"高势能"拔尖人才，他们始终乐意为校长效"犬马之劳"。

第三节 提高校长用人艺术的主要途径

用人是一项专门的学问，既有一般性的方法，也有高超的艺术。教育中长期改革与发展所面临的困难十分艰巨，面临的任务纷繁复杂。要完成这样一项伟大的事业，没有千千万万的教育人才的共同努力是不可能的。因此，这就给现代校长提出了更高的要求：必须学会选人用人的学问，提高用人艺术的水平，真正做到正确地识别、选拔和使用各类人才。

（一）努力学习，掌握现代学校管理的理论

学校管理作为一门综合性、应用性很强的社会科学，其研究的对象和内容十分广泛，与许多学科，例如管理学、政治学、法学、人才学、领导科学等有着密切的关系。其主要内容包括行政组织、领导决策、法规人事和机关管理等等。现代校长，必须掌握现代学校管理理论，探索学校管理活动的规律性，既要注重从学校管理实际出发去探讨学校管理的理论问题，更重要的是要把学到的理论知识应用于学校管理实践。以指导校长活动，提高校长的用人艺术。

⭐ **1 权力结构理论。** 我国中小学现行的校长负责制，是《中共中央关于教育体制改革的决定》于 1985 年 3 月颁布实行的。校长负责制可以简要界定为"学校工作由校长全面负责"。这种界定的法律依据是《中华人民共和国教育法》第三章第三十条"学校的教学及其他行政管理，由校长负责"。实行校长负责制的学校，校长是学校行政的最高负责人，是学校的法人代表，对外代表学校，对内全面负责，有决策指挥权。

现代管理理论不仅强调权力与责任的对称性，也强调权力与监督的对称性。任何权力，无论大小，都必须受到监督。实行校长负责制以

后，校长位高权大责任重，为了保证权力不被滥用，必须建立相应的咨询监督机制。咨询监督机制的作用主要有两方面：一是督促校长执行国家的教育方针政策和法规，落实国家关于知识分子的各项规定，遵守权力运用程序并接受监督，防止行政权力被滥用和师生员工的权利受到损害；二是为校长出谋划策，弥补校长在知识、能力、精力等方面的欠缺，辅佐校长用权，避免决策的失误。监督既要监也要督，监是前提，督是关键。此外，监督机制对校长工作还可以发挥保护作用。人们常说"群众的眼睛是雪亮的"，"雪亮的眼睛"自然更容易注意到管理中出现的细微偏差，提前预警，可以保证管理行为的正确性。

（二）更新观念，变革用人思维方式

校长用人艺术源于人们对学校管理活动及规律的认识，而正确的认识离不开科学的思维方式的指导。所谓思维方式，是指思维的模式和样式，是一种定型化、相对稳定的理性认识方式。由于它是思维主体在长期的社会实践中融于社会化的心理积淀而成，因而具有很大的稳定性和导向性，思维一旦成为一种定势，就会像"坐标图"一样规范着人们的认识和行为。校长用人艺术水平的高低，实质上是由校长思维素质、思维方式的差异造成的。面对同样的人和同样的环境，由于校长的"思路"不同，而产生不同的甚至截然相反的用人艺术效果。校长如果不能及时更新和转变观念，变革思维方式就难当此重任。

⭐ **用人观念要新**。人才作为一种资源，同其他资源一样，具有较大的风险性。用人上怕冒风险，势必会影响用人艺术质量，只有坚持标准，不惧风险、大胆破格，才能使那些优秀人才不失时机地得到选用，如果四平八稳，就不可能更深层次地发掘人才。人才作为一种资源，和其他资源一样，其开发、使用在客观上必然讲求效益，既要用其所长，又应充分发挥人才最佳效能。用人要讲求实效，在其精力旺盛、雄心勃勃时使用，易于充分施展才华，贡献才智；相反，"台阶意识"、"论资排辈"就会使大批优秀人才不可能脱颖而出。人才作为一种资源，和其他资源一样，其利用价值必须在创造实践条件的前提下得到实现。青年人都难免有经验不足的问题，但这必须是相对的，因为任何经验都是实

践的产物，提供实践的舞台，让人才在实践和竞争中得到充分的磨炼和提高，展现他们的才华，同时在实践中摸索和积累经验，这也为行政者减少选用人的风险性，增强用人艺术效益提供了保证。

⭐ **用人渠道要多**。用人渠道多，有利于广纳人才。用人渠道畅通，才能确保人才源源而来；只有突破主观思想认识上的影响，充分发扬民主，借助群众的智慧，听取各个层次、各个方面的意见，经过"去粗取精、去伪存真、由此及彼、由表及里"的分析和研究，才能深化对人才的认识，提高识人的准确性，拓宽视觉范围。目前虽说是领导负责制，但领导选用人的视觉同人民群众相比，就会显得很窄，只有依靠群众，才能把潜藏在群众中的人才挖掘出来。对人才认识应力求做到把握信息准确，准确的信息可以为我们识别真才与伪才、大才与小才、将才与帅才、专才与全才提供有力的依据。

⭐ **用人政策要活**。校长用人艺术要时常体现一个"活"字上。选用人才要活；解聘庸才要活；考查人才方式要活；评议人才要活；人才交流要活，不能搞程式化。考查人才方式要活，是指考查的内容、考查的形式、考查的场所等既有确定性又有不确定性。评议人才活，是指评议要多种形式，广泛听取群众意见，以群众意见作为检查干部的依据。人才交流要活，指人才可以合理流动，最大限度发挥作用。只有这样，才能打破以往用人时的条条框框，使人才合理使用。

（三）转变作风，坚持用好的作风选作风好的人

⭐ **坚持用好的作风选人用人**

（1）坚持任人为贤，不搞任人为亲。坚持任人为贤，是党的全心全意为人民服务的宗旨和立党为公、执政为民的原则在干部选拔任用中的具体体现，也是贯彻落实党的路线、方针和政策的组织保证。要坚持任人为贤，就必须反对任人为亲，不能只重视选身边的人，只选与自己有各种关系的人，只在小圈子中选人；必须按照德才兼备的标准选人，选群众公认、实绩突出的人。要把是坚持任人唯贤还是搞任人唯亲，作为衡量一个领导干部政治上、作风上是否合格的重要标准。

（2）坚持五湖四海，不搞团团伙伙。 选人用人坚持五湖四海，是维护党的团结、坚持正确的干部路线的基本要求。 我们的干部来自五湖四海，是为了一个共同的目标走到一起来的。 实现共同的目标，需要大批的优秀的领导干部带领广大群众共同奋斗。 因此，领导干部在选人用人时，一定要讲党性、讲纪律、讲团结，坚持五湖四海，反对"以人划线"和"以群划线"，反对搞团团伙伙，更不能允许在党内搞什么"义结金兰"、"拜把子"，使正常的党内关系庸俗化。 搞团团伙伙是与任人唯贤根本对立的，是党的团结统一的大敌，是党的纪律所不允许的。

（3）要坚持公道正派，不拉关系、徇私情。 公道正派是选人用人的基本准则，也是对领导干部的基本要求。 校长必须坚持公道正派的用人作风，按原则办事，出于公心，主持公道，公正地评价人才，正确地推荐人才，合理地使用人才；要有坚强的党性，敢于说真话、公道话，敢于排除各种不正之风的干扰。 一旦发现用人失误，就要采取措施，果断处置。

2 选好作风好的人

（1）要选善于学习、与时俱进的人。 现在，教育改革形势发展很快，各种新情况新问题层出不穷。 这对领导干部提出了新的要求，就是要加强学习、善于学习。 学习是多方面的，首先要加强对马克思主义理论的学习。 要掌握马列主义、毛泽东思想、邓小平理论和"三个代表"重要思想的基本原理，还必须不断学习教育科学理念、现代科学技术知识、业务知识、历史、法律、文学艺术等，用丰富的知识充实自己。 那些不学无术的人，不能选拔到领导岗位上来。

（2）要选政治清醒、信念坚定的人。 在错综复杂的国内外形势面前，领导干部必须保持清醒的政治头脑，增强政治意识，特别是要解决好理想信念问题。 领导干部既要带头树立共产主义的远大理想，坚定信念，用高尚的情操要求、鞭策自己，更要带头脚踏实地地为实现党在现阶段的基本纲领而不懈努力，扎扎实实地做好现阶段的每一项工作。要坚持讲学习、讲政治、讲正气，不断增强政治鉴别力和政治敏锐性，在政治原则问题上必须立场坚定，旗帜鲜明，不能模糊，不能动摇。 在大是大非的问题上、在政治风浪中经受不住考验的人才，不能提拔重用。

（3）要选思想解放、视野开阔的人。解放思想、实事求是的目的，就是为了使我们党的教育事业不断适应国情与时代、形势与任务的要求而向前发展，始终兴旺发达。任何安于现状、因循守旧、不思进取、无所作为的思想，都不利于事业的发展。解放思想与实事求是是统一的，应一以贯之。不解放思想，教条主义盛行，不可能做到实事求是；离开实事求是，脱离实际，脱离亿万群众创造性的实践，不是真正的思想解放。那些墨守成规、思想僵化、眼界狭窄的人，不能选拔到领导岗位上来。

（4）要选求真务实、不图虚名的人。人才无论在什么岗位工作，都应当努力创造一流的工作业绩，决不能无所作为。而这里所说的一流业绩，是指通过扎扎实实工作取得的实实在在的成绩。就是说，必须有一个好的思想作风和工作作风。各级领导干部必须时时处处坚持重实际、说实话、务实事、求实效，必须大力发扬脚踏实地、埋头苦干的工作作风。要力戒空谈、摆花架子，力戒一切图虚名、搞浮夸、铺张浪费、劳民伤财的不良现象。

（5）要选清正廉洁、联系群众的人。人民群众看一个领导干部是否坚持全心全意为人民服务的宗旨和党的群众路线，更直观的是看他为政是否清廉、有没有"官架子"。只有把关心群众、服务群众的工作切实做好了，我们才能始终保持与人民群众的血肉联系，才能无往而不胜。以权谋私、高高在上的领导干部，是人民群众最反感的，决不能重用。

（6）要选坚持原则、弘扬正气的人。领导干部首先要洁身自好，在各方面为干部、群众做出表率。但仅此是不够的，还必须勇于承担社会责任，包括要坚持原则、弘扬正气，就要求在党内生活中坚持民主集中制原则，认真开展批评与自我批评，不能搞无原则的一团和气；就要求在社会生活中，敢于同各种不良现象做斗争。决不能"是非面前不开口，遇到问题绕道走"，当"好好先生"。搞"好人主义"，明哲保身，丢掉的是党性原则，受损失的是学校事业和师生利益。

⭐3 切实把好用人关，自觉坚持党性原则

重视用人，切实把好用人关不仅是一种重要的领导方法和领导艺术，而且从巩固党的执政地位、实现跨世纪发展目标的战略高度讲，也是衡量一个校长思想觉悟和政治素质的基本标准。校长在用人问题上要把好关，必须在坚持党性原则的前提下，努力做到三点。

一是熟悉和了解人才。只有"知人"才能"善任"。校长要尽量摆脱事务圈子，通过各种渠道和办法，掌握和了解人才基本情况和工作状况。要通过谈心、听汇报等直接接触的方式，了解掌握人才的个性特征和基本素质。这样才能够从多侧面对人才做出较为客观的评价，使用人才就能心中有数。

二是准确评价人才。分析看待人才的德才素质和表现时，要坚持实践的观点、辩证的观点和走群众路线，真正做到重实绩、看公论、看主流。具体讲，就是看在重大问题面前的态度和行为；看在工作岗位上主要工作任务的完成情况；看在社会和单位的反映和影响；看群众对他的表现和工作是否满意。

三是自觉抵制不正之风，坚持正确的用人导向，选用什么样的人才，实质上是向人民群众倡导什么样的世界观。人才任用的过程及其结果，反映了人的个人行为的社会评价和政治认同，从一个重要的方面体现社会的价值尺度，影响着整个学校成员的价值取向、功利目标和人生追求。现实情况反复证明，用好一个人才，就等于树立起一面旗帜，可以激励更多的人才奋发进取，建功立业。

⭐ **4 衡量综合素质，坚持全方位识人**

校长在用人上把德才兼备原则可具体化为九个方面的素质要求，努力做到全面识人。

①政治觉悟。具有坚定的政治信念、鲜明的政治立场、严明的政治纪律、高度的政治敏锐性和政治鉴别力，能够坚定不移地贯彻执行党的基本路线，在政治上、思想上、行动上自觉地同党中央保持一致。

②知识水平。能够领会和正确把握邓小平理论、科学发展观的精神实质，具有较高的政治、理论水平，广博的社会文化知识和较强的观察能力及语言文字表达能力。

③群众观点。能够密切联系群众，工作中坚持走群众路线，甘当公

仆，勤政为民，具有较强的凝聚力和号召力。

④决策能力。 具有较强的综合能力，能坚持民主集中制原则，统揽全局，科学决策。

⑤创新精神。 具有较强改革创新意识，思想解放，求实创新，开拓进取，能开创工作新局面。

⑥道德品质。 胸襟宽阔，公道正派，作风民主，善于组织协调，合作共事，能团结一班人干事创业。

⑦识人用人。 具有识人、用人、育人能力，能知人善任，唯才是举。

⑧廉政建设。 能模范遵守党的纪律和国家法律法规，廉洁自律，率先垂范，克己奉公，并敢于同一切腐败现象做斗争。

⑨身心素质。 具有健康的体魄，精力充沛，年富力强，能妥善地处理各种问题。

⭐ 5 把握五个关系，努力做到正确用人

校长在用人时，还应注重把握五个关系。

一是"德"与"才"的关系。 有德无才，难当大任；有才无德，贻害事业。 在德与才的问题上，首先强调德，把德放在第一位。 当然，强调德，并不是轻视才或不要才，要德看主流，才重一技，德才并重。

二是"主"与"次"的关系。 对人才的缺点和不足，要分清主次，弄清原因，看主流、看本质、看大节、看潜力，决不能求全责备，因小疵而废大才。 对那些政治坚定、作风正派的开拓型优秀人才，虽然有一些缺点，甚至在工作中偶尔犯过一些错误，但只要主要方面是好的，就要给予公正评价，关心支持，大胆起用，并热情帮助其改正缺点和错误。

三是"隐"与"显"的关系。 有的人才做工作既重视当前又考虑长远，坚持抓基层，打基础，注重积蓄发展后劲；而有的人才则急于求成，急功近利，为显示政绩只求"当年红"，工作基础不扎实、不牢固。 因此，在对人才政绩考察中，不仅要看发展水平，而且要看工作基础，看发展后劲，正确衡量显绩与隐绩，决不能让埋头苦干的人吃亏。

四是"实"与"虚"的关系。 有的人工作作风扎实，真抓实干，不务虚名，无私奉献；但也有一些人热衷于摆花架子，搞形式主义，做表

面文章,搞轰动效应,甚至玩数字游戏,欺上骗下,为正确甄别人行为,既要搞好集中考察,又要注重平时了解,要做到弃"虚"取"实"。

五是"远"与"近"的关系。有的人工作兢兢业业,埋头苦干,接近领导较少,有时还敢于对上级不符合实际的决策提不同意见,似乎与领导有点"疏远";而有的人却善于走上层路线,对领导很"近乎"。在使用人才时应坚持的原则是只要是好的人才,再远也要用;反之,再近也不能用。

(四)积极实践,不断探索用人规律,提高领导用人艺术的能力

校长用人艺术具有鲜明的实践性,也必须亲自参加实践活动,才能真正有所体会。它是以校长用人的经验和知识为基础的产物,是千百次实践经验的概括和总结。只有置身于实践活动之中,才能有很快的提高。这是因为知识、思维素质固然重要,但只有在知识、思维服务于实践、转化为实践时才具有真正的意义,才能变为活生生的用人艺术。

首先,校长要积极投身于社会实践,认真总结实践经验。常言道:"熟能生巧"。所谓校长用人艺术也就是一种用人技巧。只有反复参加实践,熟悉有关识人、用人、选人中的原则、特点和方法、步骤,才能遵循规律性,做到应用自如。这里关键是熟悉,要熟悉就得勇于实践,在实践中才能得到运用。离开了实践,用人艺术就变成了无源之水、无本之木。当然,校长用人艺术也并非是在实践过程中自发产生的,它有赖于人们自觉地锤炼和培养,只有用心体会,用脑思考,及时正确总结经验,才能实现由感性认识到理性认识的飞跃。

其次,要遵循干部成长规律,注重加强人才管理。人才的成长,不是一朝一夕的事情,有一个识别、培养、锻炼、提高的过程。

总之,培养造就人才,是校长的一项战略性的任务;而人才的培养,又是一个多层次、多学科、多形式的体系。只有从我国的实际出发,充分利用各种条件,采取各种有效形式和途径,广泛动员全社会的力量,尽可能增加社会投资,才能快出人才,多出人才,出好人才。

【案例】

嘱 托

根据常规，离任的领导总以为有责任给新上任的领导留点什么，嘱托？希望？

声誉很高的沈校长刚好年满 60，尽管身体还硬朗，雄心也未灭。但是，退休规定不留情面，只等新领导班子确定下来后，他就要退下来了。他留恋学校工作，决心站好最后一班岗，给后任领导留下更好的基础，让他们去做出更好的成就。可是这点心愿，现在却变得难以实现。例如，学校数学教研组缺一个能干的教研组长，上半年已研究决定调入某校一位骨干教师。当时因对方坚持不放，只好搁了下来。现在对方愿意放了，老校长催着管人事的副校长办理。可是这个由老校长一手培养提拔、平时言听计从的副校长，表面答应着，就是不办理，老是找各种借口拖着。这个副校长聪明得很，对老校长客气，是感激知遇提拔之恩；拖着不办，决不是决策上的错误，而是要等新校长上任后，听听新的领导口气再定。"不然的话，新校长认为在他赴任之前，我们有意安排好自己的人马。那时，老校长是退了，可我还得留下来呀！"当老校长从侧面了解到副校长的"内心独白"后，心中一股悲凉之情油然而起。老校长自责自己为什么到"快下台"的时候，才识别出这位副校长是一个不以事业为重的人。

经过思虑，老校长决定给接任者留下这么一句嘱托：用人决不能看其听话不听话，用起来顺手不顺手，关键要看其以事业为重还是以个人利益为重。

【点评】

这个案例反映了"人才难得亦难知"的道理。要用人就要知人；要知人，就要以贤知贤，以能知能。校长的用人和选人的标准先得彻底改变。老校长留下的嘱托："用人决不能看其听话不听话，用起来顺手不顺手"，值得校长们深思。用人，要注重两个用人的原则：

第一，德才兼备。我国通俗说法叫又红又专。主张德才兼备，并不是社会主义社会的专利。人类进入阶级社会后，任何时代都既讲德又讲才。早在汉代，王充就指出"德不优者，不能怀远；才不大者，不能博见。"（王充《论衡·别通篇》）。而且也早有人主张德才统一，司马光说："才者，德之资也；德者，才之帅也。"（《资治通鉴》卷一）。这话和我们现在说的"专是本领，红是方向，是统帅"的精神是一致的。学校角色的德，就是坚定的社会主义政治方向，为教育事业献身的精神和优良的共产主义道德品质。专，就是精通业务，具有有关的知识和技能。懂得和掌握教育规律，具有现代教育思想，能创造性地完成教育任务。

第二，公正合理。要按条件取人，通过一定手续选人。坚持必要的考核，走群众路线。杜绝不正之风，不搞任人唯亲。一些学校领导喜欢选任和自己有这样那样关系的人，其实有关系并不一定有好处，"远亲杂交"才有利于多种信息交流，择优发展。当然，"外举不避仇，内举不避亲"确实是按条件选任的，则也不必过多拘泥于关系的亲疏。总之，要按工作需要和角色特点合理选任。

用人，要注意克服两种不良的心理。

第一，任人唯驯。任人使用都以自己的标准为根据，只重用听话的，善于体察并贯彻领导意图的。业务过硬的教师爱提点不同的意见，校长就调其去管图书；公正的会计敢于坚持原则，校长就弄其去敲钟打铃；能力虽平平，但却能顺着领导意思去干，又能替领导办点私事，其得到的是重用、提升。只要奴才，不要人才。这样用人，学校只有走下坡路。

第二，论人唯心。不深入实际，不和教职工打成一片，凡事听汇报，而且只喜欢听顺耳的汇报。不进行调查研究，只根据主观印象论人。考核评定主要的根据是一些领导平时浮光掠影的观感和对得失利害的权衡。从主观好恶出发，好的绝对好，差的绝对差，一言定人终身。多年实践证明，往往坏事就坏在那些平时喜欢说奉承话的人身上。在学校里，对那些爱向在任领导表示过分亲热，领导一离任就骂街的人，要严格考查其工作绩效，此类人要慎用。

【案例】

应管与不应管

李校长是市教育学会的理事长，又是区政协委员。他经常参加校外社交活动，不可能每天都在校，但学校工作搞得井然有序。

在校时，他经常到办公室同教师谈这谈那，也不拘形式地与学生接触，问这问那。交流中，难免会遇到许多具体的要求。例如物理教研组长提出，实验器材不足，要求学校解决；一个班主任反映，学生课外作业负担过重，望学校采取措施；会计谈到学校基建中的矛盾，请求仲裁。对这些，李校长总是说："我知道了，这个问题副校长在管，你去问他，让他决定。""我同教务处谈谈，让他们处理。""我给总务主任说一下，让他解决。"

一次教职工大会上，李校长念了一份给他的条子："你是校长，为什么遇到问题不表态，是权不在手，还是处理不了？"念完条子，李校长先感谢写条子的老师对他的关心，然后明确表示："我是有职有权的。学校里重大事情的决定，都是由我主持做出的，这就是权嘛！至于执行过程中的具体问题和细节的处理，领导成员有明确分工。因此，我不能随意表态。"李校长的解释，一些教职工仍不赞同，他们认为，领导成员多，应是校长说了算。若两位领导对一个问题表态不同，应该听校长的。由于有这样一些议论，李校长不在校时，个别领导成员把一些能处理的事也搁了下来。

面对这些情况，李校长除了在领导班子统一认识外，又在教职工中通过各种方式，谈了他的看法：校长负责制，不是按校长个人的意志办事。不按章办事，校长说的也不能算数。有的事无章可循，特别是有关改革的事，更不能由校长一人决定。学校中大大小小的事，都由校长决定，都要通过校长，这不叫有职有权，而是个人专权。集体决定的事，校长随意变更，或者对那些有人分管的事，校长出面表态处理，不但不能调动每个人的积极主动性，发挥才干，而且会养成一些同志的依赖性。李校长的看法得到领导成员的赞同，但有的教职工还向他提出问题："这样说，校长不是'无为而治'了吗？"他回答说："校长应该为他所应管，而不为他所不应管。样样抓在自己手中，看似权力大，实质是放掉了大权。不把权授给分管的领导，自己成为光杆司令，那才会真正的失权。"

【点评】

国人思维的特点之一是一而二，二而一。具体阐述为事物发展是阴阳的相互交合，不断变化。事物是一个对称的、和谐的、矛盾的统一体。这个统一体是动态的、辩证的、随时都会转化的。这种阴阳交合，是阴中有阳，阳中有阴。是彼此相互渗透，相互融合。

以此引入到学校管理，则表现为，为官，以不能为能。管理，要识大体弃细务。正如案例中李校长所说的："校长应该为他所应管，而不为他所不应管。"应管与不应管，是管理上的对立与统一，是阴阳的交合。校长善于"应管与不应管"，才是一个会管的高明校长。

在学校管理中，以权力集散为变量的领导方式有三类：一是集权式，即将权力定位于领导个人。二是放权式，即将权力定位于群体每个成员。三是民主式，即将权力定位于群体，实行多数裁决原则。集权式的特征是权力高度集中，突出一把手的中心地位。表现为下属诸事躬亲，否则无效。其长处是组织严整，指挥统一，行动一致，效率显著。其弊端是容易束缚同级副手或下级的手脚，造成下属被动依赖，压抑下属的主动性、积极性和创造性。容易造成上下级的不睦和对立。

放权式的特征是全权悉数下授，一把手虽仍有干预权，但藏而不用。这种方式虽有利于某些事业心强、成就欲高、富有创造性的下级充分发挥聪明才智和创造性。但这种方式使用不当，易出现组织涣散，各自为政，自行其事等弊病。民主式的特征是大权独揽，小权分散。表现为一把手握有重大问题的处置权。其余权力则按职责范围分授他人，但保留协调权、指导权、干预权和最后否决权。其好处是集中了集权式和放权式之长而避其之短。集权式和放权式，属于校长不善于"应管与不应管"的表现。民主式，属于校长善于"应管与不应管"的表现。显而易见，案例中的李校长的管理方式应属于民主式。

第三章
校长表达的艺术

第一节　校长表达的特点

校长在学校活动中处于特殊位置，其讲话的影响、作用和效果与其他人不同，有其自身的特点和规律。主要体现在以下几点：

一、权威性

校长是学校组织中最重要的角色，处于决策指挥位置，具有一定的职权，直接影响各项工作的开展，在学校活动中发挥着特殊的作用，这就决定了其讲话必须具有权威性。

任何组织的活动，都需要有统一的意志，这种统一意志的贯彻执行，均需权力来保证。校长就是权力的象征，权力的化身。校长的言行在一定程度上代表组织，其讲话具有权威性。权威性是校长讲话的基本特点，也是有效实现组织意图、完成工作目标任务的可靠保证。校长讲话的权威性，决定了校长在与特定对象进行语言交流时，要考虑自己的身份，严谨周密，把握分寸，不讲过头话，注意影响。无论在什么场合，校长的一言一行备受关注。说者无意，听者有心。校长的讲话不管是否经过深思熟虑，都可能对下属及社会产生大的影响。有时一句不经意的话，往往会带来不小的麻烦，造成无法预料的后果。

二、原则性

做任何事情都要讲原则，校长讲话也不例外。原则性是指校长不论在什么环境中，讲话都要有一定的限度、尺寸，不能脱离这个限度随心所欲地去阐述、说明、表现个人的思想观点。一是不能无原则地评价某些事情、某些人；二是不能无原则地按照自己的意思，一味地表现自己。坚持原则，是保证校长讲话成功的先决条件。如果脱离原则，自行其是，就没了章法，任何事情非乱套不可。语言是思想的体现，是行动的先导。讲话不讲原则，必然导致行动的无原则性。通常我们说某校长讲话不讲原则，说话很随便，随意表态，经常发表一些与集体意见不一致的观点，说一些不该说的话等，都是不讲原则的表现。讲话不讲原则，会降低校长的威信，影响集体战斗力的发挥，阻碍正常工作的开展。

三、政策性

在一般情况下，校长不是代表自己而是代表一个组织、一个集体出现在众人面前。他的讲话往往是代表这个组织的工作方针、工作原则、工作目的、工作要求。讲话的政策性主要体现在两个层次：一是讲话要体现党的路线方针政策，与上级的指示精神相一致；二是讲话要按照组织意图去讲，保持一致，不论在什么情况下，都不能凭自己的好恶去感情用事；三是讲话要表明对某些问题的看法、态度，允许什么，支持什么，鼓励什么，限制什么，禁止什么，都应讲得具体明确。教师常常会把校长讲话作为行动的依据。

校长讲话的政策性在对外工作中表现得最为明显，也最为重要。校长在对外交往中的言谈举止，代表国家、民族的形象和尊严。对时事的评论，对双边关系的建议，对外谈话，对外声明等，都是一个国家对外政策的具体体现，直接影响到国家的地位和声誉。

四、针对性

针对性是指校长讲话符合客观实际，切中要害，能说到点子上。校长讲话的目的一般都很明确，多是为了统一思想、协调关系、部署任务、发动群众、解决问题，而不是单纯的形式和空洞的说教。因此，讲话要具有很强的针对性，切实把上级的指示精神与本校的实际紧密结合起来，创造性地提出工作思路和工作措施，能够切实解决实际问题，促进工作的开展，这样才能得到教职工的拥护和支持。

校长工作所面临的是具有不同特点的下属，工作中所遇到的问题也各不相同，这就要求讲话要有的放矢，做指示、提要求要具体明确，切不可泛泛而谈，大而化之。有的校长讲话喜欢讲大道理，说原则话，不痛不痒，不解决问题；有的脱离实际，说一些很不现实且不着边际的话，听众如坠云雾，不知所云。这样的讲话不但起不到指导作用，反而会贻误工作。

五、鼓动性

鼓动性是指讲话能够鼓舞士气，振奋精神，坚定群众必胜的信心和决心。校长讲话所确定的目标，出台的政策，制定的措施，提出的要求，最终要付诸实施。而在实施中，只有把它变成群众的自觉行动，才能将这些任务要求落到实处。没有群众的积极参与，再好的事情也办不成。群众的自觉行动，要靠校长讲话去宣传发动。这就要求校长讲话要具有鼓动性和影响力，能够充分发动群众，最大限度地调动群众参与的热情，让他们振奋起来，按照讲话的要求去行动。一个杰出的校长，首先是个优秀的鼓动家。为了克服困难，解决问题，全面完成目标任务，校长应通过会议讲话，进行一次动员，提出一个口号，发出一个号召，充分调动群众参与的积极性，激发斗志，努力工作。

鼓动性体现在讲话内容必须符合教育发展的要求、教职工与家长和学生的愿望，与师生的利益休戚相关，具有宏伟的目标，美好的前景，让人充满希望；体现在讲话者具有强烈的情感，有一种推动人们奋起、振作、前进的强大动力；体现在结尾时能够提炼出富有号召力的口号，激发听众热情，给人以鼓动性力量。

第二节　校长讲话的艺术

校长讲话的性质、目的、场合、听众不同，对讲话的方式、方法和要求也不同。对不同性质、不同类型的讲话，虽然没有一个具体统一的要求和规定，但也有许多相同之处，有些需要共同遵循的规则。

那么，校长讲话中究竟有哪些规则需要共同遵守呢？

一、校长要讲准确的话

讲话准确，是校长讲话必须遵守的基本规则，也是对校长讲话的起码要求。准确性是校长讲话的生命线。讲话失去了准确性，不但没有任何艺术可言，而且会失去组织和群众的信任，影响校长的威信和形象，甚至会阻碍工作的正常开展。讲话的准确性、可信程度如何，直接关系到讲话的质量和效果。试想，如果校长在讲话中，立场观点有问题、引用材料与事实有出入、用词不当、逻辑混乱，听众会有何感想？又如何去组织实施呢？这样的讲话怎么能吸引人、说服人、教育人，又怎么能指导和促进工作，其效果可想而知。列宁曾说："有时仅仅一句话就能成为毁坏一桶蜜的一勺柏油。"

讲准确话首先是政策、见解准确。它是讲话的统帅和灵魂。具体地说，是指讲话所反映和体现的基本立场观点、做出的结论、提出的意见和建议、制定的政策措施等，必须做到具体明确，准确可靠，令人不容置疑。这就要求讲话必须符合党和国家的路线方针政策、法律法规，符合上级的有关指示精神，符合各自的实际，具有很强的针对性和操作性，不能脱离实际，主观臆造。如果观点不正确，措施不可行，整个讲话就失去了意义。因此，校长讲话必须首先做到主题鲜明，观点正确，所提出的目标、措施具体可行。

讲话所用的事实材料要可靠。所用材料准确可靠，是保证讲话内容准确的关键。材料不可靠就不能有效地论证观点，就缺乏说服力。材料可靠包含两层意思：一是真实，二是准确。所谓真实，就是说所用的事实材料真有其事，是客观存在的，不是人为虚构和杜撰的。对所用的材料必须尊重原貌，不能添枝加叶、张冠李戴，不能道听途说、无中生有，不能随心所欲、断章取义，更不能用"莫须有"的材料去欺骗群众。所谓准确，就是指所引用的人物、引文、时间、地点、名称、数字等资料确凿无疑，不能有任何差错。引用材料尽量不用模糊语言，否则，会给人一种不确切、不准确的感觉，影响讲话的效果。

语言运用要准确。语言准确是指语言运用要正确规范，做到概念明确，判断恰当，推理合乎逻辑。运用语言最重要的是准确的问题。只有语言表达准确，才能确切地反映实事，清楚地说明道理，使听众不会生歧义，不会有疑问。老舍说："我的意思是：要老老实实地把话写清楚了，然后再求生动。"其次是正确使用概念、判断，语言合乎逻辑要求。

讲话准确，还应做到表达恰当。就是说讲出来的话要适合听众的思想感情，适合周围的环境，也就是适应语境。同样一句话，在有些场合很适应，而在另一些场合就不一定适应。因此，有些话该说不该说，说到什么程度，怎么说，要根据不同的情况有所区别。"恰当性"是指讲话要满足语境的一些条件，而这些条件是根据交际准则制定出来的，诸如认真准则、礼貌准则等。

要使讲话准确，平时要多下功夫，养成深入基层调查研究的好习惯。只有经常调查研究，深入了解人民群众的真实想法、工作中存在的突出问题，向群众、向实践学习，把情况吃透拿准，才能真正有发言权。

二、校长要讲真实的话

所谓真实话，是指讲话者发自内心的实在话。校长身居要职，教职工都在"听其言，观其行"。教职工最喜欢听真心话、实在话。如果你不向群众暴露真实思想，不与群众真心实意地交流，光说假话、大话、套话，是不会得到群众欢迎的。

校长要干一番事业，有所作为，就必须取得群众的信赖和支持。离开群众的支持和参与，任何事情也办不成。怎样才能取得群众的信赖和支持？唐代大诗人白居易说"动人心者莫先于情"，唯有炽热的情感才会使"快者掀髯，愤者扼腕，悲者掩泣，羡者色飞"。就是说唯有真情实感，才能打动人。这就要求校长在讲话时，要用真情来感动听众，用热情来激励听众，用优美的语言来吸引听众。如果不是诚心诚意地向群众敞开思想、敞开心扉，去说掏心窝子的话，而是虚情假意，装腔作势，言不由衷，缺乏真诚，就难以打动听众，取得群众的支持。仅有真情和热情还不够，还必须紧密联系实际，敢于触及热点难点问题。校长想问题、办事情要处处从群众的利益出发，急群众所急，想群众所想，敢于正视现实，承认矛盾，触及关系群众切身利益的热点难点问题，让群众切实感受到校长和组织上在实实在在地为他们着想，办实事。只有这样，讲话方能如滋润万物的甘露，点点滴入听众的心田，博得群众的信赖和支持。

切忌讲"礼谦式"、"圆滑式"、"公式化"的套话。套话、空话贻害无穷，妨碍上级精神的贯彻落实，损害了校长的形象，倒了听众的胃口，影响了表达的效果，制约了工作的开展。校长干部必须彻底转变话风，形成讲真话、讲实话的良好风气，赢得群众的拥护。

三、校长要讲短话

有人问马克·吐温，演讲词是长篇大论好，还是短小精悍好？他没有直接回答，而是讲了一个故事。有个礼拜天，我到礼拜堂去，适逢一位传教士在那里用令人哀怜的语言讲述非洲传教士苦难的生活。当他说了五分钟后，我马上决定对这件有意义的事情捐助50元；当他接着讲了十分钟后，我就决定把捐助的数目减至25元；当他继续滔滔不绝地讲了半小时后，我又在心里减到5元；最后，当他讲了一个小时，拿起钵子向听众哀求捐助并从我面前走过的时候，我却反而从钵子里偷走了2元钱。这个幽默故事告诉我们，讲话还是短一点、实在一点好，长篇大论、泛泛而谈容易引起听众的反感，效果反而不好。

讲短话是一种能力，是一种艺术，比讲长话更难，更需要在实践中锻炼和提高。一次，有人问有天才演说家之称的美国总统伍德罗·威尔逊，撰写一篇五分钟的讲话稿要用多少时间，他说大约需要一个星期。那么，半小时的讲话稿需要多少时间，他说两天左右。一个小时的讲话稿呢？他说我现在就可以讲。可见，讲好短话是一件很不容易的事情，必须下苦功夫学习。校长要养成讲短话的习惯，提高讲短话的水平。

四、校长要讲通俗的话

托尔斯泰说："真正的艺术永远是十分朴素的，明白如画的，几乎可以用手触摸到的。"作为校长，讲话艺术也应力求通俗、朴实、易懂。

让听众听懂、听清楚是对讲话的一项基本要求。如果你讲的话听众听不明白，即使内容再好、再重要，你费了很大力气，讲得口干舌燥，挥汗如雨，那也只能是"瞎子点灯"。要让听众听明白，最简单的方法就是讲通俗朴实的话。通俗朴实的话讲起来上口，听起来也容易理解和接受。这就要求在讲话时尽量使用通俗易懂的语言，做到深入浅出，让人一听就懂，不需再去推敲和理解。

讲话是为了向听众传达信息，影响他们的思想观点，促使他们去行动。如果用了一些抽象生疏的专业用语或生僻字词，必然会影响讲话效果。有些校长讲话，不在内容上下功夫，不去研究对策解决问题，而是过分地讲究文辞的华美，片面追求"新"意，使用新包装，好像只有讲得别人似懂非懂，才能显示自己的知识渊博，才能换取听众的喝彩，其结果往往适得其反。这种缺乏通俗、朴实之美的讲话，很难达到预期效果。

校长讲话要通俗，但不能粗俗。语言应该纯洁、健康、丰富、优美，而不是粗野、庸俗、低级趣味。讲话中要特别注意避免出现一些不必要的、甚至是粗俗下流的口头禅。不能张口就"这个、那个、啊、嗯、妈的、娘的、奶奶的"等，这是一些常见的语病。如果校长平时不注意自己的身份，不看环境和对象，嘻嘻哈哈，粗话连篇，甚至低级趣味，下里巴人，影响很不好，会严重损害自己的形象和声誉。

五、校长要讲精彩的话

校长讲话要想更好地吸引和打动听众，除了准确、通俗外还必须生动有趣。

一要新。就是要有新意。如果总有一些固有的套话、老话，这样讲者乏味，听者无用。有的虽然也讲了别人没有讲过的话，但是搞搞对仗，修修工整，用新瓶装旧酒，依然乏味。何为"新话"，"新"从何来？新话来自于对新形势、新情况的及时分析、把握和洞察，扣得住时代脉搏，跟得上发展潮流；来自于对新理论、新政策的不断学习和领会；来自于新思考、新总结、新办法。只有勤学勤思，理性思考，科学总结，拿出自己的办法，说出自己的话来，这样的话，就会新意迭出，启人心智，使人受益。

二要真。就是真情实感，推心置腹。为了说明和解决问题，促进科学决策，引导教育群众，推动工作开展。讲话必须有实在的内容，有实际的招数，这也是领导作风的一个体现。所以我们要力戒空话和官话，力戒装腔作势和哗众取宠。领导的讲话，要符合上级精神和基层实际，要力求全面，防止片面化和绝对化，千万不能说假话、空话、套话、不着边际的话。

三要深。就是深刻有力，有深度。领导讲话的水平，重要的是通过论述的深刻性体现出来的。因此，要坚持"以理服人"，使各种事理渗透到亲切、自然的语言诱导中。要使讲话深刻有力，通常采用摆事实、列数字、打比方、做比较等方法，来增强讲话的深刻性。校长还要善于站高看远，讲话要有一定的政治高度、理论高度、认识高度，只有这样，才能起到教育人的作用。

四要准。就是对人的评价、对事物的判断，必须实事求是，能够真实地反映客观事物的本来面目。准确，主要包括观点准确、材料准确、语言准确。观点要准确，这是大前提。领导讲话，目的是为了宣传某种思想，说明对客观事物的某种看法，并给人以指导。这就要求讲话者有正确的立场，坚持以马列主义、毛泽东思想、邓小平理论和"三个代表"重要思想为指导，宣传党的路线、方针和政策，宣传积极向上的思想，鼓励人们积极投身于改革开放和社会主义现代化建设。观点准确，还要求必须要反映事物的本质，这就必须经过思考，将丰富的感觉材料加以去粗取精、去伪存真、由此及彼、由表及里的改造制作功夫。材料也要准确。所使用的材料必须要真实可靠，准确无误。语言要准确。语言准确是文章准确性的重要条件，语言必须准确无误，不能有一点出入。

五要美。就是富于美感，要恰当地运用修辞手法，使讲话语言给人以美的享受。使语言生动活泼，具体形象，幽默风趣，为听众所喜闻乐见。语言要具体可感，形象生动，丰富多彩，不能颠来倒去总是那几个词、几句话，死板板的几条筋，无滋无味，像个瘪三。要使语言生动有趣，最基本的要求就是使用自己的语言，不要老去套用别人的话。有的校长喜欢使用一些"时髦词"，把别人的东西生拼硬凑在一起，乍听起来挺"新鲜"，实际上细细品味起来，有的是"生吞活剥"、"消化不良"，有的似是而非，很不准确。要使语言生动有趣，还必须具体形象，幽默风趣，增强讲话的表达力和感染力，有效地调动听众的情绪。

除了语言生动外，讲话者的风度、表情、声音也很重要。在讲话中要注意运用体态语言，用眼睛、面部表情、手势动作来增强有声语言的表达力。同时，要尽量选用一些合适恰当、符合听众实际的有趣事例，吸引听众的注意力。要使话讲生动，切忌照本宣科。照本宣科所发出的声音，由于受到书面文字的限制，语调平淡，缺乏激情，没有抑扬顿挫，显得沉闷呆板，不利于调动听众情绪。有的校长讲话时不注意自己的形象，手舞足蹈，举止轻浮，声嘶力竭，甚至唾沫星子满天飞，很不雅观，给人一种很不理智、很不稳重的感觉。

六、校长要脱稿讲话

校长在汇报情况、布置工作，交流经验，面对媒体等各种场合，都需要讲话。这些重要场合，上可牵连到国家教育政策，下或关系到学校的发展，应当高度重视，事前需要做充足准备，这些准备当然包括所讲的内容，有一个精心准备的讲话稿或者思路提纲是必要的，但把讲稿子变成念稿子，把讲话稿照本宣科地念出来，则会带来种种不良影响。

首先，校长被稿子束缚主动性不能发挥，说不尽自己想说的。其次，念稿对同级不利于学习交流，增进感情。同级部门间相互考察，借鉴取经，此时校长拿着讲话稿念个不停，就像是别人到你家里做客，本来是过来拉家常的，你却对客人念稿子，让客人听报告，不仅煞了风景，学习交流、增进友谊、共同提高也就成了空话。再次，念稿对下不利于部署工作，联系群众。校长作为学校负责人，通过讲话部署工作是经常的事情，本无可厚非。面临重大场合和重要任务，准备正式的讲话稿并反复征求意见，反复修改不仅不应质疑，还是高度认真负责的体现，有利于工作的开展。但校长要深入群众，就是要和群众打成一片，就是要低头不见抬头见，天天在一起相处，并不是每一件事情、每一个场合都需要拿稿子念的。比如说，对部属交代个任务，布置个工作，装在脑子里，写在本子上，几句话就能说清楚的事情，就不应当长篇大论，非得有个稿子，非得照着稿子念得唾沫横飞，师生却不一定会买账。最后，念稿对外也不利于宣传展现，树好形象。校长一定程度上就是所在学校的脸面和形象，面对各种媒体，校长也理应担起外宣形象之责。但面对媒体，无论是电视或是网络视频，受众是不喜欢也是没有必要看着你拿着稿子来"受教育"的，公众不同于下属，有换频道或关网页的自由选择权。念稿子只会让难得的面对媒体外宣形象的机会白白丧失。

能够脱稿讲话的干部是有水平、有魅力的干部，当然，对于重要的场合、重要的会议、重要的汇报，事前进行充分准备，领导手持讲稿讲话当然重要。校长应做"脱稿干部"，不做"念稿干部"。要想随时讲话，脱稿讲话，讲有用的话，能征服听众的话。

为何领导干部大多不喜欢脱稿？从表面上看，脱稿讲话意味着一定的风险，或不严密，或不准确，或不系统，或不规范，或不流畅，或冒犯领导，或得罪同事，或激怒群众，给工作带来不利影响。实际上，很多时候是因为工作不够细致，情况掌握不够；或是忙于交际应付，无暇学习和总结；或是调查不够，问题掌握不多……这些，归根到底主要是责任心不够，服务意识不够，开拓创新的想法不够……这就导致了他们在任何场合，都不敢或不会讲自己的话，讲心里的话，讲管用的话，讲老百姓喜欢听、听得懂的真话实话放心话。

讲话是体现校长综合素质的一面镜子，也是评价校长能力高低的一把尺子，讲话依赖于念稿，不利于校长自身思维能力和领导水平的提高。因此，作为校长，在讲话的过程中，要多做讲稿的工作，少干念稿的事情，而做到这一点，充分发挥好自己在讲话过程中的主观能动性，使即兴发挥的部分准确生动和深入，则应当在平时多下功夫，坚持做好"四多"。

一是多读。俗话说："熟读唐诗三百首，不会吟诗也会吟"，校长讲话也是，多看上级领导指示，各类文件、报纸书籍，对党的方针政策各项法规制度烂熟于心，知识广博，洞明时事，博闻强识，讲话时才能广征博引，言之有物，言之有事，吸引听众。

二是多想。多想是全方位的，面对浩繁复杂的信息海洋，要多想有所取舍，选出服务于讲话主题的内容，增强讲话的公信力。要通过调查研究深入思考，了解群众之所想，急群众之所急，善于通过思考从调查研究中发现问题，找到解决问题的关键所在，让讲话一语中的，找到问题的关键所在。

三是多写。多写就是提倡校长自己写讲话稿，简单的讲话先打腹稿，复杂的讲话稿先理个讲话提纲，自己多做讲话的前期工作，少让身边人代劳，自己熟悉讲话的内容，自己拟定讲话的思路和提纲，讲起话来才有更大的灵活性，才能够根据需要随时对讲话做出调整，使讲话能讲出自己所要讲的，反映自己思想，能够反映情况，解决问题。从而也可避免讲客套话，讲废话，讲不着边际的话，提高办事效率。

四是多说。多说不是瞎说乱说，不是逢会必说，更不是时时说，处处说，有必要说时说，没有必要说时也说。而是要在多读多想多写的基础上多锻炼，敢于在公共场合讲话，敢于锻炼自己，多为自己创造一些在公共场合多讲稿少念稿的机会，做到能脱稿讲话就不念稿，不能脱稿也不拘泥于稿件，讲话前深思，讲话中巧思，讲话后回顾，和听众形成良好的互动，通过不断的实践锻炼，逐步提高自己讲话的水平。

七、校长讲话"七戒"

一戒"套"。套用现成的模式，看似省心，省力，但效果极差。

二戒"空"。就是光喊口号，空话连连，或只有观点，没有论证；只有要求，没有措施，让人不知所云。"吐沫星子满天飞"，其实一句也不管用。我们部署某项工作，如果使人听后搞不清楚要怎样做这项工作，或者没有讲出具体要求，使听众觉得做与不做、做好与做不好都行，都没有什么差别，这样的讲话，不如不讲。

三戒"平"。即平淡，观点平平淡淡，语言苍白无力，通篇讲话一般化，使人听后感到没有解决什么问题。

四戒"长"。从大众心理来看，大家都不喜欢听长篇大论的讲话，因为"时间就是金钱，效益就是生命"。现代社会要求校长必须"惜语如金"，讲话干脆利落，不拖泥带水，弃空话套话，拧干"水分"，真正用简短精练的语言，给人以启迪和鼓舞。

五戒"僵"。语言僵化，听众害怕。校长尽可能使用朴实生动活泼的语言，通过群众喜闻乐见、有丰富表现力的语言表达自己的意思，即便是深刻、深邃、深奥的道理、概念、思想，也应口语化，通俗化。让百姓们容易接受，让群众容易受到教育、得到启发、接受引导。

六戒"粗"。领导讲话千万不能"粗俗"。校长不仅应是先进思想的传播者，也应成为先进文化的传播者，讲话不能粗俗，尽可能要有美感。

十戒"软"。领导讲话的过程，也是校长发动群众、教育群众、鼓舞群众的过程。只有提升讲话的感染力、号召力，使人受其影响，才能赢得与会者的赞许，从而增强讲话的效果。否则，讲话没有力度，让人昏昏欲睡，不但吸引不了群众，指导不了工作，反而会使群众产生反感。

第三节 校长的表扬艺术

马克·吐温说过："一句好听的赞辞能使我不吃不喝活上三个月。"恰如其分或者适当夸张的表扬，就像给人戴了一顶金光闪闪的帽子一样，让人感到熠熠生辉，激情倍增。在讲话中巧妙地运用表扬，极易调动听众情绪，形成默契。这句略带夸张的话体现了"表扬"的魅力之所在。表扬作为一种激励手段，可以起到肯定人的价值，消除下级对上级的隔阂，密切上下级关系的作用。因此，许多成功的校长都认为，要让别人能紧紧跟随自己，最有效的方法就是表扬他们，使他们认识到自己对于校长非常重要。

如何运用好表扬呢？应把握以下几点：

⭐**1 善于发现优点。**很多工作，校长去做，只要命令就能解决，而下属可能需要积极与其他部门进行协调、需要查阅大量的资料、投入相当的时间。所以，校长永远不要因为在自己看来是小事而吝啬表扬。

⭐**2 善于抓住亮点。**每个人都希望别人注意自己的不同凡响之处。校长表扬下属时也应注意适应这种心理，注意发掘每个下属的"闪光点"。要做到这一点，应注意遵循三个原则：一是实事求是，符合实际，注意分寸；二是真心诚意，不夹杂讽刺或嫉妒的心理；三是全面了解，对不同的人的不同"闪光点"表扬方式不一样，对不同的人的同一"闪光点"表扬方式也不一样。

⭐**3 善于趁热打铁。**表扬不能满足于对成绩的肯定，而应注意趁热打铁，在表扬中提出有针对性的目标。

⭐**4 善于以点带面。**领导在表扬下属时，不应简单地说一句："干得不错"，而是要善于借表扬将成功者的经验与方法传授给其他下属，启示他们在对比中看到差距，认识自我，向先进看齐。

5 善于寄托希望。 面对下级某方面的不足，有经验的校长一般不会轻易说："希望你……"而往往是把这句话留在下属因某方面的工作做出了成绩受到表扬之后，再话锋一转，提出相应的希望。因为这样做，当一个人因工作上的成绩受到表扬时，就会产生一种成就感、荣誉感和自豪感，这种积极的心理反应不仅会使其感到心情愉快，还能使其自信心大增。

6 善于传授经验。 作为校长，在对下属进行表扬之前，应进行深入细致的了解，总结其成功的经验和有效的方法，以便表扬时能够当众详细介绍，这样不仅能让被表扬者受到感悟，还会使大家能从受表扬者的经验与方法中有所得益。

7 善于传授道理。 精明的领导在表扬下属时，不会"杨柳水大家洒"，也不会有事没事频繁地做廉价的表扬。个个都表扬就等于没表扬，频繁表扬就会失去意义，表扬就会"贬值"，不仅不能鼓舞士气，往往还会招来其他下属的反感。

8 善于融入鞭策。 就是善于在表扬中"一箭双雕"，借表扬先进之际，让没有受到表扬的人感到差距，甚至反省自身存在问题，起到一举两得的作用。

第四节　校长批评的艺术

校长在学校管理中，适时适度地运用好批评，不仅不会挫伤积极性，还会对被批评者起到警示教育和激励作用，甚至达到批评一个教育一群的作用。尤其是对那些人民群众所深恶痛绝的人和事，给以鞭挞，一针见血地予以无情抨击，更令人拍手称快。

很多校长表示，表扬起来容易，批评却很难。批评，容易使上下级之间的关系受到影响，也会使下级对上级安排的工作表现出消极应对的情绪。造成这种后果的主要原因是校长不懂得如何批评员工，也没有掌握批评员工的艺术。如何批评？应注意以下几点：

一要客观。批评通常是在事情发生后出现的，我们一定要深入了解事实，调查情况，通过研究分析后对人的思想行为做出实事求是的评价，给予公正合理的批评。

二要委婉。人的自尊心都很强，校长如果在公开场合点名批评，就会让人们感觉没面子，"威信扫地"，更有甚者，会对校长怀恨在心，有的干脆"破罐子破摔"。所以校长在对人进行批评时，被批评者往往关注的是周围群众对自己的看法和反映，而无心听取校长的批评。生活中就有这么一种现象，在大街上一个人不小心摔倒了，他爬起来的第一个动作不是马上拍拍身上的尘土，而是先环顾四周，看看有没有熟人，这就是体现了人的"面子观"。如果校长在众人面前批评人，不但会打击士气，更会打击众人心。但如果能够委婉地指出其错误，就会收到很好的效果。请看一个教师迟到后校长对这个老师的批评例子：

A校长大发雷霆："真是太不像话了，像你这样今天迟到明天也迟到，还怎么干工作？你这是无视学校的规章制度，是典型的明知故犯。以后再抓住你迟到，就扣发50元的绩效工资。"小张老师不等校长把话说完，就气呼呼地转身进了办公室，把一脸怒容的校长晾在了一边。

B校长拍拍小张老师的肩膀，笑眯眯地说："小张怎么来晚了？是不是家里有什么事情脱不开身呀？如果有什么困难，以后尽管和我说，但不要耽误了上课呀！"小张老师不好意思地对校长说："家里没有什么事的，是我睡懒觉造成的，下次一定改正。"双方又寒暄了几句，各自愉快地回了办公室。

三要真诚。真诚才能换取真心。毛主席说，要"惩前毖后，治病救人"。在现在以人为本的管理环境中，这仍然要作为我们运用批评这一管理手段的原则。校长在批评某人时，一定要态度端正，一切本着真诚的态度准确地批评，一切本着解决问题、提高管理水平而批评。而不是出于某种打击目的，唠唠叨叨，长篇大论。言语千万不可含讽刺、嘲笑、污辱的意思。讲话者要注意语言文明，用词得当，在听众心中留下良好的形象。

四要对事不对人。"金无足赤，人无完人"，谁也不是完美的、万能的，不会犯任何错误的人根本不存在，一个一无是处的人也没有。大家都有优点和缺点，所以校长一定要弄清这一点，我们批评的是他做错的事、他的某个缺点，而不是他整个人。批评他的错误，可以帮助他改正错误，却并不否定他的成绩，这才是科学的观念。假如批评他的人，那就表示他一无是处，这样不仅于事无补，于错误无补，反而会伤害他，同时也间接地伤害其他人，这是不科学的。

五要控制情绪。要保持冷静，切勿急躁。这样既可以防止自己主观臆断，伤害听众的自尊心，也可以冷静下来，思考自己的错误所在，对自己的错误行为进行改正。不要用训斥、威胁的口气，也不要用斩钉截铁的语气，那种瞪眼睛、拍桌子，大声叫嚷等发怒的表现都是要不得的，会使听众产生对抗的逆反心理，也有损于领导的形象。

六要就事论事。哪一件事有错就指出是哪一件，哪一个环节有问题就说哪一个环节，千万不能以偏概全，抹杀成绩。

七要先表扬后批评。高明的校长，总是在批评前先肯定成绩，然后再真诚地提出存在的不足。如果校长讲话时说："我对你很是失望。"那么这位员工听后，第一感觉就是校长不重视我了。反之，如果我们换一种方式来处理，比如，你可以这样表达："你做事向来都是很积极的，从来都是按时完成的，（提出问题和想法）一定有别的原因吧，我很重视这件事情。"让其做出回答，这样双方才能够解决问题。然后你再转到一个愉快的话题上来。让其了解你的意图和想法，按照你的意图和想法来工作这才是关键。

八要留有余地。我们常见到画家画花时只画一枝，而不是全部，有时也会在花枝添上一只小鸟，让人品位其中意境。诗人写诗同样如此，寥寥数字就能将一幅画面展现在我们眼前，校长讲话亦然，尤其是对人的批评，就像上面的例子一样，点到为止，善于让员工自己去反省自己，让他自己去思考、想象和反省，而不是唠唠叨叨，讲个没完。

九要做到两忌。一忌"电闪雷鸣"。"以理服人，威信自生；以势压人，无威无信"。校长在批评下属时，要说服而不要压服，要鼓励而不要威胁，要尊重而不要鄙视，要循循善诱而不要"电闪雷鸣"。一味刺耳地批评或者不冷不热地采取"我不管，你自己看着办"的态度，只会挫伤下属的自尊心，使其对你"敬而远之"，时间长了还会使其产生逆反心理而消极怠工，甚至"破罐破摔"。二忌批评上司。在汇报性讲话中，指责老板和上级是最不明智的做法，尤其在管理不够民主的地方和企业，一定要尽量避免。假如你曾经批评他，那么当他不愉快的时候，就会想起你、憎恶你；在提拔、晋级、加薪的时候，由于你曾批评过他，让他有了不良印象，所以你的机会就比较渺茫了。

总之，正确的批评方法非常重要，发挥批评的积极教育作用，少运用且善于运用批评，才会使你的讲话更受人欢迎。

第五节　校长幽默的艺术

校长讲话尽管要庄重、严肃、认真、准确地传达上级的指示精神，阐明自己的思想，不能拉家常式的漫谈、闲扯，但如果一味照本宣科或讲些大话、套话，没有一点灵活性，也打动不了听众的。尤其在很多时候，需要找一些"调和剂"、"润滑油"对现场气氛进行一下调节。巧妙地运用幽默，就是一个很好的办法，它能化解紧张或尴尬气氛，使讲话在轻松与友好的氛围中展开，缩短双方心理距离。

在讲话中适当增强语言的幽默性，不但会提高语言的艺术魅力，而且也会为校长的风度增添异彩。校长应学会幽默。请看下面一位校长在开学典礼讲话时的一段内容，据报道这个校长是这么说的：

"刻苦的学习不是'豆你玩'，如果你成绩不达标就要'姜你军'，只有德智体全面发展才'蒜你狠'，只有那些学习名列前茅或在某一方面鹤立鸡群的同学才可称得上'糖高宗'……"

"自己不行又能咋样？哪怕你爸是李刚。"在解读完这"帝"、"我爸是李刚"、"给力"、"裸购"、"神马都是浮云"、"鸭梨"等十大网络热词后，这位校长最后将这十大流行语串联起来，做了一个总结陈词："对我们学生而言，神马都是浮云，只有取得自身的进步与发展，才是最给力的。应该用怎样的态度和方法去对待学习，这不需要做出一个非常艰难的决定，因为，学习不是豆你玩，哪怕我爸是李刚，分数也无法裸购，这个道理你懂的。所以，我们必须顶住鸭梨，迎难而上，努力使自己成为学习帝，让大家对你羡慕嫉妒恨，这样才蒜你狠。"

据说该校的学生听了校长的新学期讲话，都相当兴奋：咱们的校长还真有一套！校长的这一讲话立刻发到该校论坛上并迅速蹿红。

一、幽默的作用

⭐1 能表现出智者的诙谐

英国思想家培根说过："交谈时的含蓄与得体，比口若悬河更可贵。"有些话非直言不讳不行，但生活中并非处处都能直言，有时含蓄委婉的表达效果更佳。所谓"直道好跑马，曲径可通幽"，各有各的妙处，关键在于各得其宜，恰到好处。

毛泽东同志在陕北时，有一天夜间进入田次湾，住在一个老大娘家里，大娘见毛泽东与十几个同志挤在一座窑里睡，心里不安，一再说："这窑洞太小了，地方太小了，对不住首长了。"毛泽东听了这话，依着房东大嫂说话的节律喃喃道："我们队伍太多了，人马太多了，对不住大嫂了。"房东大嫂和大家听罢都哈哈大笑起来。一阵会心的笑声，打消了房东大嫂的顾虑。

幽默，是一种引人喜悦，以快乐的方式引发人对人感观的一种特性。同时，它是一种能力；一种艺术。幽默的语言还能使局促、尴尬的场面变得轻松、和谐，使人立即消失掉拘谨或不安，而且还能调解小小的矛盾。

有人说，幽默是一种才华，一种力量，一种高度文明的象征。

还有人说，幽默是一种引发喜悦和快乐的源泉，是人获得精神快感的一种行为方式。

又有人说，幽默是一种人生智慧和技巧的最高表现，是协调自我和社会关系的灵丹妙药。

更有人说，幽默是一种人生的艺术，它能够使你笑口常开，青春永驻。

幽默就是一种高级人生，而且是一种能把自己和他人从尴尬境遇中解救出来的人生。

⭐ 2 自我解嘲，避免尴尬

幽默一直被人们称为只有聪明人才能驾驭的语言艺术，而自嘲又被称为幽默的最高境界。由此可见，能自嘲的必须是智者中的智者，高手中的高手。自嘲是缺乏自信者不敢使用的技术，因为它要你自己骂自己。也就是要拿自身的失误、不足甚至生理缺陷来"开涮"，对丑处、羞处不予遮掩、躲避，反而把它放大、夸张、剖析，然后巧妙地引申发挥、自圆其说，取得一笑。没有豁达、乐观、超脱、调侃的心态和胸怀，是无法做到的。可想而知，自以为是、斤斤计较、尖酸刻薄的人难以望其项背。自嘲谁也不伤害，最为安全。你可用它来活跃谈话气氛，消除紧张；在尴尬中自找台阶，保住面子；在公共场合获得人情味；在特别情形下含沙射影，刺一刺无理取闹的小人。

人际交往中，在人前蒙羞、处境尴尬时，用自嘲来对付窘境，不仅能很容易找到台阶，而且多会产生幽默的效果。所以自我解嘲是避免尴尬的一种很高明的脱身手段。

在某俱乐部举行的一次招待会上，服务员倒酒时，不慎将啤酒洒到一位宾客那光亮的秃头上。服务员吓得手足无措，全场人目瞪口呆。这位宾客却微笑地说："老弟，你以为这种治疗方法会有效吗？"在场的人闻声大笑，尴尬局面即刻被打破了。这位宾客借助自嘲，既展示了自己的大度胸怀，又维护了自我尊严，消除了耻辱感。

由此可见，适时适度地自嘲，不失为一种良好修养，一种充满魅力的交际技巧。自嘲，能制造宽松和谐的交谈气氛，能使自己活得轻松洒脱，使人感到你的可爱和人情味，有时还能更有效地维护面子，建立起新的心理平衡。

⭐ 3 幽默语言使社交更圆满

幽默是快乐的杠杆，是生活的源泉，是社交的润滑剂。然而要做到说话风趣诙谐，幽默睿智，这是很高的艺术。在社交谈话中运用这种艺术会收到好的效果。

与别人初次见面，幽默的谈话会赢得对方的好感。当双方发生矛盾冲突时，幽默的谈话会冰释前嫌。具有幽默感的批评性谈话，使人乐意接受。在工作劳累的时候，来点幽默的笑话，使人得到积极的休息。总之，幽默是社交中不可缺少的润滑剂。

抗日战争胜利后，著名国画大师张大千要从上海返回四川老家。行前，他的学生糜耕云设宴为大师饯行。这次宴会邀请了梅兰芳等社会名流出席。宴会伊始，张大千先生向梅兰芳敬酒时说："梅先生，你是君子，我是小人，我先敬你一杯。"梅兰芳不解其意，忙含笑问："此作何解？"大千先生笑着答道："你是君子——动口，我是小人——动手。"张大千先生的幽默引得宾客为之大笑。

同时，幽默感在人的社交能力发展过程中起着举足轻重的作用。幽默可以松弛紧张的情绪，现实生活中常常不乏令人碰得头破血流仍然得不到解决的问题，但是，如果来点幽默，却往往会迎刃而解，使矛盾化干戈为玉帛。

在社交中，言谈举止是一个人精神面貌的体现，要开朗、热情，让人感觉随和亲切，平易近人，容易接触。言谈要有幽默感。在社交中，谈吐幽默的人往往取胜。没有幽默感的人在社交中往往会失败。在交际场合，幽默的语言极易迅速打开交际局面，使气氛轻松、活跃、融洽。在出现意见有分歧的难堪场面时，幽默、诙谐便可成为紧张情境中的缓冲剂，使朋友、同事摆脱窘境或消除敌意。

✦4 幽默显露大智慧

对于敌人，幽默辛辣的讽刺则是有力的打击。当年在美国主办《中西日报》的伍磐昭在一次演讲中谈到袁世凯，他说："袁世凯生平只做了一件大利大益于中国的事。"听者愕然，急想知道是何事。他这才回答说这件大利大益于中国的事"即是他死了——绝对的死了，很合时宜地死了。很合适地死了。"这一妙语，使在座的人都会意地笑了。第二次大战期间，希特勒到一个精神病院视察。这里的病人大多数是持不同的见者。希特勒问他们是否知道他是谁，病人摇摇头。于是希特勒大声吼叫起来："我是阿道夫·希特勒，你们的领袖。我的力量之大，可以与上帝相比！"病人们不理睬他，露出了鄙视的微笑。有位病人拍拍希特勒的肩说道："是啊，是啊，我们开始得病时，也像你这个样子。"这句话有力地抨击了希特勒神经质般的不可一世的气焰。同时，我们也可以看出幽默所显示出的说话人的智慧。

富有智慧的人，不一定幽默；而具有幽默感的人，一定富有智慧。

一个在逆境中仍然保持幽默的人，无疑是个强者。弱者在逆境中连哭都来不及，哪儿还有心思幽默呢。

伟人的幽默，最好只停留在口头上，而不要落实在行动中；凡人的幽默，最好能注入生活中，而不仅仅逗留在口头上。

幽默有一种魅力，它在男人心中唤起的往往是敬意，在女人心中唤起的则常常是爱情。一个富有幽默感的人，无疑也是一个语言大师。

小人物的幽默，最多只能把大人物逗笑了；大人物的幽默，却能把上帝都逗笑了。

幽默与讽刺不同。一般说来，幽默，是善意的讽刺；讽刺，是恶意的幽默。

一个不善幽默的朋友，是一个我乐于接待的朋友；一个善于幽默的朋友，是一个我乐于上门的朋友。

没有幽默感的将军，仍然不失为一个出色的将军；没有幽默感的政治家，却是一个令人遗憾的政治家。

有人让科学家戴维填表列举他对科学的贡献，你猜他填了什么？他这样写道：最大的贡献——发现法拉第。

幽默，除了蕴含着智慧，还蕴含着对美的向往。

丘吉尔首相有一次在公开场合演讲，由台下递上来一张纸条，上面只写着两个字："笨蛋。"丘吉尔知道台下有反对他的人等着看他出丑，于是便神色轻松地对大家说："刚才我收到一封信，可惜写信人只记得署名，忘了写内容。"丘吉尔不但没有被不快的情绪控制，反而用幽默将了对方一军，实在是高招。

法国名人拿破仑，有一天到野外打猎，突然听见远处有人呼叫，他循声走去，看见一人落水，正大声求救。拿破仑毫不犹豫的举起枪来，大声叫道："喂！听好！你要是不爬上来，我就开枪打死你。"那个人听了，顿时忘记落水的危险，立刻使劲全力向岸边游去。上岸的第一句话就是："你不救我就算了，为什么还要开枪打死我？"拿破仑从容不迫地回答说："假如刚才我不吓唬你，你就不会奋力游上岸，又怎么能脱险呢？"

恩格斯说："幽默是具有智慧、教养和道德上优越的表现。"列宁则认为，幽默是一种优美的、健康的品质。

二、幽默的方式

⭐1 解惑式幽默

在毛泽东身边工作的同志怀着深情与敬意为主席站岗放哨，照顾他的生活起居。有一天，毛泽东突然笑着对他们说："你们为什么这么好呢？这个问题，我想了很久才想通。原来你们这些同志只能为官，不能为人。"工作人员被主席的话惊呆了。"这句话的分量实在太重了。我们全心全意照顾主席，他怎么这样批评我们呢？"大家都感到困惑不解，心情也紧张。接着，毛泽东笑着解释说："说你们只能为官，这就是说你们对我这么好，不都是为了我这个当官的吗？说你们不能为人，是说你们不能为个人考虑考虑吗？我看到你们这么多的人在我这里站岗放哨，一待就是好几年，要是你们在前方，早就是什么长了。"经主席这么解释，大家茅塞顿开，不由得变"惊"为笑，心情轻松了。毛泽东同志对全心全意保卫他、照顾他的同志心存感激，但他没用褒奖之词，而是用了"你们都只能为官，不能为人"的批评式赞扬，故意使对方疑窦丛生，造成错觉，形成心理压力。然后解释，使之冰释雪消，起伏中顿生幽默。

⭐2 形象式幽默

有一次，孙中山在广东大学讲民族主义。礼堂非常小，听众很多，天气闷热，很多人都没精打采。孙中山便穿插一个故事：那年我在香港读书时，看见许多苦力聚在一起谈话，听的人哈哈大笑。我觉得奇怪，便走上前去。有一个苦力说："后生哥，读书好了，知道我们的事对你没有什么帮助。"又一个告诉我："我们当中一个行家，牢牢记住那马票上面的号码，把它藏在日常用来挑东西的竹杠里。等到开奖，竟真的中了头奖，他欢喜万分，以为领奖后可以买洋房、做生意，这一生再也不用这根挑东西的杠子过生活了，一激动就把竹杠狠狠地扔到大海里。不消说，连那张马票也一起丢了。因为钱没有到手先丢了竹杠，结果是空欢喜一场。"孙中山风趣的话，引来台下一片笑声。孙中山接着回到本题："对于我们大多数人，民族主义就是这根竹杠，千万不能丢啊！"孙中山先生这个充满幽默感的故事不仅让昏昏欲睡的人们清醒过来，也使得自己的演讲取得了良好的效果。

语言要富有幽默感，必须言之有物，使其形象生动。以实求幽默，幽默有；以虚求幽默，幽默无。语言真实形象生动，能促人联想，产生"具象"，让人感觉余味无穷。

⭐ 3 夸张式幽默

将事实进行无限制的夸张，造成一种极不协调的喜剧效果，也是产生幽默的有效方法之一。

马克·吐温有一次坐火车到一所大学讲课。因为离讲课的时间已经不多，他十分着急，可是火车却开得很慢，于是他想出了一个发泄怨气的办法。当列车员过来查票时，马克·吐温递给他一张儿童票。这位列车员也挺幽默，故意仔细打量，说："真有意思，看不出您还是个孩子哩。"马克·吐温说："我现在已经不是孩子了，但我买火车票时还是孩子，火车开得实在太慢了。"火车开得很慢确是事实，但也不至于慢到让一个人从小孩长成大人。这里便是将缓慢的程度进行了无限的夸张，产生了特殊的幽默效果，令人捧腹。

⭐ 4 曲解式幽默

所谓曲解，就是对对象进行"歪曲"，"荒诞"地进行解释，以一种轻松、调侃的态度，将两个表面上毫不沾边的东西联系起来，造成一种不和谐、不合情理、出人意料的效果，从而产生幽默感。

有一次，一名新闻记者问萧伯纳："请问乐观主义者和悲观主义者的区别何在？"这是一个范围很大且很抽象的问题。如果要从理论上做出一个准确的回答，恐怕得费好大劲也不一定能令对方满意。于是他说："假如这里有一瓶只剩下一半的酒，看到这瓶酒的人如果高喊：'太好了，还有一半！'这就是乐观主义者；如果悲叹：'糟糕，只剩下一半了。'那就是悲观主义者。"在这里，萧伯纳巧妙地使用"以偏概全"的方法，选择了一个生动的事例，化大为小，回答得轻松自如，不仅颇有幽默感，而且令人回味无穷。

5 模仿式幽默

模仿现存的词、句及语气等而创造新的语言，是幽默方式中很常见的一种，往往借助于某种违背正常逻辑的想象和联想，把原来的语言要素用于新的语言环境中，造成幽默感。一位女教师总爱板着面孔上课，动不动就批评学生的顽劣，弄得学生怨声载道。一次她在课堂上提问："'要么给我自由，要么让我去死'这句话是谁说的？"过了一会儿，有人用不熟练的英语答道："1775年巴特利克·亨利说的。""对。同学们，刚才回答问题的是日本学生，你们生长在美国却回答不出来，而来自遥远的日本的学生却能回答，多么可怜啊！""把日本人干掉！"教室里传来一声怪叫。女教师气得满脸通红，问："谁？这是谁说的？"沉默了一会儿，有人答道："1945年，杜鲁门总统说的。"这位同学模仿老师的提问做了回答，产生了幽默的效果。

三、运用幽默应注意的问题

1 看场合。 大部分场合幽默都是可以用的，但有些场合下，比如有重大灾难时，出现严重问题时，讨论严肃问题时，幽默还是少用为好，免得让人觉得轻浮。不同的听众所能接受的幽默方式与内容也是不同的，幽默要有针对性。

2 别牵强。 幽默要真正实现效果，最好是自然而然地流露，而不能勉为其难地去逗人笑。幽默是在广泛的社会经验与深厚的知识素养基础上自然的风度表现，是不能强求的。

3 无恶意。 幽默是为了增强亲切、热烈的交谈气氛的，是为了让他人高兴的，如果用歧视性语言来达到幽默效果，反而会让人感觉受到了伤害。

④ 讲文明。 幽默是高雅的，忌用粗俗语言。幽默是体现风度与修养的，是高雅的语言艺术。如果用一些粗鄙流俗的语言来作为幽默材料，不但不能取得幽默诙谐的效果，反而会让人觉得庸俗不堪。如王跃文《梅次故事》中人大主任向延平的"三个寡妇论"："有次，向延平在大会上说，自己能干到这个份儿上，全凭自己能力和实干，不靠什么后台。他说自己没有后台，好比寡妇睡觉，上面没人。又说，自己有个毛病，就是喜欢喝几口小酒。酒桌上朋友多劝几句，就有些管不住嘴巴，免不了多喝几杯。这叫寡妇的裤子，经不得扯。接着又说，当然，工作需要大家支持，这又好比，寡妇生崽，拜托大家帮忙。"这种幽默，容易让人对讲话者产生素质低的印象。

幽默在生活中无所不在，幽默的素材在生活中也无处不有。幽默诙谐的语言，应是生动形象的语言，是让听众饶有兴致听下去的语言。幽默的技巧并不限于上面几种，只要善于发现，巧加运用，多积累知识，多掌握技巧，您也会成为一个幽默风趣的人。

【案例】

《教师生学生气以后》

一天早上，我在办公室正在阅读《中国教育报》，听到了微弱的敲门声，我喊了一声"进来！"没有反应，又接着敲门，这次声音稍大些，我又喊了声"进来！"还是不作答，于是我站起身走到门口，开门一看，一个胖乎乎的小男孩流着泪怯生生地站在门口。我问他："怎么了？需要我帮助你吗？""老师让我来找你！"孩子低声说。

我把孩子让进屋，让他坐到我对面，他还执意要站着，我告诉他别怕，有话坐下慢慢说。他坐下来开始描述事件的经过。

这个同学叫小刚，他早上来到学校把书包放进座位的时候，把后座同学的本给蹭破了，于是后桌的同学很生气，就往前推挤了一下桌子，

81

小刚就往后拱一下，后桌又往前推，这样两个人就一来一往的斗起架起来，正巧班主任王老师看到了，她就气冲冲地走过去，不由分说："又是你小刚，早上来就打架，什么时候你能让班级消停，去找校长吧，我们班不要你了！"老师连推带拽地把小刚弄出门外。

原来是这样，我问小刚："对这件事你是怎么想的？"小刚说："我太胖了，座位很挤，我把他的本弄坏了，虽然不是故意的，但我也不对，老师就认为我好淘气，我已经改多了！"那你想离开这个班吗？"我接着问，"不想离开班，老师就是对我管得严些，我还是非常喜欢老师的课。"小刚回答。

"你能主动向同学和老师承认错误吗？"

"能！"

我知道，王老师从事教育工作才两年，教学业务能力很强，只是平时工作上有些急躁，校长要帮助老师艺术地处理学生之间发生的问题。于是我拿起笔来，随手给王老师写一首打油诗：

孩子讨人闲，教师怒冲天，损肝又伤脾，实在不合算。

孩子讨人闲，天性的体现，科学微处理，师生共欢颜。

孩子讨人闲，婚后会体验，可恨又可爱，爱中艺术管。

你我少儿时，一样好捣蛋，老师恨在面，期望在心间。

孩子讨人闲，你我共分担，携手共努力，拥抱新一天。

写完后装进信封，让学生带给老师，小刚还是不肯走，我告诉他老师看完这封信会原谅他的，带着疑惑他离开了。不一会儿，王老师就过来找我，眼泪汪汪地对我说："校长，真是对不起！让您费心了，这个事我想得得太简单了！校长放心，我会很好地处理的。"看她如此真诚，我没有责怪她，而是耐心地和她探讨关于班级管理和学生教育的问题。

从那以后，我每次看到的她都是带着非常阳光灿烂的笑容。这位老师现在已是省十佳教师、市骨干班主任、全国数理教学大赛一等奖获得者。

可见，校长要艺术地处理师生的矛盾，尤其是青年教师存在的一些问题，要以关爱和期待的视角去引领，使青年教育尽快成长、成熟。

第四章
校长的运权艺术

校长权力是发挥校长职能的前提与保证。校长要发挥校长职能，不仅要有权力，而且要会行使权力，懂得行使权力的方法与艺术。

第一节　校长权力概述

一、关于小学校长的权力

社会学对权力最通常的解释是：权力是一种实际影响他人的能力。哲学家伯特兰·罗素从广义上指出，权力是故意作用的产物，当甲有能力故意对乙的行为产生作用时，甲便具有了对乙的权力[①]。塔尔科特·帕森斯、安东尼·吉登斯等社会学家认为，权力是相当于作用于世界或带来确定结果的一种能力，即一种"行动权"，这种权力不仅为管理者所有，被管理者也有这种权力。而美国著名社会学教授丹尼斯·朗则注意到了两种不同的权力，即"行动权"与"控制权"。

法国著名政治学家迪韦尔热对权力的控制性给予了进一步重视，强

[①] ［英］伯特兰·罗素. 权力论——新社会分析［M］. 吴友三译. 北京：商务印书馆，1998.4.

调这种控制权力是合理的，是得到社会认可的。他指出："权力的合法性只不过是由于本集体的成员或至少是多数成员承认它为权力。如果在权力的合法性问题上出现共同同意的情况，那么这种权力就是合法的。不合法的权力则不再是一种权力，而只是一种力量"。当然，这里所说的"合法性"实际上是"合理性"。可以看到，他更加关注权力的社会基础。问题的关键是，权力的合理性仅仅为以"命令——服从"关系为核心的权力行使提供了一种可能，权力的顺当行使不一定完全能成为现实，因此权力还需要由国家的力量来认可和保护，这种权力就是合法权力，即法定权力。

布莱克法律辞典曾提出三种关于权力的法学定义：（1）权力是做某事的权利、职权、能力或权能，权力是授权人自己合法做某行为的职权；（2）权力是在法律关系中一方以一定作为或不作为改变这种关系的能力；（3）狭义的权力，指为了自己利益或他人利益处理动产、不动产或赋予某人处理他人利益的自由或职权。第三种定义实际上是上述社会学者所指的"行动权"，只不过这种"行动权"是法律赋予给每个公民或法人的，准确地说，这种权力实际就是公民或法人的部分权利。小学校长的权力应该属于第一种与第二种定义的范围，它是指校长依法支配人、财、物等公共教育资源，管理教育教学事务，确保教育质量与教育效能的一种职权。具体而言，小学校长权力具有以下几方面属性。

1 小学校长权力是一种公共权力

校长的权力由校长本人来行使，但这种权力具有很强的公共性。从行使权力的最终目的来看，是为了使更多的人接受更多的教育，使更多的人接受高质量的教育，从而提高全民族的素质，为国家和社会培养更多的人才。为了达到行使权力的最终目的，校长必须能够控制和支配部分公共教育资源和价值，他们对这些资源占有量的大小在某种程度上也反映了校长的权力大小。如果没有这一点，校长权力是无法实现和指向其权力相对人的。换言之，校长权力如果不能控制部分公共教育资源和价值，权力相对人就会处于"缺席"的状态，权力关系也不会存在，权力行使的最终目的将会落空。校长权力作为一种公共权力，校长不可自由选择和放弃，原因是校长行使权力的最终目的不是为了自身的利益，而是为了国家和社会的公共利益。从这个意义上说，校长权力与校长义务相近，或者说校长权力内包含着校长的义务（职责）。

校长权力的行使至少在以下几方面应有所作为：（1）在教育经费方面应该负有管理责任，要按照国家规定合理安排使用经费，确保经费高效使用，努力改善学校的办学条件，不能中饱私囊；（2）应使学校教育坚定政治方向；（3）应使学校平等对待所有学生，让每一个学生都能得到全面发展；（4）不能将学校作为营利的工具，不能借教育市场化的名义搞高额费用；（5）在学校的重大事项方面，应让教职工、学生及其家长有正常的参与机制与渠道，避免教育利益相关者处于"缺席"状态，实行民主管理；（6）应将学校的重大信息向学生、家长和社会公开，接受他们的监督。

⭐2 小学校长权力是一种委托权力

从校长权力的来源看，作为一种公共权力，正如著名思想家卢梭所说的，它来自公民对自身权利的让渡，它是公众为了更好地保障和增进自身利益而以明示或默认方式转让一部分自身权利而聚成的一种公共产品。从公共权力的委托代理机制看，现代民主国家中民众、政府与官员三者间的关系是：民众将公共权力委托给政府，政府作为代表民众利益的组织机构又将这种权力分解并委托给有关公共部门，并最终由具体的官员来负责实施。因而，在这种多层委托代理关系中，民众是公共权力的最终所有者（或初始委托人），官员是公共权力的终极代理者。从校长权力看，它来自教育行政部门的委托，教育行政部门接受政府的委托，政府接受公民的委托，因此公民也是校长权力的最初委托人，在校长与家长、学生之间形成了一个"委托链"，校长是学校管理权力的终极代理者。

⭐3 小学校长权力是一种制度权力和职位权力

校长的权力不是一种道德权力与知识权力，而是一种职位权力，这种职位权力是由国家的教育法规和教育政策所确认和赋予的。具体地说，校长权力既不是基于校长个人的道德素质，也不是出自校长掌握知识的多寡，更不是因为教育行政部门的恩赐，而是为了学校教育教学秩序和教育质量，国家所赋予校长支配一定人、财、物等公共教育资源和価值的法定资格和能力。校长权力指向对象主要是师生和家长。这种权力具有强制性，以"命令－服从"关系为基础。如果教师与学生不服从命令和决定，校长可以依据法律对教师和学生进行相关的制裁。另外校长权力是与校长职位紧密相连的，在其位，有其权，不在其位，权则消失。从这个角度来说，校长的权力是校长"职位"的权力，不是校长"个体"的权力。

二、校长权力与其他相关概念的区别

日常生活中，我们通常将小学校长权力与其他一些概念不加区分，乃至混为一谈，以下几个方面是需要加以澄清的。

1 小学校长权力与校长职责的区别

职责包括权力和责任两个方面。责任一般有两种含义，一是指在某一职位或岗位上的工作人员所应该承担的责任或义务，法理学称之为"第一性责任"或"第一性义务"，即按照法律或者制度规定所应该做的分内工作。所谓"第二性义务"，是指工作人员没有完成或执行法律和制度所要求的工作与任务（即第一性义务）而应该承担的否定性后果，法理学称为法律责任。1991 年 6 月原国家教委颁发《全国小学校长任职条件和岗位要求（试行）》，对"校长的主要职责"做了四个方面规定，即"全面贯彻执行党和国家的教育方针、政策、法规，自觉抵制各种违反教育方针、政策、法规的倾向"、"认真执行党的知识分子政策和干部政策，团结、依靠教职员工"、"全面主持学校工作"、"发挥学校教育的主导作用，努力促进学校教育、家庭教育、社会教育的协调一致、相互配合，形成良好的育人环境"。很显然，这四个方面的职责与其说是对校长权力的规定，不如说是对校长"第一性义务"的规定。按照性质划分，这里的职责主要包括两个方面：一是宏观上的政治责任，前两项职责即是；一是微观上的管理责任，后两项职责即是。

2 小学校长权力与学校权利的区别

《中华人民共和国教育法》（以下简称《教育法》）对学校权利的规

定是非常清楚的。 那么是否为学校权利的规定可以取代对校长权力的规定，是否可以说校长权力就是学校权利，从法律的角度来说，校长与学校之间是一种什么关系。 学校属于事业单位法人和公益性法人，是一种公益性组织。 校长是代表学校行使学校职权的负责人，是学校的法定代表人。 这就意味着学校权利的实现需要校长行使一定的权力，校长权力是实现学校权利的主要工具和手段。 根据相关规定，校长的权力可概括为人事管理聘任权、财务管理支配权、师生考核奖惩权、教育教学和行政工作决策指挥权等。 由此可见，校长权力只是一种学校内部"管理权"，而从国家对学校权利的规定可以看出，学校权利不仅包括一部分"管理权"，也包括一部分属于法律法规的授权，这些权力带有明显"行政权"的特征，它们并不是校长作为学校的主要负责人和管理者本身所固有的，如招生权、颁发毕业证书权等等。 另外学校权利虽然主要由作为法定代表人的校长来行使，但并不是学校所有权利都需要校长行使。 例如学校"按照章程自主管理"的权利，其中涉及到学校的一些重大决策，并不是由校长个人说了算，它需要"校务委员会"、"学校董事会"、"学校监事会"或者"教职工代表大会"等机构和组织来完成。

③ 小学校长权力与校长权利的区别

权利是指特定主体为实现一定的利益，依法直接拥有或依法为他人设定的做一定行为或不做一定行为的可能性。 它强调独立主体之间平等互利，要求权力必须秉持公正的立场对主体的利益予以确认与保护，而不得随意对其干涉和损害。 与权利不同，权力的基本寓意是表达命令人与受命人之间的关系，即特定人向其管辖下的他人或不特定多数人乃至管辖下的全体人实行的自上而下的强迫力量。 它可能是合法的、合理的，但也可能是非法的、不合理的[①]。 权利是与义务相对的一个概念。 基于上述法理，我们可以推断，校长权利实际上主要是指自身所要实现的利益和价值。 然而我国对校长的权利规定存在空缺，仅对教师的权利做了规定，指出教师拥有：进行教育教学活动，开展教育教学改

---

① 吕世伦,宋光明.《权利与权力关系研究》,《学习与探索》,2007,(4)。

革和实验；从事科学研究、学术交流，参加专业的学术团体，在学术活动中充分发表意见；指导学生的学习和发展，评定学生的品行和学业成绩等权利。当然校长作为教师队伍的一员，也具有这些权利，但要看到，校长不同于教师，它扮演着一种与教师完全不同的角色，其权利与教师的权利应该有所不同，应该拥有自身的权利。校长权利的实现需要国家、社会和公民的积极作为，其中要求作为校长上级主管的教育行政部门采取一定的积极行动。而校长权力指向的对象是公共教育资源，其中包括校长管辖的教职工和学生，而不是教育行政部门，校长权力的实现以师生的服从为条件。

★4 小学校长权力与校长权威的区别

权威，是指使人信从的力量和威望，或是在某种范围内最有地位的人或事物。小学校长的权威是一种师生及家长等校长服务对象从良心上服从，认为校长有理由统治的权力。

权力与权威既有区别又有联系，二者是相互作用的。权力与权威的共同性在于它们都能够指导、影响师生的意识和行动。在权力与权威的指示与感召之下，人们改变了自己的想法，并按照权力与权威占有者——校长的意志行事。二者的区别主要表现为：一是来源不同，在学校中校长的权力一般来源于法律、法规或组织规章条例的规定，具有外在的、法定的性质，而校长的权威则主要来源于个人影响力。二是表现形式不同，校长权力主要以职权形式出现，其所发挥的指引与影响作用是以强制性做后盾。而校长权威则主要表现为校长自身的良好素质，从而通过一种非强制性的影响力来统御被校长与周围的人。三是影响时限不同，校长权力是通过命令、批示等强制手段产生影响的，具有直观、明显的特点，这种权力随着职位的产生而产生，也必将随着职务的终止而消失。而校长权威则不同，它来自校长的自身，通讨校长的崇高威望和优良品行感染并影响人们的言行，使人们在心理上认同，从感情上接受。四是作用效果不同。校长权力带有强制性和不可违抗性，在这种强大"外力"的作用下，被校长的心理和行为，也时常表现为消极被动的服从，有时处于敢怒不敢言或敢言而不敢动的反抗状态。而校长权威产生作用的前提是人们心理上的认可与感情上的接受，在这种

"内动力"的作用下，人们对校长时常表现出一种由衷的尊敬与主动的服从和依赖，并能创造性地开展工作，圆满完成各项任务。

校长只有同时具备法定的权力与个性化的权威，才能实行最佳领导，并取得最好的绩效。

⑤ 小学校长的权力与责任的区别

所谓责任，就是校长在实施领导的过程中，在自己职务和权力范围内应做的工作和应负的使命。在一切领导活动中，领导责任始终处于核心地位，领导权力则处于从属地位。责任制约权力，权力为责任服务。虽然从形式上看，校长权力是一种对公共事务进行管理的强制性力量，但它本质上不过是一定阶级意志的体现。因此，校长权力的行使和运用必须对它所服务的阶级负责。我国当前没有相关法律法规对校长的权力做出规定，有的只是对校长职责的规定。1991年，国家教委颁发的《全国小学校长任职条件和岗位要求》中要求校长，要"全面主持学校工作"，具体包括领导和组织德育工作、教学工作、总务工作、体育、卫生、美育、劳动教育工作及课外教育活动，配合党组织，支持和指导群众组织开展工作。没有权力的责任不仅在法理上很难行得通，因此，我国必须加紧对小学校长权力与责任的立法。只有这样，校长才能在法律的轨道上行使权力，违法行使权力或者不当行使权力才会受到法律的追究。

三、校长要树立正确的权力观

著名哲学家罗素说过："人类最大的、最主要的欲望是权力欲和荣誉欲。"可见权力这个几乎和人类社会一起诞生的社会现象具有很强的魔力。那么，权力的真正奥秘何在呢？就在于权力可以产生威力，权力可以带来权威。正因为如此，一方面权力可以起着积极的作用，维持着组织的稳定，推动组织的发展；另一方面，权力也可能会破坏组织的稳定，瓦解组织。一方面权力可以服务于人，为大家谋利益；另一方面权力亦可以腐蚀人，给人带来灾难。可见权力具有很强的双重性。

校长树立什么样的权力观，是校长能够正确用权的前提所在。校长所拥有的职权是以他对职位的占有作为前提的。但是，如果校长总是凭借职位的权威来行使自己的权力，通过强制性、命令性的手段去支配下属，则是对校长的片面理解。因为权力作为一种影响他人行使某种行为的能力，实际上是作为一种影响力而存在的。马克斯·韦伯讲过："权力是在实现自己的目标时克服他人的阻力的能力，特别是当这种阻力会影响他们的行为时。"这就说明权力是一种关系，它除了职权之外，还有校长的个人权力。因此，校长不能把职权作为支撑校长权威的唯一要素，而是要把个人权力考虑进来，依靠人格的感召力来保障校长活动的顺利推行，这更符合校长的本质。另外，校长也不是职位的永久占有者，在现代民主社会，校长充其量是作为权力的代理者从事校长和管理职能的。

因此，校长应当理智地认识到这一点，树立正确的权力观，避免走入权力误区，为权力所伤。这也是校长能够取得成功的关键，它在很大程度上决定着校长的心态、校长方式以及校长信念。那么，校长要树立什么样的权力观呢？

⭐1 以人为本权力观

校长树立民本权力观，是校长能够在职权面前保持清醒和冷静的基础。校长手中的权力来自群众的授予，这已经是现代民主社会中一个不争的事实。正是这种权力来源的实质，才使校长认识到职权不是自己的垄断物，而是来自群众的授权，因此，要全心全意为师生服务。

⭐2 代理权力观

校长并不是天生的，他是受人民的委托来从事校长和管理工作的。校长与人民之间的关系实质上是一种委托人与代理人的关系，校长仅仅是作为一个代理者从事着一种崇高的实践活动，只不过这种代理者对于整个社会和一个组织的有序发展来说，是至关重要的。代理权力观有助于使校长把自己摆到一个正确的位置上。

⭐3 责任权力观

责任感是一个人能够成为校长的关键要素。责任感使校长能够在日常管理中，特别是在突发事件时挺身而出，完成一个组织或一个国家的使命。 正是从这个角度来说，担当校长这一从社会群体中分化出来的角色，是受一种责任感的驱使，因此，校长应该把职权视为责任的外化物。 另外，从权力的来源来看，校长是要对师生负责的。 责任权力观有助于校长正确地履行自己的职能。

4 积极权力观

校长是凭借自己的能力和素质与职位合为一体的，即认同校长权威的根源在于对其人格和能力的承认和赞许。 因此，校长的个人权力也非常重要。 只有将个人权力和职位权力实现完美的结合，才能使校长释放出一种积极的力量。

5 奉献权力观

奉献精神也是校长所必须具备的基本素质之一。 校长的权力来源于人民，就要服务于人民。 校长应该时刻准备着牺牲自己的个人利益，甚至奉献出自己的生命。

第二节　校长的用权艺术

在很多人的眼里，权力似乎是一种很神秘的威势，但实际上我们透过神秘这一层表象去观察权力时，我们不难发现，权力作为一种社会现象不仅不神秘，而且是有规律可循的。 作为校长如果要理解这一点，就不能不掌握权力艺术中的最重要环节，即学会巩固自己的权力，在权力运用上艺术化地进行权力的分配与管理。 通过原则性、灵活地运用权力，领导整个学校实现既定的目标。

一、校长要巩固权力

集权的优势在于有利于校长对组织统一指挥、集中领导，以此来提高各级管理部门的工作效率和管理专业化水平。主要表现在：行政命令和标准统一，有利于统筹全局。统一指挥，下达命令可以快速贯彻执行。有利于组织形成强大的凝聚力应付多变的局势。但是同时存在一定的缺点，即在一定程度上限制了中下层人员积极性和创造力的发挥，延长了信息沟通的渠道，降低了组织对环境变化的灵活适应能力。主要表现在：不利于下属员工自我发展，组织适应能力差，缺乏对环境应变的弹性和灵活性，使下属员工产生懒惰依赖的思想，不思进取，减低责任感。

1 工作上创造奇迹

创造自己的传奇是指留给别人一些比较成熟和个性化的印象，虽然传奇本身并不能保证使人富有、使人有权力和使人成功，但它往往是成功的先驱，保证权力的稳定。

2 保持适度的距离感

当然，保持距离的程度要因人、因地、因时而异，其目的应该是要人在不被孤立的前提下，蓄而不发，在不会对成功产生不利影响的前提下，给别人留下性格多变的印象。

3 做事果断

撒切尔夫人有句名言："你愿意屈服就尽管屈服，但我不会。"她在西方文化中给人留下了一个理想领袖的印象——坚决果断。对于校长而言，没有什么比优柔寡断更可怕的了，不管如何，决策果断使一位校长看上去更像一位校长。

4 协调各方面的关系

校长要处理好上、下、左、右，方方面面的关系，使组织中的人际关系内耗减少到最小。在处理好各种关系的同时，也能巩固自己的权威地位。

二、校长要分配权力

校长的权力分配艺术，是融用权、用人等艺术于一体的艺术，是校长灵活有效地运用各种权力分配方法的艺术。权力的分配，要求校长既不能大权旁落，无所用心，又不能大权独揽，事必躬亲。那么，如何才能不走这两个极端呢？这就是走集权与分权的"中庸之道"。当然校长在进行权力分配时，一定不能拘泥于定规，而要善于灵活运用各种原则，善于创造性地运用各种分配方法与艺术。

★1 大胆放手

校长应该懂得"放手授权，将在外君命有所不受"的道理，应该清楚哪些事应该自己管，哪些事应该交给下属去管。

★2 适当超脱

权力分配是校长一种重要的超脱艺术。一个校长如果长期陷于日常琐事，势必疏忽于领导职守。校长必须拔冗去繁，择人授权，才能做到干本职工作游刃有余，取得良好的领导效果。

★3 知人善任

知人善任是校长权力分配中的用人艺术。知人，就是要求能全面地了解别人的长处、短处；善任，就是能够科学地、合理地任用人才，授之以权，以做到人尽其才，才尽其用，从而有效地发挥人才的作用。知人是善任的必要前提。

★4 虚怀宽宏

虚怀宽宏是校长在进行权力分配时要容人之短而用之长，更重要的是指校长在权力分配后，能对下属的小是小非和暂时性失误宽宏对待。虚怀若谷，大度宽容，不仅是校长的重要作风，又是一种高明的无形的谋略手段和领导艺术。

三、校长要管理权力

校长对权力的管理，实际上是对掌权人、用权人的管理。因为权力不是独立存在的，它只是工具，依附于人，被人所掌握和使用。所以，对权力的管理，说到底是必须加强对人的管理，提高各个级别校长的素质。这就需要建立一套规章制度，并且具有很强的操作性。具体来说，对不同岗位、不同层次的领导者，在权力管理中应各有侧重，区别对待。如在对高中低不同级别的校长权力效应的管理上，就应有所区别和侧重，高层的校长主要担负决策和指挥，应重点管理和考核其权力的组织效应；中层领导担负综合协调工作，应重点管理和考核其权力管理效应；而低层领导主要担负执行政策，组织实施，应重点管理考核其权力行使的操作效应。而对同一校长的考核也要注意条件的变化，并且坚持动机与效果统一的原则。

四、校长集权与授权存在的问题

校长集权与授权存在的问题主要是集中在校长过分的集权，没有将权力下放，过度集权导致了组织内部运行低效，出现以下弊端：

1 过度集权导致决策质量降低

随着组织发展壮大，校长过度集权，校长就会对基层的员工组织脱离程度越来越高，领导层的决策需要层层传达，基层发生的问题也同样需要层层请示汇报，才能到达最高领导层，这个过程再做决策，影响了决策的及时性和决策的正确性。

2 过度集权导致组织的适应能力降低

组织是在不断变化的外部环境中运行的，所以组织的决策很多情况下是根据环境的不断变化适时调整的，但是如果权力都集中在校长手中，那么当遇到突发状况时，下属员工有没有权力去改变决策，必须层层上报，这就使整个组织处于一个僵化模式的运行状态中，从而使各个部门失去适应环境和自我调整的能力，使组织整体的应变能力降低。

3 过度集权降低下属积极性

由于校长的过度集权，几乎所有的决策权都集中在最高管理层，其实质就是各个部门的下属员工成为纯粹的执行者，他们没有任何的决策权、发言权和自主权，即便是下属员工有对组织发展和运行有帮助的策略，也不被采纳，长此以往，减弱其团队意识，降低主人翁责任感，下属员工的积极性和创造性就会被磨灭。

★ 4 过度集权阻碍信息交流

校长过度集权，决策权都掌握在组织的最高管理层，中层管理完全被架空，只起到一个传递信息的作用，高层管理到基层执行者往往要通过很多的环节和层次，这样传递信息的路径就很长、环节过多，就造成了信息交流不畅顺，出现传达失误和信息交流阻碍的问题。

五、校长集权与授权的影响因素分析

有效的集权和授权，是每个组织都在研究的重要的课题，但是要做到有效的集权与授权，首先要明确了解影响集权与授权的程度的因素。对一个组织来说，其集权或授权的程度，主要考虑以下几个因素：

★ 1 决策失误的机会成本

决策失误机会成本越大，越应该集权，而且甚至是高度的集权，这样的觉得不适宜授权，关系到组织战略任务，这些是组织大的发展方向和目标，需要校长来亲自掌控。

★ 2 组织的规模

组织规模与集权的程度是成反比的。当组织规模较小时，一般倾向于集权，有利于控制组织的全面的发展方向。当组织规模扩大后，组织的管理部门会不断地增加，过度的集权，就会导致以上谈到的弊端，因此，为了加快决策效率，减少失误，校长就要考虑适当授权。

★ 3 管理人员的数量与能力

校长集权的一个很大的原因，是因为下属管理层的人员水平和能力有限，权力一旦放大之后，很容易出现决策失误，这样就会给组织带来不可挽回的危害。所以，即使高层管理者有意授权，一旦没有下属员工可以胜任，那也无法达到合理授权的目的。相反，如果管理人员数量充足、经验丰富、训练有素、管理能力强，可以授予更多的权限。

⭐4 控制的可能性

授权不等同于放手不管，组织不能失去有效的控制。校长授权的前提是能够对被授权者工作和绩效的有效控制。如果在一个组织中，监控制度和环节非常完善，而且校长对下属的工作和绩效能够有效控制，就可以授予更多的权力。

⭐5 组织的动态特性

组织是在外界环境中不断发展进步的，但是不同时期组织的成长的速度是不同的，当组织正处于迅速的成长过程中，面临着复杂发展路径和方向等重大决策，校长就必须更多集权，控制组织的发展方向；遇到更多的复杂环境变化多端，校长无暇应付太多的琐碎的小问题时，需要向下属更多的授权。

第三节　校长授权的艺术

校长授权实际上是一种权力分工，通过集中和借助下属的智慧共同完成工作。下属在一定的监督之下有相当的自主权和行动权。权力大小应该合适，权力过大容易滥用，滋生腐败；权力过小，可能无法完成任务。授权的实质是一种各负其责的民主的领导方式。它与一切听命于校长　个人的独裁领导方式恰好相反。实行授权，是由独裁的领导方式向民主的领导方式转变的巨大进步。这一进步表现在日常工作中，就是校长可以纠正下属的错误，但不能代替下属做出决定。总的来说，校长应该向授权的方式迈进。

一、校长授权的原则

从授权的角度来看，级别越高的校长手中所掌握的权力越大，因而级别高的校长可以授权的范围就比较广阔。授权下属工作的时候，风险肯定是难免存在的。但是校长不能因为风险，而阻止了对下属授权的步伐。一旦下属掌握了工作的艺术，将授权变为给下属加压、给校长自己松绑的一种方式。下属目标完成得好，就是校长自身的成绩。为此，授权要掌握好以下原则。

⭐1 **因事设人，视能授权**

将权力授予靠得住的人，这是授权的一条最根本的准则。授权不是权力分配，不是利益分配，不是荣誉照顾，而是为了把事情办好，因此必须把思想品质靠得住、有事业心、有责任心、有相应才能、有充沛精力的人作为授权对象。其中，有必要的才能来完成任务很重要，如果没有这方面的才能，完不成授权的目标，那授权就是失败的。

⭐2 **责权对应原则**

授权解决了下属有责无权的状态，有利于调动下属的积极性。但在实践中要防止另一种倾向，即避免发生有权无责或权责失当的现象。有权无责，用权时就容易出现随心所欲、缺乏责任心的情况；权大责小，用权时就会疏忽大意，责任心也不会很强；权小责大，下属将无法承担权力运用的责任。

因此，授予多大的权力，就要负有多大的责任；要求负多大的责任，就应该授予多大的权力。注意保持权力和责任的对应、对等关系。

⭐3 **逐级授予原则**

授权应在直接上司与在他领导下的直接下属之间进行，不能越级授权。例如，局长直接领导处长，就应向处长授权，而不能越过处长直接向科长或科员授权。越级授权，势必造成权力紊乱，破坏上下级之间的正常工作关系，将不利于工作正常运行。

⭐4 **信任原则**

授权过程中，校长应本着"用人不疑，疑人不用"的原则，信任下属，让他们在自己职权内自主地处理工作，不要过多地干预他们的工作。但是，不多干预不等于不能干预，不等于不闻不问。校长应当超越指挥层次去听取群众的意见，了解实际情况，需要时对被授权者给以必要的指导和帮助，以便使授予的权力能够得到顺畅、充分、有效的行使。

⑤ 有效控制原则

授权不是撒手不管。撒手不管的结果必然是失控，而失控将会降低授权的所有积极作用。权力一旦失控，后果不堪设想。因此，既要授权，又不能失控；既要调动和发挥下属的积极性和主动性，又要保持校长对整个工作的有效控制，这就成为授权工作中必须遵守的一条原则，同时也是校长应努力学习掌握的艺术。

要防止失控，确保控制的有效性，可以通过制定明确的工作准则和考核方法，实行严格的报告制度，完善行之有效的监督措施，一旦发现下属严重偏离目标，就应当及时加以纠正。

校长授权后应该注意，不要威胁下属，不要摆出恩赐的态度、不要对问题过于敏感、不宜当众批评、避免无休止的检查。

二、影响授权的权变因素

有一些因素会影响到授权，这些因素包括工作任务本身、决策的代价、主管的领导风格、下属特性、学校特性、团队的状态以及时间限制等。

① 工作任务

工作任务本身是否重要。如果任务非常重要，只有校长亲自才能完成，而别人不能够胜任。例如，学校的一些不宜公开的材料和数字等。

② 决策代价

分析所要完成的目标，由不同人完成会产生什么样的代价差距。

决策代价的差异是否在校长职责的承受范围之内。 例如，学校的办学理念与特色定位。

⭐3 时间限制

事情如果非常紧急，采用授权的方式可能时间会拖长；如果事情并不紧急，即使是下属做得不够到位，还可以给他提出修改意见，所以需要看时间的紧急程度。

⭐4 主管领导风格

必须了解主管本身是何种领导风格。 命令式的领导喜欢布置任务，告诉下属做什么，如何做；授权型的领导会把大量的事情授予下属去完成。

⭐5 下属特性

下属的成熟度、发展阶段都对授权结果产生影响。 并不是只有第四阶段的员工才可以授权，第一、二、三发展阶段的员工也可以，但是发展阶段越低的员工，授权时越要慎重。

⭐6 学校特性

学校处于何种发展阶段同样对授权结果产生影响。学校发展到成熟期，授权行为就应该相应多一些。

⭐7 团队的状态

如果下属对校长有不满情绪或者产生抵触，最好不要轻易授权。必须先解决员工的思想问题，否则授权的风险太大。

三、校长授权的步骤

（一）确定任务

授权的第一步骤就是确定什么样的工作任务需要授权。 也就是为授权寻找目标，确定能够授权的任务。 需要注意的是，并不是所有的事情都可以授权，有些事情是不能授权给下属的。

对于不同层级的校长，可以授权出去的任务范围不同，校长级别越高，可授权的范围就越多。下面具体说明可以授权的任务范围以及不可授权的事务。

⭐ 什么事情需要授权

对于校长，划分、确定可以授权的工作任务也是其工作内容之一。那么，哪些事情可以大胆授权给下属完成呢？一般来说，可以授权的事情包括：

一是日常性的工作和重复性的劳动。往往会浪费校长宝贵的时间资源，增加了校长的工作负担。这部分工作需要的技能并不很高，可以授权下属来完成。

二是专业性强的工作。校长自身可能对于专业性很强的工作非常拿手，或者对下属的专业能力信心不足，因此对是否要授权心存犹豫。专业性强的工作也要授权出去，这是对校长自身的解放，也是对下属能力的锻炼。

三是发展的机会。校长应该授权下属发展的机会。如果下属在完成工作任务的过程中，能够获得很大成长，校长就应该考虑给他发展的机会。应该授权的事情都授权给下属，校长只做自己该做的事情，绝不做下属该做的事情。

【案例】

野雁的启示

很久以前，在丹麦的海边有个慈悲的老人。老人每天傍晚都到海边散步，每次出来的时候，都会带些面包之类的食物，将这些食物分给海边的野雁吃。大雁随季节不断地迁移，每年冬天快要来临的时候，它们会从北方飞到气候温暖的南方去越冬。等到第二年春暖花开的时候，野雁又从南方的栖息地飞回到北方的故乡。由于老人施舍食物，结果到冬天快要来临的时候，这些野雁留了下来，有吃有喝。这位老人天天如约而至，大雁们也天天围绕着老人转。就这样一天一天地过去。

等到第二年春暖花开的时候，野雁由于吃得太肥，再也飞不远了。

很多校长就像野雁故事中慈悲的老人那样，对所有的事情大包大揽，造成了下属对校长的依赖性，下属已经失去了创造性，已经失去了面对挑战性工作去奋斗的机会。结果，下属什么事情也不干，能力越来越糟。

2 哪些事情不可以授权

校长应根据不同事务的特殊性质，清楚地认识事务的重要性。有些关键性的事务是必须由校长亲自去完成的。校长不能授权给下属去做的事情包括：

如人事或者机密事务。校长要把握对直接下属和关键部门的人事任免权，即组织人事权。这样就能保证领导机构的运转正常和高效。对于高度机密的事务，也必须由校长亲自完成，否则校长就有逃避责任的嫌疑。

再如制定决策的事务。制定政策的事务，其影响面非常广，因而属于非常重要的事情，校长最好亲自关注。另外，还有一些事情也需要校长亲力亲为，这些事务具体包括：危机问题、对直接下属的培养以及上级校长要求亲自处理的事情。

（二）选择授权人

选择授权人，也就是选择校长授权的对象。校长需要寻找具有工作能力、又能够负责的人员作为授权人。选择授权人原则是做到人事相宜，授权人的能力必须与工作任务相吻合，量其能，授其权。

为了确保授权人的正确选择，校长必须了解授权人。例如应该了解他的职业目标、个人兴趣和个人愿望等。校长最需要了解的是授权人的能力和优势以及存在的欠缺。如果有必要，应该对人员进行临时的能力训练。

（三）明确沟通

1 明确沟通的内容

校长与下属沟通时，应该明确告诉下属：要做什么（What），为什么（Why），工作对象（Who）以及成本（HowMuch）。

在实际的授权过程中，沟通的途经可以根据下属的发展阶段进行。例如：如果员工对目标和任务处于第四阶段时，校长只需告知工作任务即可，员工具体怎么做由他决定；如果员工处于第一、第二或者第三阶段，沟通就应该比较详细。

⭐2 沟通时注意传授工作诀窍

校长在和员工的沟通过程中，要注意传授工作的要诀。针对具体的工作任务，领导要传授给下属的工作诀窍包括：这项工作过去的情形、深层目的、工作程序、细节提示等。

⭐3 宣布授权的技巧

进行沟通时还需要注意宣布授权的技巧。授权不能私下授权，而宜公开授权。另外，校长在宣布授权时，要让下属感到：

校长重视这项工作，这项工作对于学校整体的使命负有责任。

校长信任他们，他们有能力把这件事做得十分出色。这件工作是不可能轻易做好的，承担者需要付出足够的奋斗与智慧。这件工作只有他们做才是最合适的，校长在充分思考之后决定交给他们来完成。

校长是他们坚强的后盾，遇到确实不能解决的困难，领导会出面为他们扫清障碍。

（四）授权后跟踪

跟踪过程中，校长应该根据员工的发展阶段确定对这名员工跟踪的频率。跟踪的频率过高，将使员工产生不信任感。授权后，完成目标所必须的资源应该随时到位。

在跟踪过程中，发现员工的问题应该认为是正常的。遇到问题，可以与下属一起讨论，共同解决主要的问题。当工作完成时，校长有必要认可下属的工作绩效，必要的时候可以开庆功会。

授权人在职责范围内可以自主决定，但校长同时拥有监督任务完成进度、要求授权人随时报告工作进展的权力。在授权跟踪的过程中，校长应该注意加强对授权工作的控制。真正的授权就是让下属放手工作，但是放手绝不等于放弃控制和监督。任何对授权控制的忽略，都可能导致严重的后果,致使授权的失败。

⭐1 命令跟踪

命令跟踪采用让下属定期给校长汇报工作情况的形式。 按照预先约定的时间和频率,下属递交公文,汇报工作的进展,接受校长的咨询。 需要注意的是,校长必须经过自己的调查,而不能只听信下属的报告,防止被下属蒙蔽。 命令跟踪的过程中,校长采取必要的主动管理是很有好处的。

⭐2 反馈控制

反馈,就是把给定信息作用于被控制对象后,再把对象所产生的反应、结果(实际信息)返送回来,与给定信息进行比较,从中寻找差异。 这种返送信息的过程就是反馈。 而按差异所进行的控制过程即消除差异的过程,就叫作反馈控制过程。

反馈在很大程度上绝对影响到员工的绩效。 反馈控制有四种方式:

正面反馈:正面的反馈可以鼓励好的行为再出现。

修正性反馈:也就是通常所说的"三明治的原则"。

负面反馈:负面反馈是校长应当禁止使用的反馈方式。

没有反馈:最糟糕的就是没有反馈,好坏没人管。

【案例】

管理学家曾经做过一个实验:将 60 个儿童分成 3 组,每一组 20 个儿童。 对于第一组的 20 个儿童,只要看到好的事情就加以表扬;对于第二组的儿童天天不管不闻不问;对于第三组的儿童,看到糟糕的事情就加以批评,从来不表扬。

两个月以后,管理学家发现:第一组儿童的绩效要明显好于其他两个小组,其中最差的是天天受批评的小组。 在企业中,对于成人来说,最糟糕的结果是不管不闻不问,那样将是最没有绩效的。

③ 撤回授权

撤回授权也是有效保持对下属控制的手段之一。授权之后，如果校长发现受权人没有办法完成任务或者完成任务非常困难，或者授权后情况改变，目标需要有所调整，这时校长有必要撤回授权。巴达维曾经说过："既然没有时间把任务做好，但是总有时间把任务给结束吧"。

授权后发现了不恰当之处，如果听其自然，事情将会变得更糟，无助于工作目标的实现。所以校长要懂得适时地撤回授权。撤回授权并非是丢人的事情。

【案例】

蝴蝶的启示

一天，一只茧上裂开了一个小口，有一个人看到，蝴蝶艰难地将身体从那个小口中一点点地挣扎出来，几个小时过去了……似乎没有任何进展。看样子它似乎已经竭尽全力了……这个人实在看得心疼，决定帮助一下蝴蝶：他拿来一把剪刀，小心翼翼地将茧破开。

蝴蝶很容易地挣脱出来。这个人期待着，看到一只健康美丽而飞翔的蝴蝶……然而，这一刻始终没有出现！

实际上，这只蝴蝶在余下的时间都极其可怜的带着萎缩的身子和瘪塌的翅膀在爬行，它永远都没能飞起来……

这个好心人并不知道，蝴蝶从茧上的小口挣脱而出，需要通过挤压过程将体液从身体挤压到翅膀，这样它才能够脱茧后展翅飞翔。

蝴蝶的故事给了人们启示：有的时候，人的生命需要奋斗，乃至挣扎。如果人的生命没有障碍，他将会很脆弱。校长千万不要做好心人，处处帮下属"解开缺口"，而这样做的结果只能会让校长自身面临更大的被动，下属将永远也不会成长。

校长要懂得该放手时就放手，沉迷于权力的人只会扼杀校长的业绩。任何一个校长都不可能单枪匹马地去打天下，员工也不再尊重上令下行这种指挥方式，人们更希望有一种主动性和创造性。

　　校长应当把授权当作生活的一种习惯，要学会如何放风筝。授权艺术就像放风筝的道理：一方面，要把风筝线放得尽可能的远，下属可能发挥的空间就会越大；另一方面，放风筝的时候千万不要让风筝断了线，一旦风筝断了线，就像授权失去控制一样。

　　通过放权可以得权。随着下属权力的增多，他们一方面获得能力；另一方面有机会创造更大的成就，下属的成就越多，校长的权威就越大。被授权的员工往往更容易知足，更易于接受校长的权威，使得校长能够行使更大的权力。

第四节　校长有效集权与授权与监督

　　一校之长，必须担负着总揽全局、统一指挥的责任。但是对于组织的细节、不关大局发展方向的工作，应给予下属员工更多的权力，保障组织协调有序的发展，做到有效的集权与授权。而副职作为校长的助手，更应该体现出在一个组织中强大的管理能力和组织能力。主要从校长以及副职两个层面研究领导层面如何有效地集权和授权。

一、校长有效集权与授权策略

1 校长不要过度揽权

　　最高层的领导的地位决定了其必须有至高无上的管理决策权。如果校长没有集中权力，那么其在一个组织中就无法起到统领全局的作用，一个组织就成为一盘散沙，毫无凝聚力。校长要善于把握集权的度。事关方向性、政策性、全局性等方面的权力是不能授予任何人的，要集权，不该集中的，要善于授权或分权。不关乎学校的大局、发展方向的问题，需要下属员工根据环境的变化采取合理的方案和方法解决的事务，需要校长授权。校长正职必须处理好集权与授权的关系，决不能事必躬亲，不能过度揽权。

② 校长合理放权

放权不等于弃权，放权是将手中的权力分散给有执行和管理能力的下属员工，弃权是指事不关己，高高挂起的态度。放权实质就是授权、分权，也就是实行分而治之。这在某种程度上能够满足群体对权力和荣誉的欲望，有利于调动群体的积极性，特别是有利于充分发挥副职的作用。授权的时候要做到权责明确，即在授权时，要把权力和责任对等的一并授予对方，这是校长科学授权的重要原则。

③ 校长善于决断，防止专断

校长的责任就是出谋划策，选拔干部人才。这些都需要校长要善于决断。这里所说的决断就是指校长能够决策，能够拍板。校长要有明察秋毫的能力，要有很强的判断力。当下属请示汇报时，必须有主见，决策要果断。但是，决断不等同于专断。在一个组织中，涉及到重大决策、组织发展方向，以及重要建设项目安排和大型项目的启动等，要经过组织的集体讨论，校长不能独断专行。

④ 要有为而不要争功

当校长获得组织赋予的职位以后，都应该以组织的发展为重，不止要看到组织赋予的权力，更应该体会到肩膀上的责任，要时刻以勤恳、敬业为组织奉献的思想伪装自己，要以在工作岗位上有所作为、创造出最佳的工作成绩为目标。但是，作为校长必须明白，组织的发展壮大以及个人取得的成就不是个人奋斗的结果。各层校长所取得的成绩，是下属员工的积极配合密不可分的。领导活动实质上是校长与被校长双向互动的过程。离开党的领导，离开组织的帮助，离开群众的支持，校长的领导就成了空谈。实践证明，一个组织内部不团结，分裂的主要原因，就是由于权力和名利的纷争导致的。校长要做到谦卑，高调做事，低调做人，有功不争功的良好品质，才能服众。

⑤ 挑起责任，杜绝推诿

权力和责任是对等的，有更高的权力，相对来说，肩上就有相应对等的重担，校长在行使权力时，一定先考虑到肩上的责任，不要出现滥用权力，出现问题就推诿。 校长要有敢于负责，而且是要敢于负全责的意识。 客观地理解权力和责任的辩证关系，有了成绩是校长负责的结果，出了问题也是校长的责任。 当下属员工出现问题时，更不能出现互相推诿，作为校长首先要承担领导责任，不能怕影响自己而推脱责任。总之，挑起责任杜绝推诿也是校长搞好组织团结，创造领导环境，提高领导威信，塑造领导形象的重要艺术之一。

二、副职面对集权与授权的策略

在很多组织中，副职是个很重要的角色，数量上也是多数，其作用发挥如何，直接关系到组织中校长的分工负责制的落实水平，以及集体领导效率的高低。 在实际工作中，副职既是决策者，又是执行者；既是领导，又是被领导；既唱主角，又当配角。 是协助正职校长考虑全盘工作而又负责某一方面或几个方面具体工作实施的校长。 副职校长正确运用权力的关键是找准自己的位置，应该做到以下几个方面：

⭐1 做好本职工作

副职校长的角色定位是：参与全局决策、负责具体工作。 具有参与决策权和局部工作领导权。 因此，副职校长必须有很强的角色意识，这种角色意识体现以下几个方面： 做好本职意识、积极配合意识、维护核心意识、敢于负责意识、服从大局意识。 这就要求副职校长在工作中做到：辅佐不离位、主动不越位、负责不涩位、周密不空位。 副职是校长的助手，既要努力做好自己分管的工作，又不能侵权越位，这既是履行自己的职责，同时也是对主管领导的支持。

⭐2 尊重上级意见

副职校长要做到：服从领导、尊重领导、维护校长的权威。 一个组织是否能有序地开展工作，最重要的因素就是看这个组织是否具有核心的凝聚力，看这个组织的校长是否构成一个核心，在一个组织的领导层来说，如果有党委的，党委领导是核心；没有党委的，正职是主持全盘工作的，正职应该成为领导核心，成为最高层的校长。按照下级服从上级的组织原则，副职要服从最高领导，尊重领导。

3 树立全局理念

副职的角色定位决定了他的职权范围和作用性质。副职要以组织的发展为重，以大局为重，树立全局的理念，发挥自己的主观能动性和创造性。在做好自己的本职工作的同时，从组织建设发展的大局出发，关心组织的长远发展。

4 敢于承担责任

在组织的运行发展过程中，问题和矛盾是不断出现的，作为一名称职的副职领导，最根本的一条就是要善于承担责任，敢于承担责任，及时主动分析和解决矛盾，不回避矛盾，竭尽全力解决问题，只要在自己职责范围内的事，就要力求妥善解决，保障组织的稳定发展。

三、校长权力应受到"监督"而不是"限制"

既然校长权力是一种委托权力，校长是教育权力委托链条中的终极代理者，那么这种权力就需要监督，理由至少有如下几方面。一是校长权力的公属与私掌的矛盾。孟德斯鸠认为，一切有权力的人都容易滥用权力。公共权力主体归属的私人性，必然导致权力运作的私密化。而私人主体对权力的占有实际上是对社会利益和分配权能的私人占有，其逻辑后果就是腐败。二是权力具有工具性。校长权力是一把双刃剑，它既可成为为国家、社会、学生、教职工谋利益的手段，亦可成为校长以权谋私、权钱交易的工具。三是权力具有扩张性。国家权力的实质在于权力主体可以运用国家强制力对权力客体实施指挥、命令、支配。一般情况下，权力主体的权力实现程度是与权力相对人的服从状况成正比的，即相对人越服从主体，主体的权力就实现得越充分。这使得权力易于突破自身的合理界限，出现对客体的役使。四是人具有趋利避害的本性。公共选择理论认为，人们做出经济决策和政治决策的反应在本质上是一致的，人们在进行政治活动时也跟他们在经济市场上一样，是以个人的成本－收益计算为基础的。国家工作人员不可能仅仅因为从经济市场转入政治市场之后就由一个追求自身利益最大化的自利者转变为"大公无私"的利他者。

校长权力不仅需要监督，这种监督还应该是有效的。目前我国对校长权力的监督分为内部监督与外部监督。内部监督主要是学校教职工代表大会、学校党支部、工会等的监督。外部监督主要有上级教育行政部门的监督和法律监督。外部监督由于"信息不对称"而疲软乏力，内部监督则因体制原因而几乎形同虚设。而在司法救济方面，我国行政和民事诉讼都很难正常受理学校一般权力滥用问题的相关诉讼。虽然在《教育法》和《教师法》等法律中规定了申诉制度、听证制度等，但受理机关的公正性和权威性尚不足以保障公民和其他利益关系群体能够有效监督校长权力、参与学校管理①。因此，无论是内部监督还是外部监督都需要进一步完善。特别是司法监督方面，我们应该在法律上明确规定校长权力的具体范围、行使权力的方式和程序，明确违法行使权力或不当行使权力应该承担的法律责任。

校长权力需要限制是当前较为流行的一种观点。"限制"校长权力，言下之意是校长权力太大，应减小，校长权力越小越好。这种观点值得商榷。校长权力的边界应该与社会环境相适应，并不是权力越小就越好。校长权力是一种必要的"恶"，不能一味地加以限制。作为校长，必须具备保证学校有效和有序运转的必要权力，如果其权力太小，可能会事与愿违。教育处于不断变化之中，学校随着社会经济发展会不断地出现一些新问题与新情况，这就要求校长应该有相应的权力来应对这些新的挑战。特别在我国实行社会主义市场经济后，教育与国家简单的线性关系被打破了，市场力量开始介入教育领域，社会力量越来越多地参与办学和教育管理，原有的教育权力关系需要重新进行改组与整合，处于教育权力关系之网上的校长权力不可避免地需要进行调整。对于满足工作需要的权力，对于能够实现和满足教育公共利益的权力，如当前校长在新课程改革中开始具有的校本课程开发权，我们不

---

① 覃壮才.《我国小学校长权力扩张的制度分析》,《教育理论与实践》,2002,(7)。

妨予以承认，并对这些权力的行使及其应该承担的法律责任做出规定。

【案例】

魏校长的用权之道

山东省临沂市罗庄区罗庄办事处中心小学校长魏永真的教育管理有其自然形态的质朴，又有其瞩目未来的前瞻特点，呈示出独特的风格和丰富的内涵。

每年年初，运筹帷幄的魏校长开始郑重其事地与学区签订目标责任书，将学区的责、权、利确定下来。责任书白纸黑字明明白白地写着：学区校长有权通过内部管理体制改革决定对本辖区村小校长的聘任，并协同村小校长聘任村小教师，有权对辖区村小教师进行调配。这就形成了以学区校长为核心的管理实体。同时，学区校长有权检查督促本学区教师教学常规，有权听课、评课，组织达标活动及各种讲课比赛等教学业务指导工作。此外，还有对教师进行师德评估、工作实绩综合评价、各级优秀教师评选、推荐等权力。握有人事权、指导权和评估权的学区校长同时也有了重任在身的使命感，以及主动进行工作的积极态势。

学区实体地位确定之后，魏校长随之又推出了"教师自我管理"举措。1996 年前，在教代会表决校委会制定的各项规章制度时，项项都是百分之百举手通过。魏永真校长对这看似全部满意的"百分之百"有了警惕与反思，感到这"百分之百"掩盖之下的是教师的无奈顺从，而绝非民意的"百分之百"。因此，凡需群体执行的规定，总是先由校委会集体拟定初稿，以讨论稿的形式发至各个学区和村小，让全体教师共同讨论，并提出修改意见，学区充分听取教师意见和建议后，再由校委会集体讨论定稿，职代会以无记名投票形式通过后方可执行。这无记名一出现，便有了弃权和否决票。魏校长称之为教育上的"自然形态"，是对人的生命尊重的必然选择。

随后，魏校长再度放权，有的评估权甚至直接交到了老师手上。每到年终，由教师自我总结，根据一年在各方面的表现和学校的要求，给自己定位打分，奖金一般按个人的定位打分支付。此项改革措施宣布后，有人提出质疑，担心有的教师自我评价过高。但魏校长认为，此举形式上看似让每一个教师给自己定位打分，实质上也是每一位教师将自己置身于大家的监督之下。一般的教师不会在公众面前自毁形象，而是作为一次向大家展示真实自我的难得机遇。

但放权并不等于放任，也不等于失却宏观调控与不再进行监督、指导。"三条线"督察制度便是基于这种思考应运而生的。这"三条线"并行不悖地监督指导着全校的教育教学工作——一是教干包联督察。校委会成员及部分中层教干分别包点联系七个学区。教干保证每周有一天时间到联系单位督导工作，重点检查村小的教学秩序、教师出勤情况，在下周举行的校委会上进行汇报。二是教研室教学专项督察。为此专门制定了教研员岗位职责，要求教研员必须致力于教学研究工作，做到腿勤、嘴勤，多走学区，常串村小，深入课堂听课评课，有的放矢地对教师进行业务指导。三是督导室督察。明确规定督导员蹲办公室为失职，要求其经常巡视学区、村小，对各项工作进行督导检查，每月出一期《督导通报》，对各单位好的做法和不足之处予以表扬和批评。

学校综合性的大会不多，但每年一次的"教育教学总结会"和"教学工作表彰会"却是必不可少的。在"表彰会"这一"正激励"的评估形式上，不是仅仅停留在教学成绩或教学结果上，而是重在评价教师的个性与特长，以及人尽其能的教育教学过程。同时打破"一把尺子"评价教师的惯例，从各种层面对教师进行多重观照，设立了"十佳师德标兵"、"青春立功奖"、"老年奉献奖"、"优秀教学成绩奖"、"模范班主任"等奖项，使不同层面表现突出的教师都能得到奖励，使身处罗庄办事处中心小学的每一个教师都感到力有所用、才有所施、劳有所得、功有所奖。这种多元化的评价形态，令人人都感到"心有余而力又足"。对于"负激励"，即"惩罚"手段的应用则是慎之又慎。学校内部出现问题，魏校长首先从自身寻找原因，然后具体到学区校长，最后才到教师，一种责任由三个层面来分析和承担。最终落实到对责任人的物质惩戒或批评教育。

魏校长的用权之道可以用六个字概括：拿得起，放得下。

第五章
校长时间管理的艺术

社会变化速度日益剧增，许多人无法在有限的时间内适应变化，学校组织能否适应新的形势而得以持续发展，校长对此肩负重要责任。来自内部与外部环境的变革必然会给小学校长带来一定的压力，深重地影响了校长的工作效能，会令校长们感到无所适从，无法调配工作时间。校长摆脱"文山会海"，从容应对诸多事务，校长应学习借鉴时间管理学的理论、方法为之提出有效策略，提高校长时间管理的艺术成为当下校长之必要。

第一节 时间与时间管理

时间管理是一切管理的根源，唯有成功的时间管理，才是有效管理的基础；反之，若不能掌握时间的因素，一切学校管理的策略，将无法达成。小学校长要进行有效而成功的时间管理，有必要首先了解一下时间的特性和时间管理的内涵。

一、时间的特性

从哲学意义讲，时间是物质运动的顺序性和持续性，其特点是一维性，是一种特殊的资源。

管理学泰斗彼得·杜拉克说："时间是最稀有的资源，除非能有效地管理它，否则其他的资源就更无法管理。"[①]一切管理的内涵，都不能离开时间的因素，所有的管理若要实现，均必需时间。学校的经营与管理也是这样的。

奥古斯丁说："时间意味着什么？谁能够将时间解释得简洁又明确？谁能够将时间表达得深刻又透彻？有什么东西比时间更为我们熟悉？有什么东西比时间更为我们了解？那么，时间究竟意味着什么？"

1930年，胡适先生在一次毕业典礼上，发表了一篇演讲，内容如下：

诸位毕业同学：你们现在要离开母校了，我没有什么礼物送给你们，只好送你们一句话。

这一句话是：珍惜时间，不要抛弃学问。

以前的功课也许有一大部分是为了这张文凭，不得已而做的。从今以后，你们可以依自己的心愿去自由研究了。趁现在年富力强的时候，努力做一种专门学问。少年是一去不复返的，等到精力衰竭的时候，要做学问也来不及了。

有人说：出去做事之后，生活问题急需解决，哪有功夫去读书？即使要做学问，既没有图书馆，有没有实验室，哪能做学问？

我要对你们说：凡是要等到有了图书馆才读书的，有了图书馆也不肯读书；凡是要等到有了实验室方才做研究的，有了实验室也不肯做研究。你有了决心要研究一个问题，自然会节衣缩食去买书，自然会想出法子来设置仪器。

---

① 莱斯特·R·彼特著《36小时管理学课程》，上海人民出版社，1994年第994页。

至于时间，更不成问题。达尔文一生多病，不能多做工，每天只能做 1 点钟的工作。你们看他的成绩！每天花 1 点钟看 10 页有用的书，每年可看 3600 多页书；30 年读 11 万页书。

诸位，11 万页书可以使你成为一个学者了。可是每天看 3 种小报也得费你 1 点钟的工夫；四圈麻将也得费你 1 点半钟的光阴。看小报呢？还是打麻将呢？还是努力做一个学者呢？全靠你们自己选择！

易卜生说：你的最大责任就是把你这块材料铸造成器。

学问就是铸器的工具。抛弃了学问便是毁了你自己。

再会了，你们的母校眼睁睁地要看你们 10 年之后成什么器。①

看到胡适先生的这一番语重心长的话语，每位校长都会有感受。"时间就是效率"、"时间就是金钱"、"时间就是生命"、"一寸光阴一寸金，寸金难买寸光阴"，诸如此类的描述我们每个人都可以脱口而出，但是我们做得究竟怎样呢？我们常常听到有的校长说——

"我要是能分身就好啦！"

"我应该少些应酬，好好地约束自己，多读点书！"

"时间根本不够用，一天要听课、找老师谈话、研究资金的使用！"

世界几乎全面地在进步，但我们一天还是只有 24 小时。最成功和最不成功的校长一样，一天都只有 24 小时，但区别就在于他们如何利用这所拥有的 24 小时。那么时间究竟是什么呢？时间具有如下特性：

1 珍贵资源

时间是一种资源，更进一步说，它是一种最重要、最珍贵的资源，其他的资源可以"制造"、"积存"、"交换"、"流通"，但时间不可以，它会"耗失"，无法再生。如果不拥有时间，我们将无法再运用其他的资源。

2 不可回溯

---

① 原载 1932 年 7 月 3 日《独立评论》第 7 号。

时光的隧道是单向的——只有前进，没有后退，昨天过完是今天，接着是明天，逝去的永远不会再回头，一切都将成为历史，它不像空间一样，到过的地方可以"旧地重游"。一位哲人说："昨天是一张被注销的支票。"今天的你与昨天和明天的你绝对不会相同。如果说空间是事物存在的尺度，那么时间可说是事物变化的尺度。

③ 不能买卖

一般人都认为时间是公平的、免费的，每天清晨只要张开眼睛，一天 24 小时就摆在眼前。不需花一毛钱就能到手，也不需努力去争取，所以大多数人认为时间没有什么了不起。它不能买，不能卖，不能租，不能借，不论是富翁还是乞丐都不能改变这个事实。

④ 无法暂停

我们毫无选择的余地，被迫以每天 24 小时固定的速率消耗它，时间一过，一切都将成为往事。我们无法像操纵机器一样操纵它，决定何时"开"，何时"关"。没有人能阻挡它前进，它更不会像火车到站，为了让旅客上下车，可以暂停。它像自由落体般，没有暂停，只有"终止"。

⑤ 毫无供给弹性

时间的供给量是固定不变的。它的供给量在任何情况下都不会增加，但也不会减少。

二、时间管理

（一）时间管理的内涵

美国著名的管理学家彼德·杜拉克说："时间是最珍贵的资源，除非能有效地管理它，否则其他的资源就更无法管理。"[①]时间管理是以时间为对象的管理活动。时间是一种不可回溯、不可买卖的独特资源.

---

① 杜拉克著，苏伟伦编译.《杜拉克管理思想全书》，九州出版社，2001年。

管理者无法选择是否使用时间，只能选择如何使用时间。 "时间管理"的实质是在时间流逝的过程中人的自我管理的问题。 时间管理是管理学的一个分支，发展至今已有四代，从第一代的简要备忘录发展到第四代的时间管理，已开始关注人生价值的实现，从审视自己的内心做起，让生活井然有序，富有情趣。

时间管理是以时间为对象的管理活动。 作为管理资源之一的时间，不同于人、财、物等资源那样，可以由管理者根据管理的需要随意调配。 管理者无法选择是否使用时间，只能选择如何使用时间。 "时间管理"并不意味着去管理时间，而是在时间流逝过程中人的自我管理问题。

校长的时间管理，是指为提高校长时间利用率和有效性，应用科学的原则和一定的策略，对校长自身时间的耗用进行有效的管理，能够科学、合理地支配时间；加强自我管理，努力成为时间的主人，从而达到提高管理效能的目的。

（二）时间管理发展的四阶段

时间管理的发展经历了四个阶段，人们从认识到时间管理的重要性，到开始进行时间管理，期间也经历了管理方式和管理重点的转移。

1 第一阶段：时间增加和备忘录

第一个阶段称为时间的单纯增加和备忘录。 时间的增加是指当时间不够用，而工作任务比较多的时候，就单纯地加班加点，延长工作时间。 备忘录就是把所有要做的项目列出来，制作成一个工作任务清单，做一件，勾掉一件，以此种方式进行时间的分配和使用管理。

2 第二阶段：工作计划和时间表

第二个阶段称为工作计划和时间表，即在所有要做的工作任务开始之前，把清单列出来，在每一项任务之前定一个时间的期限，例如早晨8点~9点做什么，9点~10点做什么，下午1点~2点做什么，每一项任务都有开始和结束的时间，在这个时间段中完成规定的某项任务。这个方法有时候也称为行事历时间管理法。

3 第三阶段：排列优先顺序以追求效率

第三个阶段的时间管理称为排列优先顺序以追求效率的时间管理。当工作任务越来越多，多到在规定的时间里面没有办法彻底做完的时候，就要求对时间管理的内容进行一定的更改，第一，对工作任务要做一些取舍；第二，对工作任务要排优先顺序。比如先做哪一件，后做哪一件；重点做哪一件，非重点做哪一件；主要做哪些，次要做哪些；做哪些，不做哪些等等，描述这个取舍和优先顺序的办法可以通过象限法进行。

如果按照重要程度的轴来标记横坐标，按照紧急程度的轴来标记纵坐标，可以构成 ABCD 四个象限，A 象限是又重要又紧急的事情，B 象限是重要但不紧急的事情，C 象限是紧急但是不重要的事情，D 象限是不重要也不紧急的事情。如图 5－1 所示：

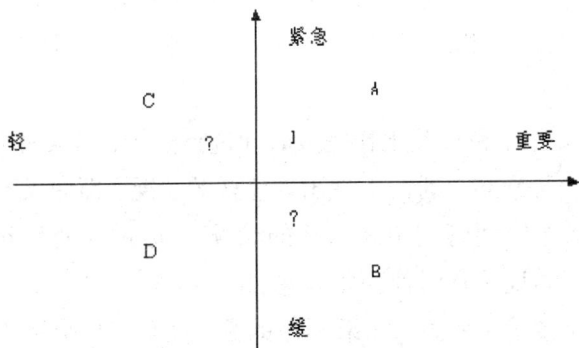

图 5－1　第三代时间管理象限示意图

A 类工作：又重要又紧急的事情：

假设用一个统一的标准把所有的工作任务做明确清晰的划分，然后对 ABCD 四大类的工作做一个排序，显而易见，首先应做 A 类工作，因为 A 类是既又紧急又重要的，这类工作一般属于突发事件。当工作中出现了突发事件的时候，应该放下手头所有的工作，全身心地扑上去解决，这种行为被形象地称为救火行动。例如 119 消防队接到警报，就要马上去处理现场。

【案例】

突发事件：非典

2003 年中国政府面对非典事件，就属于又紧急又重要的突发事件，处理时，当时规定各地政府的一把手都要把工作全部放下，集中所有的精力控制本地区的非典问题，这样强有力的力度才能够把非典有效地控制住。

B类工作和C类工作：

当既重要又紧急的突发事件被处理之后，接下来是应该处理C类紧急但不重要的工作，还是B类重要但不紧急的工作？有人认为C类工作很紧急，应先期处理，也有人认为B类工作很重要，应先期处理。按照时间占用的顺序来划分，也就是按照时间的紧急程度来说，专家认为应先处理B类工作。

为了对B类工作和C类工作完成时间进行分析，可通过分析假设不做C类工作，会导致整个时间管理出现怎样的状况；而如果不做B类工作，又会导致整个时间管理出现怎样的状况。透过这两种状况的不同比较，就可以清晰地看到两种选择的差别。

B类工作重要但不紧急，如果不做的话，B类工作会随着时间的进一步推移，越来越紧急，直到突破一定的极限，变成A类工作，所以，B类重要不紧急的工作一旦被拖延下去，就会变成突发事件。C类工作如果不断地被拖延，随着时间的不断推移，它也会变得越来越紧急，当越过一定的极限以后，C类工作就可能因为失去时机而消失，由此就会遭受一定的损失，承担一定的责任，工作本身也可能会因此而消失。

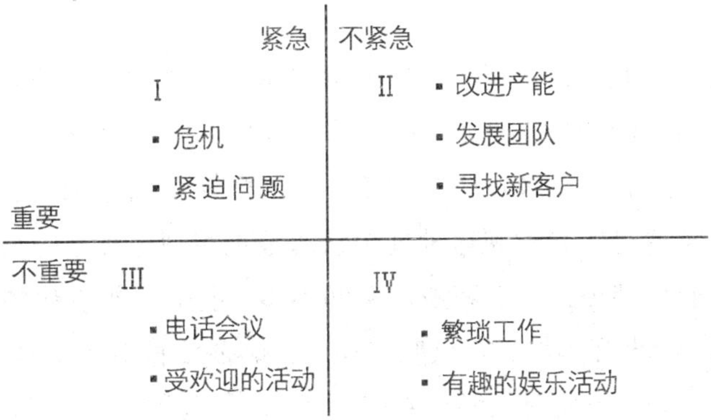

```
              紧急  不紧急
         I          II  ▪ 改进产能
         ▪ 危机           ▪ 发展团队
         ▪ 紧迫问题        ▪ 寻找新客户
    重要
    不重要   III         IV

         ▪ 电话会议        ▪ 繁琐工作
         ▪ 受欢迎的活动     ▪ 有趣的娱乐活动
```

图5—2 第三代时间问题分类示意图

例如，下午3点~4点，工会组织慰问抽奖活动，参加抽奖者都可得到一袋洗衣粉，如果某人因故未参加工会慰问抽奖活动，下午4点钟以后，这个事情可能就已结束，由此，缺勤者将损失一袋洗衣粉。

如果在B类和C类工作之间做冲突性的分析，例如下午只有一段时间，只能做一件事，要么做B类工作，要么做C类工作，两者不可兼得，那时就应该扔掉C类工作，要保住B类工作，因为B类工作的价值更大，它的重要程度更大。

【案例】

热气球的难题

一个胖子和两个瘦子乘热气球去做科学考察，他们带了很多食物和水，也带了很多笨重的实验仪器。当热气球升空行驶到海面的时候，突然发生了意外，热气球开始漏气。为了减轻热气球的重量，要扔掉很多东西，于是先扔掉了实验仪器，接着扔掉了食物和水，这时候，热气球还是太重，需要牺牲一个人来挽救其他人，在这种情况下，因为扔一个瘦子和扔一个胖子对热气球的影响不同，只有按照最大可能地减少损失的思路来分析，即扔胖子就可以挽救两个瘦子的生命，所以必然要先扔胖子。

119

在两者不可兼得的情况下，如果可以延长工作时间，统筹协调，进行更好的策略性的安排，即在 B 类工作不变成 A 类工作之前，先把 C 类工作完成，再按部就班地处理 B 类工作，这样就可以达到双赢的效果。但是管理专家通过实验发现这种理想状态很难实现，因为 C 类工作的数量太多，单个 C 类工作虽然花费的时间不多，但是 C 类工作的数量层出不穷，所谓"野火烧不尽，春风吹又生"，很多校长对于 C 类事件的处理只能疲于应付，致使时间管理者陷入了 C 类事件的汪洋大海之中，迷失方向，只见树木，不见森林。

【案例】

抗战的泥潭

在抗日战争中，200 万日军被中国人民艰苦卓绝的抗战拖入全民抗日的汪洋大海之中。二战以后，斯大林讲道，"中国人民艰苦卓绝的抗日战争，是世界反法西斯战场不可缺少的组成部分，为反击德国法西斯赢得了时间和空间"。斯大林说，如果中华民国政府投降，结果将不堪设想。因为中国政府不投降，中国人民尽管条件非常简陋，做出了巨大的牺牲，却拖住了 200 万日军，让他们抽不出兵力北上配合德国夹击苏联，抽不出兵力南下侵占缅甸、印度、印度尼西亚，甚至吞并澳大利亚和新西兰，这是中国人民的抗日战争把日军拖入了抗击奴役、抗击侵略的泥潭。

对 C 类事件的描述有著名的帕金森定律，也称为爆米花定律，就是 2 斤玉米看上去不是很大，但是经过膨化以后有可能会变为一箩筐爆米花。由此可见，被膨胀、被扩大后的结果会导致 C 类工作数量庞大，以致无法完全彻底地被解决。

但中国校长面对一大堆繁杂事务的时候，习惯于"急事急办"，"特事特办"，于是就会践踏原则，就会没有时间性，就是总把最紧急的事情拿来做，从不考虑这件事情的价值如何，不考虑时间的重要性程度。

【案例】

箩筐任务测试

美国的专家曾经做过一个针对中国校长时间管理基本状况的测试。任务要求是：一个箩筐中有 10 件工作任务，假设下午的一段时间是没有办法完成箩筐中的所有任务，请中国的校长进行挑选，并完成自己挑选出来的任务。中国校长挑出的第一件工作是最紧急的工作；最紧急的工作完成后，又挑出了最简单的工作，因为做起来很简单，所以这些工作很快完成了；中国校长挑的第三件工作是花费时间最短的工作；这些工作也很快做完后，第四件被挑出的是最有趣、最喜欢做的工作，可是这个工作还没有做完，测试的时间就到了。

箩筐中剩余了 6 件工作任务，而且全是最重要的工作，但是这些工作都有一些类似的特点：不紧急、做起来不简单、花费的时间很长、不好玩、没意思。但是，这 6 件工作如果不做的话，它们全会变成重要且紧急的突发事件。

〔点评〕中国校长在时间管理方面，普遍存在误区和弱点，即在问题的分类概念上模糊。

在工作中，属于 B 类工作的重要问题一般包括改进产能、发展团体、寻找新客户、提升服务品质、提升员工技能、开发新市场、提升品质概念、建立完善工作流程等。

对个人而言，学习研修和职业成长问题、健康问题、休闲问题等都是很重要但是不紧急的事情，也就需要在当前多进行改善处理，例如多增加运动量、控制饮食、调整饮食结构等。健康问题和学习的问题很重要，要把这些问题当成紧急的突发事件来处理，只有下这样的决心做事，才能避免将这些重要不紧急的事情转化为重要紧急的事情。

对于紧急不重要的事情，可以把它们安排在时间使用的后面，例如对于受欢迎的活动、电话会议、工会抽奖、演唱会等，一定不能使其占用B类工作的时间。时间就像一根橡皮筋，要设定期限，不要把工作任务变成发面团，像爆米花一样膨胀，占有你的工作时间和空间。如图5-3所示：

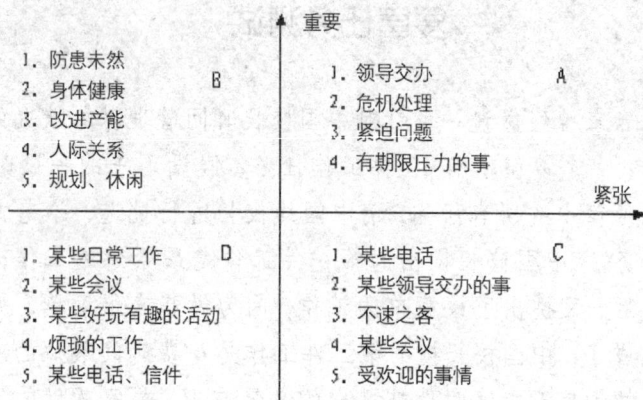

图5-3 第三代时间管理事件分类示意图

⭐ **第四阶段：以重要性为导向，价值导向，目标导向，结果导向**

第四阶段时间管理的代表是时间管理的二八定律。意大利经济学家帕累托认为，万事万物都可以分为重点的少部分和一般的大部分，这就是通常所说的二八定律，即80%的结果源于20%的努力，也就是80%的结果是因为20%的关键因素所致。

所谓"打蛇打七寸，擒贼先擒王，好钢用在刀刃上"，用最有效率的时间去做20%的最有效率的工作，在这些时间段，注意力要高度集中，一口气把事情干完，不要中间停止，从而达到一种高效率。同时，要调整生物钟，控制好工作的节奏，使得效能最高。

三、校长的领导风格与时间管理

美国依阿华大学的研究者、著名心理学家勒温（Kurt Lewin）和他的同事利皮特和怀特等人，从20世纪30年代起就进行了"领导与群体生活的试验"的研究。 勒温等人发现，团体的任务领导并不是以同样的方式表现他们的领导角色，领导者们通常有着不同的领导风格，这些不同的领导风格对团体成员的工作绩效和工作满意度有着不同的影响。 勒温等研究者力图科学地识别出最有效的领导行为，他们着眼于三种领导行为或领导风格，即专制型、民主型和放任型的领导风格，这三种领导风格时间管理的差异。

1 专制型领导

这种风格的领导认为没有必要和任何人商量，也没有必要显示民主的一面，自己私自判断，然后给员工下命令，这种决策方式可以在一定程度上节省时间，但可能带来下属的不满。 专制型的校长经常有许多事情不让下属知道，其结果是造成下属在执行时遭遇失败或延误，使事情不能顺利进行。 所以，专制型校长如果不从根本上解决权限问题，将使许多事务陷入窘境。

2 放任型领导

自由放任型的领导没有时间的问题，他们任由下属在限定的范围内自由发挥，因此通常较少有时间的问题。 但是，一旦限定完成工作的期限时，下属便开始觉得慌乱，特别是在领导者示明工作重点时，下属如果判断失误，极易导致工作时间的拖延。

3 民主型领导

民主型领导者注意部署对任务的参与，对属下的责任与权限划分得很清楚。 他们是最能实践时间管理的人。 能与下属保持良好的关系，和他们一起工作，并能相互谈及自己的时间问题，甚至分析团体的讯息，给部署自由运用自己时间的权利，而不紧迫逼人。

从时间管理的角度而言，民主型领导最充分地实践了时间管理的原则。 但在学校事务的处理中，应根据具体的情况加以权变。 例如让部署参与的程度，可根据计划及内容的不同而异。 有时可先问询教职员工的意见，领导者做出决策;有时不仅要问询他人意见，而且让成员参与方案的设计，校长最后定夺;有时则需要与教职工共同商讨方案，并共同表决决定。 就教职工而言，第一种方式称为咨询式参与，第二种可称为设计式参与，第三种可称为共同决定式参与。一般而言，校长在处理如校舍修缮和财务购置等"一般性"问题时，可让教职工咨询式参与。在处理如教学研究观摩、学生辅导、考核等问题时，可采取设计式参与方式。在处理教职工"个人"问题，如进修、休闲娱乐等问题时，可做共同决定式的参与。

总之，不同的领导风格，会影响校长与教职工的时间管理，在实际生活中，除遵循一定的原则外，还要根据不同的情况灵活面对，目的是提高时间的使用效率，从而提高学校的运营效率。

第二节　校长的时间分配现状

一、校长时间分配的现状调查

华东师范大学教育系曾随机取自全国 14 个省市的中小学校长进行问卷调查。研究结果，关于校长时间愿望分配情况，在"执行上级指示、确定工作目标、提高教育质量、协调人际关系、提高教师工作积极性"五个选项中，有 48.2％的校长选择了"执行上级指示"；有 38.6％的选择了"确定工作目标"，其他选项依次为"提高教师工作积极性"、"提高教学质量"、"协调人际关系"。

被试选择"学校取得成绩的主要原因"和"学校工作不利的最重要原因"时，分别有 83.5％和 67.2％的校长选择了"学校成员的努力和能力"，46.9％的校长认为自身工作成效最主要受学校领导班子和教职工影响。另外，50.4％的校长表示学校教师素质较大地影响了他们的领导方式。因此，提高教师工作积极性，促进教师对本职工作的热爱，从而使其认识到并主动地去追求自身素质的提高将会反作用于校长，推动学校管理工作。正是认识到这一点，校长们极其重视教师工作积极性的提高与发挥，愿意采取各种有效方式来点燃教师的工作热情。

无论从国家的教育方针政策、上级教育部门的整体规划，或是学校个体需要来看，提高学校教学质量都是一所学校发展的核心，是整个社

注意卫生。

8：15，刘校长到综合楼 7 楼多媒体教室听五年二班新进教师的汇报课。主讲老师姓陈，讲的课文是《圆明园的毁灭》。

9：00，课间操。刘校长站在台上讲话，她说昨天发现漂亮的教学楼有一些不文明不卫生的现象，要求大家养成好的行为习惯。"在八达小学养成好的文明习惯，以后到社会上就会受到别人的尊敬。"

9：30，校长办公室。凌老师来校长办公室与校长商量开家长会事宜。刘校长给这位老师讲开家长会的目的和意图，告诉她开家长会应该注意的一些事项。凌老师是这个学期新来的老师，组织家长开会是第一次。

9：40，校长办公室。上汇报课的陈老师来校长办公室与校长交流刚才上那一堂课的感受。刘校长详细谈了她听课的感受，并提出许多建议。半个小时后，谈话结束。

10：15，校长办公室。刘校长与赵副校长商量提交"创建国家交通管理模范城市示范学校"材料。材料要送区教育局。

10：20，电教楼三楼多媒体教室。刘校长与三年六班的家长们一同听凌老师上汇报课——《陶罐与铁罐》。这是家长开放日最为重要的一个环节。

11：20，随同家长们到综合楼三年六班教室。三年六班家长会在那里举行。刘校长在家长会上讲话。她对家长们说了三点：一是要培养孩子们好的习惯，二是要培养孩子们的兴趣和爱好，三是要与老师达成共识。家长们向她询问一些家庭教育的方法。

12：00，赵副校长告诉她，说接到通知，可能这个周五市里"创全国卫生城市"的领导会来校检查，要学校做好准备。

12：10，学校食堂就餐。

12：40，校长办公室。刘校长在电脑上修改株洲市荷塘区民办教育年会的发言材料。

12：50，两个家长带着一名学生来到校长办公室。"刘校长，我们是来反映情况的。我的小孩在班上经常遭到其他同学欺负，小孩要求转班或转校。"家长说。刘校长详细询问了情况，对家长和学生做思想工作，告诉他们她明天一定到班上与班主任老师和学生们交流。家长、学生三人这才微笑着走了。

13：50，综合楼三楼一个空教室。刘校长找到两位学生说"悄悄话"。刘校长说："上周三找过你们，一周来你们有没有改正自己的缺点，'做好学生'的承诺实现没有？"学生说："我们已经按时交作业，上课也没讲小话了。""好，上次说'悄悄话'后你们都进步不小，校长说过，进步了就要奖励你们的。"刘校长给学生每人一个精美的小本本。两个小朋友乐滋滋地接过小本本，谈话继续。

14：30，校长办公室。上午开家长会的凌老师找刘校长交流上汇报课和开家长会的感受。刘校长翻开笔记本与她做了详谈。

15：20，审阅八达小学的宣传片。第二天，荷塘区民办教育年会将在八达小学召开。刘校长布置各项准备工作。

16：30，礼堂。为元旦晚会歌伴舞节目彩排。

17：10，荷塘区交警大队领导一行来校检查。在校长办公室，刘校长与赵副校长一同向检查的领导汇报"创建国家交通管理模范城市示范学校"的工作情况。

17：50，刘校长走出校门。这个典型的工作日从早晨7：50开始，一直到结束工作回家的路上，这位校长都在应对和思考着学校的方方面面的事务，这是何其繁忙而紧张的一天！校长需要关注师资队伍的稳定和建设，所以他得拿出时间与教师交谈，学校的教学关系学校声望，这位校长要去听课并做出评价，还要与专家讨论个别化教育计划。学生与家长是学校运营中的重要角色，学生会不停地制造"突发事件"来打乱校长的工作程序，校长不得不立即处理诸如斗殴、学生秩序等问题；校长通过与家长的交流，提高家庭教育的水平。大量的文书处理工作和诸多的会议也使得校长时间紧迫。

正如这个典型的工作日所描述的一样，校长的大量日常工作在某种程次上维持着学校和自身的活力。校长必须简单而有效地处理一些在简短的碰头会和未事先安排的会议中突然出现的事件。校长应首先解决日常发生的"意外事件"和问题。校长还花上大量时间管理学校事务、领导教学与课程、管理学生、培训教师和处理与社区的关系。他明白同情和理解家长是必要的，并努力争取社区的大力支持。校长还关心教职工的问题，并意识到教职工的支持对成功来说是多么重要。校长最担心的问题是，紧急事件（危机、紧迫问题）是那么经常地出现在重要的工作中（计划、准备、授权、开发）。他意识到成为一个有预见的指示性领导而不是一个被动的管理者是多么困难。

四、校长耗时分析

校长在时间管理上耗时有外因和内因的耗时，外在因素耗时的类型：电话干扰、不速之客、沟通不良、资料不全、文件复杂、工作搁置等。内在因素耗时的类型：计划欠妥、事必躬亲、条理不清、欠缺自律、无力拒绝、做事拖延等。还有有形和无形的浪费，有形浪费：开小差、资源不足、电话、程序烦琐、间断、等待。无形浪费：计划不周、不懂说"不"、拖延、不懂授权、不分轻重缓急。我们还将从管理的内涵——计划、组织、指挥、控制、沟通和决策等方面来看浪费时间的因素。

（一）计划与决策不佳

⭐1 **工作拖延。** 许多人因为拖延的坏习惯而误了大事，拖延使得计划失去效力，阻碍梦想的实现，是浪费时间的第一大因素。

⭐2 **缺乏顺序。** 有些校长分不清事情的轻重缓急，不愿拿出一定的时间做计划，在工作中缺乏自律，喜欢做而不愿意思考，工作没有明确的目标，无固定工作流程，导致了时间的浪费。

⭐3 **优柔寡断。** 校长决策过程中缺乏信心、犹豫不决、害怕发生错误患得患失，或者忽略决策的目标，处理事情避难就易等，这些个人性格上的问题，使得整个决策过程缓慢甚至无效。

⭐4 **危机处理。** 校长由于没有适当安排工作进度、缺乏远见、小题大做、忽视决策可能产生的后果、部署的报喜不报忧等，许多事情到最后变得不可收拾。因此许多校长常常像消防队员一样，忙着解决各种危机，时间就在这些原本可事先避免而却未加防范的问题上浪费掉了。

（二）组织不当

1 责任不清。 各个科室职责分配不清晰，有责无权或责权不相称，主管人员没有主见，朝令夕改，决策或实施程序复杂等，都将浪费时间。

2 文件烦琐。 学校是一个科层化组织，所以有必要妥善保管好一些档案和书面材料，但如果仅是为了形式，没有将资料系统化、表格化，再加上查找的行政程序复杂，分层负责不明确，就有可能导致时间浪费。

（三）指挥欠妥当

1 授权不明确。 有些校长因为有着害怕的不安全感，或对他人缺乏信心，事必亲躬，认为只有这样才放心。

2 繁文缛节的弊病。 今天在许多学校存在例行性甚至不必要的工作，例如有些学校每月的报表或活动，有些实在没有多大意义，且浪费很多人的很多时间。然而，有些校长因为害怕失去影响力，或者想全全掌握部署的行动，或者是墨守成规，循规蹈矩，依旧维持着学校里的"繁文缛节"。

（四）沟通无效力

1 拙于沟通。 有些校长不知道同事需要什么样的讯息，或由于自己的性格以及平时的工作作风，使得同事在与其谈话时，无法放开心情，不能推心置腹，只是随声附和，不能与校长倾心交流，更无从建立共识。这种无效沟通会使双方都耗尽精力与时间，而达不到一定效果。

2 会议繁多而无效或低效。 人尽皆知，开会最浪费时间。然而，开会有时却成为一种地位的象征、光荣标记，甚至有时成为负责人推卸责任的策略——借由会议做出决定，共同分担责任。许多会议会而不议，议而不决，决而不行，开会目的不清，无关紧要的发言过多，不遵守会议议程，事前准备不充分，无法按时结束等成为鲸吞时间的因素。

（五）缺乏必要的控制

⭐ **1 电话干扰。** 许多校长有这样的经历，刚坐下办公就接到一位啰唆的家长的电话，一谈就是半小时，刚放下电话稳定一下思路，电话铃声又响起来了，许多时间就在电话上浪费了。电话之所以耗尽时间，归纳其原因可能涉及以下几个方面：讨论过长，缺乏结束或缩短谈话的技巧，不分轻重缓急等。

⭐ **2 不速之客。** 今天，身为一校之长，再也不能关起门来办教育，经常需要与人会面、交谈、沟通工作；在重视社会关系的今天，还得常与家长、社区联络。许多"不速之客"的来访夺走了很多时间。

⭐ **3 不善拒绝。** 这是与一些校长性格相关的做事风格。例如有些校长希望感到被重视而参与每件事情，或认为不参加被认为无礼或高姿态，想做受人爱戴的人而答应别人所求之事，这种不善拒绝的性格使他们整日忙忙碌碌，精疲力竭而效率不高。

五、校长时间管理的谬误[①]

⭐ **1 关于缺乏时间的谬误——人人都感到时间不够**

没人有足够的时间，然而每个人都拥有自己的全部时间。所以说，问题不在于时间本身，而在于校长们如何利用自己所拥有的有限资源。缺乏时间这个错误的概念通常是由一些错误的管理方法造成的。比如总想用过少的时间做过多的事情，不善处理那些分散精力的事情，确定或接受不切实际的时间预算，不按轻重缓急的顺序处理工作等。

⭐ **2 关于时间与我们作对的谬误——最后时限再延长一点就好了**

总是不能按时完成工作的校长们为缺乏时间而感到苦恼，他们处处忙于救急，然而次次错过最后时限，因此总是把时间看成是自己的敌人。然而在很多方面，最大的敌人恰恰是他们自己。因为只有当校长

---

① 胡东芳.《时间管理的十大谬误》《中小学管理》，1996 年第 7—8 期。

第五章　校长时间管理的艺术

们学会合理分配时间的时候，时间才会站在他们一边。

3 关于节省时间的谬误——很多管理上的捷径是节省时间的因素

没有人能使自己不花费时间，也没有人能够使自己以不同的速率花费时间。虽然如此，还是有许多校长经常谈论节省时间的问题，这往往是造成最终花费更多时间的不明智的管理办法。为了满足另一个最后时限而缩短一次重要的会谈，可能会留下一个悬而未决的问题，这个问题可能会逐渐恶化以致在后来的危机中爆发。没有关键事实就加速决策，往往会使问题返回来折磨草率的决策者。没有透彻分析各种方案就仓促发起行动，最后就会发现这样做既浪费时间，又浪费精力和物力。

4 关于问题鉴别的谬误——鉴别问题比进一步解决问题要容易

现实中有相当一部分校长的很多精力和时间浪费在解决还没有认准的问题上面，如果能准确地指出问题（这就是鉴别）就等于解决了一半问题。比如，如果一个校长走进办公室，发现地面上有一些积水，便叫人拿拖把来，那就错了。应该先去关掉水龙头，因为积水是问题的现象而不是起因。

5 关于开门办公的谬误——开门办公才能提高校长处理问题的效能

由于开门办公已经被理解为始终敞开大门，因此，作为校长一直处于别人可以随时会面的状态将会使成功失去保障。随时可以见面的校长发现，这样做使自己无法完成工作，也无法考虑自己的目标和优先次序，更无法集中精力去处理办公桌上堆放的文件。一些拜访者打断了他的工作，也不知道要在他的办公室里待多长时间。因而，"开门办公"反而降低了校长处理问题的效能。

6 关于办事效率的谬误——效率最高的管理者是最有成效的管理者

很多校长往往把效率误作效能。然而，我们知道，高效率地执行错误的任务，或者把正确的任务放在错误的时间执行，都可能会使工作高度无效。有些校长费很大力气去更加俭省地做那些根本不应该做的事，这实际上是很大的浪费。因为效能即是花费最少的资源（包括时机），取得最佳效果。

7 关于推迟决策的谬误——推迟决策会提高决策质量

在需要决策的时候，很多校长本能地推迟或拖延做出最后的决策，以避免承担随之而来的义务。实际上，一个困难的决策被推迟的时间越长，做出决策就变得越加困难，而且，每次推迟决策还减少了对可能出现的偏差采取纠正措施的时间。"需要更多的事实"常常是校长推迟决策的借口。然而，如果校长们知道在80%的决策过程中，起决定作用的事实往往只占全部事实的20%，他们就会明显地看出"等待全部事办完备"这一借口的荒谬性。

8 关于辛勤工作的谬误——一个人工作得越辛苦，完成的工作越多

著名管理学家罗伯特·皮尔斯博士指出，获得的最后结果与付出的成桶汗水往往不成比例。在很多校长的观念中，极易把流汗与成就混淆起来。但是，时间管理的计划原则指出，如果在制订有效的计划时花费1小时，在执行时就会节省3~4小时，而且确保取得更好的效果。活动型校长喜欢行动而不愿意思考，总是不顾一切地避免制订计划。如果校长能在着手之前把工作通盘考虑一下，就会干得更好。虽然，最初制订计划花费了时间，然而正是依靠投入的那些时间才可以节省更多的时间，并收到更好的效果。由于把汗水混同于效果，辛苦的校长最终还是用最辛苦而又最无效的方式去完成他的工作。治疗辛苦工作症的药方是：工作中多点计划，少点辛苦。

9 关于亲临指导的谬误——自己来干工作会完成得更快更好

很多校长深信，自己亲自动手会把事情做得更快更好。他们认为，这样做不仅节省了告诉别人工作要求的时间，而且可以完全按照自己预想的方式第一遍就正确地做好工作。这个推理的谬误在于，由于拒绝将工作授权于别人，而花费时间去干自己擅长的具体事，所以再次遇到这些工作时，这位校长便没有任何选择，只能再次亲自动手。

10 关于授权省时的谬误——授权可以节省时间，省去烦恼，免去责任

通常，有效的授权最终会节省时间。但是在授权的最初阶段要花费时间，以制订授权计划，选择和培训能够胜任此项工作的人员，提出要求和希望，指导和商讨如何改进工作，让他们参与对其工作有影响的

第五章 校长时间管理的艺术

决策，衡量和奖罚完成的结果。所以，授权首先需要时间，只有在有效地完成授权之后才能最终节省时间。那种遇事即授权的校长，无异于"弃权"。因为躲避烦恼与责任决不是一个节省时间的办法，不管谁来做这些工作，最终的责任永远地和不可避免地要落到学校最高管理者——校长头上。

第三节　校长提高时间管理成效的方法

时间管理的关键取决于个人工作的成效，每天对于每个人都是恒定不变的 24 小时，但不同的人有不同的使用方法，不同的人在 24 小时的利用上截然不同。对所有的校长而言，掌握衡量自我工作成效的方法就是能否成功管理自己时间的最重要因素。

一、效能管理法

（一）象限时间管理法的分类

对事件重要与紧急情况的分析，也是对效率和效能关系的阐释，于是，在由重要程度和紧急程度所构成的象限中，处理 ABCD 四类事件的顺序依次是：

首先处理位于 A 象限的事情，也就是对既重要且紧急的事件首先处理；其次应处理位于 B 象限的事情，也就是对重要但不紧急的事件进行处理；接下来处理 C 象限的事情，也就是对不重要但很紧急的事件进行处理；最后再处理 D 象限的事情，也就是不重要也不紧急的事件。

按照象限时间管理法的分类，ABCD 四类事件如图 5—4 所示：

	轻	重
急	C	A
缓	D	B

图 5-4 象限时间管理法示意图

（二）象限时间管理法四类事件的分析

1 A 类突发事件出现的原因

在时间管理中，事件的出现总是让管理者感到棘手，为什么会出现如此多的 A 类突发事件，是哪个环节的工作没有做好呢？

通过管理专家的研究，A 类突发事件一般都是因为 B 类事件的处理存在问题导致的，也就是说，当对重要但不紧急的事件未做妥善处理时，这些事件会随着时间的推移而不断增加紧急成分，最终，B 类重要但不紧急的事件都会转换为 A 类重要且紧急的突发事件。

而影响 B 类事件完成的原因则是由于 C 类事件遮住了管理者的眼睛，使得管理者忽略了 B 类事件，却花了很多精力去处理 C 类事件了，结果 B 类事件会慢慢变成 A 类事件。

在日常的校长活动中，B 类事件转化为 A 类事件的情况经常发生，当这些转化发生之后，校长只能马上停下手边的任何工作，全力以赴地处理这些 A 类事件，A 类事件处理完后，校长才又回到原来的工作上，于是这种管理不善的情况就不停地在校长的时间表上循环出现。

校长会花 50% 左右的时间处理琐碎的杂事，也就是 C 类紧急但不重要的事情；又会花 50% 左右的时间处理 A 类紧急的突发事件，于是，校长在 C 类事件和 A 类事件之间来回奔波，成了时间管理的救火队员，而 B 类事件则被扔在一边，虽然 B 类事件非常重要、很有价值，但却被遗忘或无暇顾及。

2 避免 B 类事件转化为 A 类事件的方法

避免 B 类事件转化为 A 类事件的方法是需要对所有类事件进行处理，一般可以采用的方法包括：

压缩：将事件的核心完成，或简化完成该事件的步骤。

替代：寻找到比此事件更重要或紧急的事件，或以更有成效的事件代替该事件，从而使得时间利用率更高。

授权：将事件的处理权授予他人，由他人代为处理。

先做：在第三代事件管理中，先做 A 类突发事件；在第四代时间管理中，只依照重要性来区分所有事件，因此先做 B 类重要事件。总之，最重要的应该最先来处理。

舍弃：对部分事件，如果其重要程度和紧急程度都不高，则可以将之舍弃，以更多的时间来完成其他工作。

增加：对重要事件，要增加完成时间，增加工作量来全力以赴地完成，以使该类事件的处理更加完美。

改进：改进部分事件的性质，尤其需要将 A 类事件改成 B 类事件。

杜绝：突发事件不能杜绝，重要事件也不能杜绝，紧急事件一般也无法杜绝，因此，对不重要且不紧急的事件要进行杜绝。

确保：确保重要事件能保质保量地按时完成。

聚焦：安排专门的时间段，集中精力聚焦重要事件的处理。

少做：不重要事件要尽力避免。

不做：对不重要不紧急的事件可以采取不予理睬的办法，甚至以牺牲部分利益为代价而放弃处理这些事件，以换取处理其他事件的时间。

不同的方法适用于不同的事件，只有选择适合的方法处理适合的事件，才可以节约时间，将校长从奔波于 A 类事件和 C 类事件之间的救火角色中解救出来，但如果选择的方法不适合事件的处理，则效果必然适得其反，使得事件性质升级，花费时间也将成倍增加。

您认为以下各种方法在 ABCD 四类事件的处理中，各适用于哪些事件的处理？

方法	适用事件
压缩	替代
授权	先做
舍弃	增加
改进	杜绝
确保	聚焦
少做	不做

综上所述，校长之所以有那么多的 A 类突发事件，是因为 B 类重要不紧急的工作做得不够，所以从时间分配的角度看，对紧急与重要的突发事件需要安排 20％～25％的时间，且一定要控制在 25％以下，对重要不紧急的工作需要安排 65％～80％的时间。也就是要把绝大部分工作时间花在重要但不紧急的工作上，把重要不紧急的工作变成紧急又重要的去做，对紧急不重要的工作花 15％的时间处理，不紧急也不重要的工作则可以扔掉。

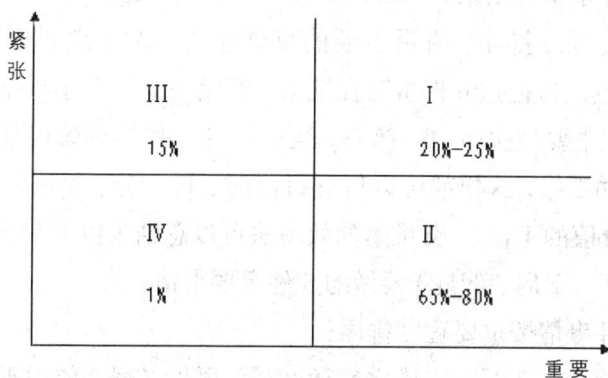

图 5-5　管理工作时间分配示意图

⭐3 艾森豪威尔将军的时间管理原则

艾森豪威尔将军认为，面对 ABCD 四个象限的工作时，应该采取不同的应对措施：

A类紧急且重要的突发事件要本人做，而且要立即做；

对重要不紧急的B类工作，要本人花大量的时间聚焦在此工作上；

对C类紧急但不重要的工作，要尽量不安排自己做，而是要委托授权给别人做。如果必须自己做，则要减少它的工作量；

对不重要且不紧急的工作，要把它扔进废纸篓。

艾森豪威尔将军的时间管理原则是属于第三代和第四代时间管理之间的一个管理原则，这个原则提倡紧急又重要的突发事件由本人立即做，但按照第四代时间管理原则，每一分、每一秒都要做最有生产力的事情，也就是做最重要的事情，对于紧急性程度很高又非常重要的任务，如果可以授权，也可以授权于他人来完成。

二、艾维李的效率法

美国管理学家艾维李提出了"10分钟6件事效率法"。他认为，可以先花5分钟的时间，把接下来的一个阶段，即明天、下周甚至下个月要做的6件事情列出来，然后花5分钟的时间，把这6件事情按照重要性程度优先顺序排序，将最重要的事件排为一号，次要事件排为二号，依此类推。再把这6件事写在纸上，剪成一个一个小纸条，在上班开始后，按照重要性次序一一执行，当第一件工作达到阶段性目标后，开始做第二件工作，这样就可以保证每一时、每一分、每一秒都在做最重要、最有价值的工作。艾维李的效率法可以总结为以下三个步骤：

列出明天（下周、下月）要做的6件重要事情；

把这6件事情按重要程度排序；

上班开始先做1号，完成之后做2号，再做3号，依次类推，直至下班结束。

在校长的时间有限、资源有限，而工作任务不可取舍的前提下，要有效地利用时间，就必须有所取舍，应选取最重要、最有价值的工作来执行。

艾维李的10分钟6件事的时间管理法，过去一般翻译成效率法，也叫艾维李效率法，从完成工作的性价比来看，它也可以称为效能法，因为艾维李的 10 分钟 6 件事的时间管理法最注重的是工作任务的重要性程度和价值，而不是紧急性程度。

三、一周时间运筹法

时间管理是从计划开始的，好的时间运筹方法，需要对过去的工作进行科学合理的记录，发现时间浪费的所在，然后找到改进的措施，修正原有的时间管理方案，并严格按照这种安排执行，一周时间运筹法即是这种时间管理方法的代表。

在使用一周时间运筹法时，以星期时间为横坐标，标记星期一、星期二、星期三直到星期日，以小时时间为纵坐标，标记早晨、中午、上午、下午、晚上以及备注和总结，然后在接下来的一周里，进行认真记录，并对每天的时间利用进行总结，当一周的记录结束后，再进行周总结。如下表所示：

表 5－6　一周时间运筹法

时间	星期一	星期二	星期三	星期四	星期五	星期六	星期日
上午							
中午							
下午							
晚上							
备注							
总结							

对中、基层的管理者而言，周计划和周检讨是最有效、最重要的时间管理手段。个人月计划的实施也基本与此相似，在月末实施有效性会只剩下 50％左右，因为计划不如变化快，在一个月之前所料想的情形现在可能发生了很多的变化。如果对这些变化每天都进行追踪，会发现每天的计划实施有效性都在减弱，情况变动的频繁程度导致只见到眼

前的具体工作，而往往忘记了整体的方向和目标，很难做到协调和平衡。所以周计划和周检讨非常重要，可以帮助校长修正和完善计划。表格的设计要简明，抓住关键的数据就可以。

四、办公室的 5S

（一）办公室 5S 的内涵

办公室 5S 工作也叫整理、整顿、清扫、清洁、素养。办公室 5S 不仅要求办公室执行，也要求文员去做。如果要做到对文件档案、办公区域以及办公室进行良好的管理，必须进行 5S 行动。如图所示：

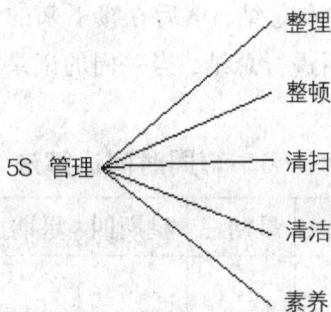

图 5—7　办公室的 5S 示意图

⭐1 整理

整理自己的办公室，让办公室成为没有杂物，能集中注意力进行工作的地方。在办公桌上摆放的一般是目前需要处理的文件，而其他的文件、过去的文件、将来的文件、目前还未涉及的文件，应该把它们收起来放到柜子里面，而且这样的整理每天都要进行，不要把事务留到明天，要定期定制标签标识，对文件要用红颜色、绿颜色等标签标识标记起来。

⭐2 整顿

整顿自己的工作作风和工作流程，让一切朝着能节约时间、增加效能的方向前进。 整顿包括收拾和整理办公室，一般要在中午午餐吃饭前的时间做简单整理，在下午下班前做彻底全面的整理。 有人习惯每天上班工作之前先整理打扫办公室，搞卫生，擦桌子，然后泡壶茶，开始做许多很无聊的事情，结果不能很好地处理当天的工作，所以整理办公室应该放在每次工作结束之后，这样可以快速进入工作状态，提升工作的效率。

3 清扫

将短期内不用的物品和文件归档，扫除工作障碍，营造快速进入工作状态的环境。 及时地处理文件，建立适当的文档系统，文件包括纸质文件、电脑文件等，日用品要定期进行更新，不要乱七八糟，保持办公室的整洁，也是对工作时间的整理。

4 清洁

保持办公氛围的简洁，使自己很快进入高效工作的状态。 办公室除了自己的办公桌之外，不要放置多余的椅子，而且自己的椅子也不应弄得很舒服，最好简单一点，没有靠背也可以。 一般在校长室、副校长室等处，经常会看到大班台和中班台，前面要放两张椅子，这是浪费时间的标志。 如果要让办公室的工作简单快速，应把这两张椅子都撤掉，让讨论问题的人站着说话。 因为人站着说话的时候语速会比较快，比较简洁，而如果让其坐着说话，一般会泡一杯茶，先寒喧一番，然后慢慢进入正题，慢慢发言、慢慢讨论，时间就会在这"慢慢"的过程中被不知不觉地浪费掉了。

办公室切忌放个人的照片、合家欢、女儿的照片、明星照片、自己爱好的羽毛球、网球拍、溜冰鞋等物品。 在工作时间，如果有必要应将它们收在柜子里面，且不应将无聊的杂志、晚报、参考消息、有趣好玩的玩具等也放在伸手可及的地方。 统计表明，人在多数情况下是没有办法抵制住这些物品的诱惑的。 例如一看到《环球时报》的封面，认为第一个消息很有趣，决定要花5分钟时间看一下，结果往往是看完这一个，会接着再看另一个更好玩的消息，如此一来，就会忘记本职工作，工作时间实际就成为了阅报时间，当扎进这些与工作无关的新闻里去的时候，时间就会快速流逝。 所以抵制住这种种诱惑，包括抽烟、喝咖啡、上午茶、下午茶等，实际是时间管理能否取得成效的重要因素。

5 素养

养成好的习惯，摒弃不良行为习惯对时间的侵蚀，让时间成为自己所能掌控的有形资源。

在办公室，人们经常会彼此说，"来来来，喝个上午茶"，"喝一杯咖啡"，"来来来，小周来抽根烟"。在职场可以喝茶、喝咖啡、甚至可以到卫生间或专门抽烟的房间抽烟，当受到这样的邀请时，明明手头有一个很重要的工作，但碍于别人的面子或交情，也就会暂时搁置工作而与别人一起喝茶、喝咖啡、抽烟，这就是时间浪费的开始。

一旦自己给予别人这样的"面子"，便会使别人以为自己好交往，人比较随和，与别人能打成一片，便会有更多的人来邀请你。既然给了张三"面子"，也就不能不给李四"面子"，接下来会有王五、赵六等，自己的工作会被不停地打断和干扰，这就是办公室工作的怪圈。

不断受到干扰和打断，也包括接打电话。必要时一定要让助理接电话，自己如果要打电话，一定要拿着话筒站着打，不要坐着说话；如果自己要接电话，也要在接电话的同时就站起来，最好能对自己的电话有所规定，一般情况下接打电话不能超过 5 分钟，如果没有实质性谈话内容，5 分钟一到就要果断结束电话。

（二）办公室的 5S 行动

综上所述，办公室的 5S 行动应该做到：

在办公桌上摆放目前手头需要处理的文件；

每天都整理，不要把事务留到明天，定制标签标色；

及时处理文件，建立相应的文档系统；

整理工作时间，保持办公室整洁，经常整理文档；

避免被打断，筛选电话，拿起话筒，不坐着说话。

（三）办公室 5S 的适用范围

文件档案；办公区域；办公室管理。

校长时刻要牢记，自己工作中最重要的事情是：创造教育的价值、绩效和发展。

五、计划的杠杆原理

（一）计划的重要性

计划是非常重要的管理措施，对于工作，管理者应该多花时间去做详细的计划，让下属加倍努力，不断地完善计划。

对于计划的理解，有一个非常经典的口号"慢慢计划，快快行动"，即在分析思考、决断、设定目标、制定计划的时候，多花一些时间，多浪费一些时间是可以容忍的，因为从本质上说这不是浪费，因为考虑得周全，行动就会更快。所以中国古话曰"工欲善其事，必先利其器"，磨刀不误砍柴功，多花一些时间把刀磨得快一些，砍起柴来就会更顺当。

但是有很多校长正好与此相反，急于行动，疏于计划。有条件要干，没有条件也要干，创造条件干。在战争中学习战争，在战争中积累战争经验，干中学。这个理论本身是没有错的，可是如果在行动之前不假思索，不做任何的备选方案和计划，这样采取的行动就可能要多交学费，多走弯路。

在开始行动之前，一定要先坐下来想一想，作为校长，和员工最大的区别就在于做计划，员工只要被动地服从和执行就可以算作是一个合格的员工，最多只不过是一个优秀的员工。但是校长在行动之前，要做尽可能详细的计划。如果没有在详细和简单之间求得平衡，没有具体的操作方法，没有具体的数量，没有制定三个以上的计划就开始行动，这个校长的管理就是失败的管理。如果是委派下属来做工作计划，一定要让其多花时间完成计划的制订工作。

中国古人讲"三思而后行"，其中包含两层意思：第一是要多花一些时间思考，然后再行动；第二是要制定三个备选方案，然后开始行动，即要有多套方案，再采取行动。

143

【案例】

基辛格:"是最好的计划吗?"

美国前国务卿基辛格的下属每一次拿工作报告或工作计划上来的时候,基辛格总是要问他一句话,"你确信,这是最好的计划吗?"如果下属支支吾吾,基辛格会看都不看,要求其拿回去重新做,甚至在第二次、第三次,基辛格都会问同样的问题,直到下属拍着胸脯确信这是100%完美的计划时,基辛格才会开始看这个工作报告或工作计划。

(二)帕累托原理(二八原理)

做计划有一个杠杆原理,称作帕累托原理,也被称为二八原理,即80%的结果往往取决于20%的努力,花费20%的努力,可以创造80%的成绩。 在这种情况下,效果不见得是最好的,但成本是最低的,在生活中,用20%的努力,也可能会达到80%的效能。

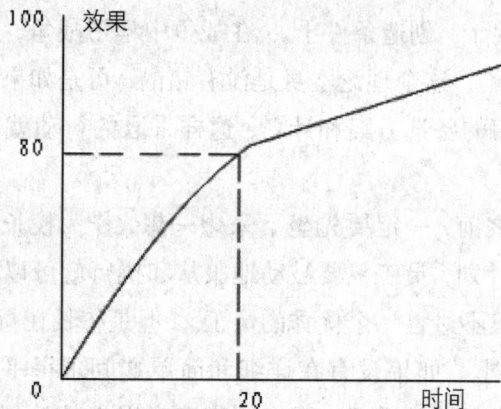

图5-8 帕累托原理示意图

分数与努力的比例

有一些在校大学生读书不用功，往往是到临考试的时候连续突击两天两夜开夜车，这样的大学生，他复习一天可能考个 30 分，而要想考个 60 ~ 70 分，只需要两天的努力，如果要考 90 分，只需要三天的努力，似乎效率很高，但实际上是不可能做到的。真正要考个 70 分，大概需要复习两个礼拜，如果要考 80 分就需要复习两个月，如果要想考 90 分就需要每一节课都认真听讲。

⭐1 巅峰期

人在每天的工作时间中，总会有一段时间的工作效率最高，这就是巅峰期，如果能将最重要的工作放在工作成效最高的巅峰期来完成，就可以取得非常好的效能。一项关于巅峰期的研究表明，很多人是在上午 9 点 ~ 11 点时处于巅峰状态，而下午 3 点钟以后则处于低谷期，对巅峰时间段的高效利用，需要每个人结合自己的实际情况来把握。

⭐2 每天 15 分钟

每天用 15 分钟进行闭门思考，即全封闭自己形成独立的空间，一个人非常冷静地独立思考、反省，可以不断进步。

⭐3 4D 原则

面对 ABCD 四类重要程度和紧急程度不同的工作，要采取不同的原则，例如对 A 类重要且紧急的工作要马上去做。但是，在所有需要处理的工作中，也需要进行区分，有些 A 类突发事件需要自己马上处理，而有些 A 类突发事件可以交给别人做；有些工作可以以后再说；有些工作需要授权给别人做；有些工作则干脆就不做，这个策略就是 4D 原则。马上就做（Do it now）、以后再说（Do it later）、授权（Delegate）、不做（Don't do it now）。

第五章 校长时间管理的艺术

★4 提高效率的三问法

美国人伯纳姆认为，为了提高时间的效率和效能，做每一项工作任务之前都应该认真问以下三个问题：

（1）第一个问题是"能不能取消，可不可以不做，为什么一定要做？"

（2）如果工作不能取消，则需要问第二个问题"这个工作能不能和其他的工作合并？"

（3）第三个问题是"能不能用更简便的东西去代替这个工作？能不能用一个其他的任务达到相类似的效果？"

伯纳姆认为不是所有的工作任务都要做，面对工作，要"有所为，有所不为"，要能够有所取舍，没有办法取舍时要想办法合并，不能够合并时要思考有无替代的方案。

★5 善用每一段空闲时间

一是善用人生的 10 分钟等车约会……

善用每一段空闲时间，例如坐车的时间，可以同时用 MP3 或其他设备收听学习课程，或认认真真地想问题，或看"口袋书"。利用好生活的点滴时间不断积累知识，自己的信息量就会越来越大，自己掌握的资讯就会越来越多。

现实生活中的专家并不比常人多懂什么，只不过是多读书、多看报、多吸收信息，而且把他所需要的信息记下来积累起来而已。专家会把报纸上自己需要的内容剪下来做成剪报，所以不断收集需要的信息，通过长期的不断积累，自己必然会成为某一方面的专家。

二是关掉电视，扔掉报纸。

关掉电视，扔掉无聊的报纸，尤其对有些刊登"东城的一个美丽少女失恋"、"西街有一只疯狗"、"明星穿了花短裤"等花边新闻的报纸要坚决抵制，报纸要少看，要学会用很快的速度浏览报纸的主要内容，最重要的是要订阅与自己专业相符的报纸。

现在是信息爆炸时代，有用和无用信息互相充斥在一起，每天都可以从电视、报纸、互联网上看到大量的垃圾信息。在有用信息中，也常常大量充斥了广告内容，尤其是报纸的发展趋势是越来越厚，版面越来越多。以致有人惊呼今天的一份《巴黎时报》上所刊登的信息比20世纪一位法国人的一生经历还要多。

三是早起1小时。

早起早睡，晚上不能加班太晚，一定要多睡觉。女人每天的睡眠要超过8小时，男人每天的睡眠要保证7小时以上。在保证睡眠时间和睡眠质量的同时，要在早晨早起1小时，中国俗语说"早起一时，轻松一天"，讲的就是这个道理。

⭐6 快速的节奏感

养成快速的节奏感是时间管理中的重要措施。借助于手表等工具，让自己时刻清楚自己的时间指针到了什么位置，自己计划干什么，而现在正在干什么，如何协调自己现在的工作状态等。

只有快速的节奏感，才能时刻提醒自己时间管理的重要性，才能体会到时间的紧迫性，所以自己要给自己做人生的导师，做时间安排的先知。

⭐7 日本人中之杰的六快

日本人在二战后快速崛起，期间的发展速度惊人。日本人最讲究速度，其时间讲究六快——"快食、快便、快睡、快行、快思、快记"，这种时间管理方法在环境快速变化的今天，非常实用。

第四节　网络技术在校长日常管理中的应用

一个受学生敬重的校长应是不断接受新知识的领头人。我们正进入一个学习化社会，知识更新越来越快，教育发展的理念和模式都在发生着深刻的变革。作为新时期的校长，要时刻走在时代的前列，善于接受新思想，不断以新知识充实自己，拓宽视野，开拓创新，把学校引向更为广阔的天地。当人们用鼠标和键盘指点着网络世界的万象风云的时候，他们正在开始用互联网把握着这个信息世界的未来。如今教育的网络化已经成为一股澎湃大潮，正席卷整个教育界。对于现代的教育来说，借助计算机网络系统实现教学过程优化和教师知识更新的结合，是未来教育的基本特点，在 21 世纪，不懂计算机的"科盲"与 20 世纪不识字的文盲一样不可思议。一位校长打了个形象的比喻：它就像一把神秘的钥匙，打开了人类知识宝库的大门。西北大学附属国际学校校长郑丽轩说："从学校领导的角度来讲，上网可以开阔视野，扩大知识面，从而提高教育与管理质量。"[①]所以，校长掌握并能够应用现代技术是自身职业发展很重要的一个方面。

一、关于校长办公自动化

⭐ 1 办公自动化

办公自动化（Office Automation，简称 OA）是将现代化办公和计算机网络功能结合起来的一种新型的办公方式。办公自动化没有统一的定义，凡是在传统的办公室中采用各种新技术、新机器、新设备从事办公业务，都属于办公自动化的领域。在行政机关中，大都把办公自动化叫作电子政务，企事业单位就大都叫 OA，即办公自动化。通过实现办公自动化，或者说实现数字化办公，可以优化现有的管理组织结构，调整管理体制，在提高效率的基础上，增加协同办公能力，强化决策的一致性，最后实现提高决策效能的目的。

通常办公室的业务，主要是进行大量文件的处理，起草文件、通知、各种业务文本，接受外来文件存档，查询本部门文件和外来文件，产生文件复件等等。所以，采用计算机文字处理技术生产各种文档，存储各种文档，采用其他先进设备，如复印机、传真机等复制、传递文档，或者采用计算机网络技术传递文档，是办公室自动化的基本特征。

办公室是各行业工作的领导进行决策的场所。领导机关做出决策，发布指示，除了文档上的往来之外，更深层的工作，实际上是信息

---

① 周大荣.《时间运筹学与现代生活》，科学普及出版社，1991。

的收集、存储、检索、处理、分析，从而做出决策，并将决策作为信息传向下级机构或合作单位，或业务关联单位。这些都需要办公自动化的辅助。

人是系统第一因素，即办公室主要因素是工作人员，包括各种人员，除了传统办公室的角色外，现在又要加部分管理设备的专业技术人员，例如，计算机工程师，其他设备维护人员等。

技术设备，计算机是另一因素。设备中有各种机器，如计算机、复印机、速印机、电话机、传真机、网络设备、光盘机等等，这些设备统称为硬设备，或称硬件。而各种信息设备中还需要有管理设备的软件，例如，计算机的操作系统、网络操作系统、文字处理软件、专项工作程序软件等等，这些将在其他章节详述。

显然办公自动化这一人机系统，人、机，缺一不可。而设备方面，硬件及必要软件都需齐备。办公自动化系统是处理信息的系统，是进入信息时代后的一种新概念。

❷ 办公自动化的内涵和外延

在新的时期，基于多年办公自动化建设经验和互联网技术的发展，人们对办公自动化的认识也越来越清楚，从网络的性质来看，办公自动化应定位于内部网（Intranet）；从办公性质来看，办公自动化应定位于数字化办公；从信息化建设的角度来看，办公自动化应是信息化建设的基础。

办公自动化的基础是对管理的理解和对信息的积累。技术只是办公自动化的手段。只有对管理及管理业务有着深刻的理解，才会使办公自动化有用武之地，只有将办公过程中生成的信息进行有序化积累、沉淀，办公自动化才能发挥作用。

办公自动化的灵魂是软件，硬件只是实现办公自动化的环境保障。数字化办公的两个明显特征是授权和开放，通过授权确保信息的安全和分层使用，使得数字化办公系统有可以启用的前提，通过开放，使得信息共享成为现实。

❸ 自动化的三个层次

OA（办公自动化）技术分为三个不同的层次：

第一个层次。只限于单机或简单的小型局域网上的文字处理、电子表格、数据库等辅助工具的应用，一般称之为事务型办公自动化系统。办公事务 OA 中，最为普遍的应用有文字处理、电子排版、电子表格处理、文件收发登录、电子文档管理、办公日程管理、人事管理、财务统计、报表处理、个人数据库等。

第二个层次。随着信息利用重要性的不断增加，在办公系统中对和本单位的运营目标关系密切的综合信息的需求日益增加。信息管理型的办公系统，是把事务型（或业务型）办公系统和综合信息（数据库）紧密结合的一种一体化的办公信息处理系统。综合数据库存放该有关单位的日常工作所必需的信息。作为一个现代化的学校，为了优化日常的工作，提高办公效率和质量，必须具备供本单位的各个部门共享的这一综合数据库。

第三个层次。它建立在信息管理级 OA 系统的基础上。它使用由综合数据库系统所提供的信息，针对所需要做出决策的课题，构造或选用决策数字模型，结合有关内部和外部的条件，由计算机执行决策程序，做出相应的决策。随着三大核心支柱技术：网络通讯技术、计算机技术和数据库技术的成熟，世界上的 OA 已进入到新的层次，在新的层次中系统有四个新的特点：

（1）集成化。软硬件及网络产品的集成，人与系统的集成，单一办公系统同社会公众信息系统的集成，组成了"无缝集成"的开放式系统。

（2）智能化。面向日常事务处理，辅助人们完成智能性劳动，如：汉字识别，对公文内容的理解和深层处理，辅助决策及处理意外等。

（3）多媒体化。包括对数字、文字、图像、声音和动画的综合处理。

（4）运用电子数据交换（EDI）。通过数据通讯网，在计算机间进行交换和自动化处理。在这一过程中，文件本身是信息，其传送即是信息传送过程。但应当注意到，领导在分析决策时，可能要翻阅、查找许多相关的资料，参照研究，才能决策，所以相关的资料查询、分析，决策的选择也属于信息处理的过程。

二、办公自动化的功能

办公自动化就是用信息技术把办公过程电子化、数字化，就是要创造一个集成的办公环境，使所有的办公人员都在同一个桌面环境下一起工作。具体来说，主要实现下面七个方面的功能：

（一）建立内部的通信平台。建立组织内部的邮件系统，使组织内部的通信和信息交流快捷畅通。

（二）建立信息发布的平台。在内部建立一个有效的信息发布和交流的场所，例如电子公告、电子论坛、电子刊物，使内部的规章制度、新闻简报、技术交流、公告事项等能够在企业或机关内部员工之间得到广泛的传播，使员工能够了解单位的发展动态。

（三）实现工作流程的自动化。这牵涉到流转过程的实时监控、跟踪，解决多岗位、多部门之间的协同工作问题，实现高效率的协作。各个单位都存在着大量流程化的工作，例如公文的处理、收发文、各种审批、请示、汇报等，都是一些流程化的工作，通过实现工作流程的自动化，就可以规范各项工作，提高单位协同工作的效率。

（四）实现文档管理的自动化。可使各类文档（包括各种文件、知识、信息）能够按权限进行保存、共享和使用，并有一个方便的查找手段。每个单位都会有大量的文档，在手工办公的情况下这些文档都保存在每个人的文件柜里。因此，文档的保存、共享、使用和再利用是十分困难的。另外，在手工办公的情况下文档的检索存在非常大的难度。文档多了，需要什么东西不能及时找到，甚至找不到。办公自动化使各种文档实现电子化，通过电子文件柜的形式实现文档的保管，按权限进行使用和共享。实现办公自动化以后，比如说，某个单位来了一个新员工，只要管理员给他注册一个身份文件，给他一个口令，自己上网就可以看到这个单位积累下来的东西，规章制度、各种技术文件等等，只要身份符合权限可以阅览的范围，他自然而然都能看到，这样就减少了很多培训环节。

（五）辅助办公。牵涉的内容比较多，像会议管理、车辆管理、物品管理、图书管理等与我们日常事务性的办公工作相结合的各种辅助办公，实现了这些辅助办公的自动化。

（六）信息集成。 每一个单位，都存在大量的业务系统，如购销存、ERP 等各种业务系统，企业的信息源往往都在这个业务系统里，办公自动化系统应该跟这些业务系统实现很好的集成，使相关的人员能够有效地获得整体的信息，提高整体的反应速度和决策能力。

（七）实现分布式办公。 这就是要支持多分支机构、跨地域的办公模式以及移动办公。 现在来讲，地域分布越来越广，移动办公和跨地域办公成为很迫切的一种需求。

三、办公自动化的发展趋势

随着信息化发展的浪潮汹涌，组织流程的固化、改进、知识的积累、应用、技术的创新、提升，办公自动化今后如何发展演变将对中国信息产业格局、机关企事业信息化的应用普及产生重要影响，办公自动化将向以下趋势发展。

1 人性化

未来 OA 的门户更加强调人性化，强调易用性、稳定性、开放性，强调人与人沟通、协作的便捷性，强调对于众多信息来源的整合，强调构建可以拓展的管理支撑平台框架，从而改变目前"人去找系统"的现状，实现"系统找人"的全新理念，让合适的角色在合适的场景、合适的时间里获取合适的知识，充分发掘和释放人的潜能，并真正让数据、信息转变为一种能够指导人行为的意念、能力。 其实"人性化"也即一种"自动化"。

2 无线化

利用新技术，使移动 OA 协同应用成为未来增长点。 信息终端应用正在全面推进融合，3G 无线移动技术融合了计算机技术、通信技术、互联网技术的移动设备成为个人办公必备信息终端，在此载体上的移动 OA 协同应用将是管理的巨大亮点，实现无处不在、无时不在的实时动态管理，这将给传统 OA 带来重大的飞跃。 目前国内一些主流 OA 软件企业正积极利用现代手机移动技术，使 OA 移动办公、无线掌控将可信手拈来，随时随处可行。

3 智能化

随着网络和信息时代的发展，用户在进行业务数据处理时，面对越来越多的数据，如果办公软件能帮助校长做一些基本的分析工作，如可自定义邮件、短信规则、强大自我修复功能、人机对话、影视播放、界面更加绚丽多彩等等。

4 协同化

能整合各个系统、协同这些系统共同运作的集成软件成了大势所趋，将愈来愈受到欢迎。因此未来 OA 将向协同办公平台大步前进，可与电子政务中的公文流转、信息发布、核查审批等系统实现无缝集成协同。

5 通用化

通用办公自动化显然是符合未来软件技术发展潮流。但为解决部分用户对"通用等于无用"的疑虑，通用化应具有行业化某些特性，而不是空泛粗浅的通用化，能结合行业的应用特点、功能对口需求，未来OA 的应用推广将更为迅捷有效。

6 门户化

自动化可以是跨部门运作的基础信息系统，可以联结学校各个岗位上的各个工作人员，可以联结学校各类信息系统和信息资源。在基于学校战略和流程的大前提下，通过类似"门户"的技术对业务系统进行整合，系统中的数据通过门户能够在管理支撑系统中展现出来，提供决策支持、知识挖掘、商业智能等一体化服务，实现企业数字化、知识化、虚拟化。

7 网络化

网络和信息时代的日新月异，如何能将现有的 OA 系统与互联网轻松地衔接，将自己的办公内容上网，可实现移动办公。

153

【例文 1】

时间管理：有效提升校长工作效能

校长时间管理就是校长以时间为管理对象，对自己和学校的时间进行有效规划、监控和评估的过程。本文主要从校长对时间的认知和校长的时间管理能力两大方面来谈这个问题。

一、校长的时间观

校长的时间观是指校长对时间的认识。它包括校长的时间价值观、时间效率观、时机观和时代观。

⭐1 校长的时间价值观

校长的时间价值观也可称为校长的时间价值感。西南师范大学黄希庭教授认为，时间价值感是指个体对时间的功能和价值的稳定的态度和观念，包括对时间于个人的生存与发展、于社会发展的意义的稳定的态度和观念。它通常是充满情感的，因而驱使人朝着一定的目标行动，它对个体有关时间的认知与行为具有动力和导向作用。具体到校长的时间价值观，它既是校长对时间对于个人发展意义的认识，又是校长对时间对于学校生存发展意义的反映。

⭐2 校长的时间效率观

经济学上有一个公式：效率＝价值/时间。这个公式告诉我们：无论价值有多大，如果用无限的时间去除，那么效率都趋近于零。校长在学校管理中要树立时间效率观，争取花最少的时间获得最好最大的工作效果。在实际工作中，有的校长时间效率观不强，主持会议没有时间限制，布置工作时也没有设定较为合理的完成时间，致使学校整体工作效率不高。

⭐3 校长的时机观

校长的时机观是校长的时间观的重要组成部分，直接关系学校的生存与发展。 当前的基础教育改革为学校的发展提供了许多机会，如果校长善于捕捉信息、抓住机会，就能为学校的发展开辟出新的天地。

有这样一所小学，生源减少，班额较少，一个班只有25名左右的学生；生源较差，学校随时可能被撤并。 面对这一情况，校长多方寻找发展机会。 当听说区教科所申请了"小班教学促进学生发展"的市级课题后，学校立刻主动要求成为实验校。 5年过去了，这所学校不仅没有被撤并，反而成为小班教学研究的骨干学校，在社区拥有了很高的知名度。 这所学校的新生，在很大程度上得益于校长抓住了发展的时机。 对此，一位办学卓有成效的校长深有感触地说：校长要有战略眼光，凡事先行一步，领先一步，就领先一个时代；错过了一段时间，就错过了一个机遇，就丧失了一个发展机会。

4 校长的时代观

现代社会是一个变革的社会，是一个生活和工作节奏不断加快的社会。 这就要求校长在管理时间时，要站在时代发展的高度，研究社会的需求，使学校的生存和发展与时代的发展同步、协调。 例如：北京一位村小校长了解到国家的"三农"政策和北京市发展农村教育的一些思路后，根据学校所处区域种植业较发达的优势，开发出不同年级植物种植的校本课程，并给每个班级分配了实验田。 学生们边学习，边实践，取得了很好的教育效果。 现在，这所学校已经被评为田园式学校和综合实践活动课的实习基地。 这所学校的成功在于校长较准确地把握了教育发展的脉搏，树立了时间管理的时代观。

二、校长的时间管理能力

校长的时间管理能力表现在校长对时间的规划、监控和评估上。

1 校长的时间规划能力

校长的时间规划能力是指校长明确发展目标、制订相应的工作计划、分轻重缓急安排工作任务、合理分配自己时间的能力。 具体表现在以下几方面：

（1）能确立明确的发展目标

一是确立学校的发展目标。 二是确立校长个人的职业发展目标。明确的职业发展目标是校长管理好时间的动力。 有的校长认为自己已经是校长了，不必再设计职业发展目标。 其实不然。 校长的专业发展是一个有阶段的持续发展的过程，每个校长都应根据自己的情况制订 3年、5 年或者 10 年的职业发展规划。

（2）能根据工作任务的轻重缓急合理分配自己的时间

有的校长坚持每周或者每天做工作计划单，把一周（一天）内要做的事情计划好，以此来提高工作效率。 重点工作优先处理，有助于校长提高工作效率。 许多有成就的校长都非常注重合理地分配自己的时间。 比如：原北京三中校长范堂枢，以一周为单位工作时间，将时间分配比例确定为：15％的时间用来处理事务性工作，50％的时间用来抓教育教学工作，10％的时间用来做文牍工作，10％的时间用来开会，5％的时间用来进行社会交流，5％的时间用来处理其他事情。

2 校长的时间监控能力

校长的时间监控能力是指校长克制不良工作习惯、控制影响其规划时间的人群、地点和事务，严格自律地计划、利用和运筹时间的能力。

校长的时间监控能力主要体现在校长的抗干扰能力上。 有一位校长曾不无苦恼地说，只要一上班，自己就被处理不完的事情、接待不完的人缠住，很难保证工作的成效。

校长的时间监控能力还反映在其克服自己的不良工作习惯上。 例如：有的校长采取心理暗示的方法改变拖延的陋习，克服"明天开始做"的思想，有的采取倒计时方法为自己设定完成工作的时限。

3 校长的时间评估能力

校长的时间评估能力是指校长对自己运用和运筹时间的行为进行分析、反思、评价、改进的能力。 比如：有的校长有每隔一段时间记工作时间日志的习惯，把自己从早晨起床到晚上睡觉的时间进行记录，定期对自己的时间使用情况进行分析和评估，通过这种方法了解时间的使用情况，寻找改进方法。

三、校长如何提高时间管理能力

这里我们仅举几个行之有效的方法供校长参考。

⭐1 ABC 时间管理分类法

这是一种按工作轻重缓急合理分配时间，保证重点工作优先完成的时间管理方法。它有利于校长集中精力解决关键问题。

运用此方法时，校长应根据工作目标，分析各项工作在实现工作目标中的作用，依据其重要和紧急的程度分 A、B、C 三类。A 类为最重要、最紧急、影响最大的工作；B 类为虽然重要但不一定十分紧迫、推一推影响不大的工作；C 类为一些无关紧要、可做可不做的工作。然后确定解决各类工作所需的时间。给 A 类工作分配的时间应该是校长在工作日中精力最好的时段，B 类次之，C 类工作可以不做或者授权给下属做。

⭐2 抗干扰法

校长们普遍反映，在办公室时是不可能有一个完整的时间用来思考问题的，总是要受到这样或者那样的干扰。那么，校长怎样对付这些干扰呢？

(1)电话过滤法

对于电话，校长可以请校长办公室人员先初步接听处理。如果是事先约好的，事情非常紧急、重要的，校长再接听处理。

(2)限时会见法

对一些不速之客的来访，根据事情的紧急和重要程度，限制会见时间。例如，可以对来访者说："我现在很忙，只有 5 分钟的谈话时间。"这样对方就会直接切入主题，双方可以迅速做出决策。

(3)重点预案法

校长应对一天可能出现哪些情况有所预料，对重点工作做出简单的预案。

⭐3 工作时间日志法

工作时间日志法，是把一个完整的工作日内大大小小的所有活动，全部详细记录下来，并对其做出分析的时间管理方法。怎样记工作时间日志？

(1)选择典型的工作日

应尽量避开假期、病休、事假等非典型的工作时间段，选择典型工作日作为记录对象。

(2)详细记录具体情况

按时间顺序，每工作一段时间，如半小时或者一个小时，做一次记录，记下当天所有的大小事项，包括工作的起始时间、优先级、每项工作的时间花费、每项工作的结果等。

(3)评价各项活动

做完记录后，在相对应的项目后面，评价和分析其时间利用是否合理，处理方式是否得当。

(4)整体分析

在工作日结束后，计算所有花在主要活动上的时间，包括会议时间、电话时间、收发邮件时间、与下属谈话时间等。在此基础上，对一天的时间使用情况做出结构分析、效率和效果的整体评价，并提出改进方案。

(5)改进。

工作时间日志最好持续两至四个星期。校长对自己这一段时间内的时间管理情况进行综合分析后，可以寻找措施改进自己在时间管理上的不足。

【案例】

现代校长时间管理的原则

如何合理计划和有效地利用时间，对校长们来说，一直是一个富有挑战性的问题。许多校长由于合理地分配时间而成为有效的管理者。最近，美国加利福尼亚州选出 30 位具有丰富实践经验的校长，对其进行实地调查，从各种不同但富于个性的回答中，总结出校长进行时间管理的 62 条原则。

优先考虑的事情

1.学校制定的目标要与大多数教职工的意见取得一致。

2.在每个办公室放一张收集教职工意见的表格，让教职工毫无保留地对下一学年的工作重点提出建议，或在年度的评估会上让教职工提出他们认为该优先考虑的问题。

3.把需优先考虑的问题制成表格，贴在显要的位置，以突出其重要性。调查发现，校长们首先考虑的问题主要有：教育领导权、透明度、学区的优先权和学校管理；其次是家长指导、学生辅导和活动，以及个人的职业发展。

4.只参加与学校事务有关的社区活动。对一些毫无意义的事件要尽可能地婉言谢绝，或者校长请其他人作代表前去参加。

5.校长要投入大量的时间解决优先考虑的问题。在做决策或权衡各方面意见时，要时刻把优先解决的问题放在心中。

6.校长要把本校的工作重点和学区的工作重点相联系，把学区会议和任务的详细情况贴在显著位置，定期向督学和其他的学区负责人汇报学校工作的进展，并与学区目标加以比较。

透明度

7.每天抽出 1 小时的时间到教室、图书馆（室）和操场看一看，了解情况，及时发现可能发生的问题，尽可能接近教职工和学生，对各种问题无论大小都要及时做出反应，尽快解决。

8.尽可能多地接近教师、学生和其他工作人员，可在上课前、午饭时间或放学后与他们进行交流，即使不能做到每天的接触，也应有特定的接待日，以便他们及时反映现存的情况。

9.经常在学校里巡视，校长要对教师和学生直呼其名，下达的通知要写在每班的黑板上。

10.对学校的事务要熟视有睹。对家长、教师和学生来说，校长的出现，会使各项活动显得更加重要。

管理系统

11.学校管理系统要简明，把每个人的任务和责任做成表格或手册，使每个人都能一目了然。

12.保证校长助理或秘书及其他有关人员能随时拿到必要的表格、报告、文件和学校工作安排（校历）等等。

13.对学校工作的运行情况建立一种年度的教职工调查制度，并让教职工对学校工作每月进行一次专题评议。

14.让校长去其他学校参观学习，借鉴他校的经验，修改本校的工作运行程序。并就学校管理问题，与其他学校共同研讨。

15.学校的交流和信息材料要收集齐全，并整理得井然有序，当学校有人使用这些材料时便于随时查找。

16.建立一个包括教师、职工、家长、学生和社区代表在内的安全委员会，请他们对学校的安全情况进行监督、检查，并提出工作建议。

校历

17.校长要与校长助理、管理员一起安排每周的工作计划，指导教师下一周的工作和活动。

18.学校要制订一个完整的年度工作计划，贴在橱窗或写在学校手册中，在制订计划时要把前一年的计划作为参考。

19.为了能够随时更新和增减学校的年度计划，学校要制定和张贴每月和每周的工作日历。

20.用计算机打印月历，以便于复制和大范围的分发。

21.当校长外出时，可用计算机网络来安排会议和学校事务。

22.为了增强校历的趣味性，可用语录、历史小故事、贺词等做点缀。

个人计划

23. 校长要随身携带工作计划和日程安排，并用彩色笔标出已经安排好的事件。 如用粉色笔标示观摩或辅导，用绿色笔标示校内会议，用黄色笔标示校外活动等，以引起自己对重要事件的注意。

24. 把即将发生的事记入文件夹，并在日历中标出，用各种颜色的文件夹区分不同的材料。

25. 建立一个每日工作安排的备忘录，分清轻重缓急，优先处理重要事件。 同时要使校长助理对校长的工作安排了如指掌。

交流

26. 给教职工、家长、学生分发"校长信息卡"，便于他们及时向校长反映情况。 其反馈信息既可交给校长助理处理，也可放进意见箱，校长应尽可能对每一张"信息卡"做出反馈。

27. 在校长办公室附近设两个信息箱，一个标明"紧急"，一个标明"普通"。

28. 对一时难以解决的问题，校长可在计算机或记事本上做成备忘录。

29. 平常或晚上休息时，校长要在身边备一个笔记本，把随时可能冒出来的灵感记录下来。

30. 将来如可能需要设立一部批评和咨询电话。

代理

31. 鼓励教师和职工承担一些领导角色的责任，尤其是那些工作在管理岗位上的教师和职工。

32. 让校长助理接听所有的电话，并尽可能回答别人的提问和咨询。

33. 让校长助理与教职工共同探讨学校的发展问题，发挥校长助理的功能，并扩大其工作范围。

34. 在客人面前，训练学生的主人翁责任感，做新同学的良师益友，并让他们学习处理管理者和同学之间的冲突。

35. 帮助教师解决难题，不要就事论事。

36. 不要急于确定接班人，让几个候选人进行各自不同的尝试。无论结果如何，校长都要让他们了解自己对其做出的努力的赞赏。

37. 任命特别计划或行动小组来制定特殊或解决特定的问题。

38. 在学术会议上，校长要指定教师学习专业学术刊物和学术报告。

39. 让教师轮流主持学术会议。这样，没有主持的负担，校长可更好地观察反应，而且能补充教师的观点。

40. 对候选人中表现好的要提出公开表扬，对表现差的要私下交换意见。

会议

41. 要努力缩短会议时间，会议要主题明确。

42. 会议的场所可以扩大。在教师去上课的路上开一些"走路会议"，在校长办公室的走廊开"站立会议"。

43. 校长要保证会议不超时，为了做到这一点，可让校长助理做一些提醒或暗示。

44. 和一个犯错误的学生谈话之后，让学生自己给父亲或母亲打电话，向家长说明其错误，及其弥补错误的打算。

45. 要保证教师和家长、家长和教师之间能及时取得电话联系，家长与校长谈论孩子所在班级的情况之前，一定要先与教师进行交流。

46. 设立一部公开电话，使家长每周有一小时的时间可直接与校长取得联系，向校长进行各种问题的咨询。

技术支持

47. 用一台办公室电脑进行文字处理、收发电子邮件、储存学生材料，并提供信件、报告、新闻简报、工作计划和通告等。

48. 开会时，可用一台笔记本电脑做记录，并可做出通盘的工作安排。有了笔记本电脑，即使在飞机上也能照常工作。

49. 校长外出时，可用手机保持与各方面的联系。

50. 参加其他活动时，可用对讲机进行对话。

51. 用一台小录音机随时记下校长在进行检查、会议或研讨会的过程中或总结时的观点。

52. 为了便于家长得到或发出有关学生的出勤、家庭作业、学习情况和学校新闻等信息，学校可增设一个交互式的声音传递系统。

53. 打字机、传真机和快速复印机虽然增加了学校的开支，但能节约时间，提高工作效率。

文件处理

54. 为了节约校长的时间，让校长助理浏览所有的信函并加以处理——回复或储存，挑选出重要的信件请校长处理。校长不要事必躬亲。

55. 在放学后或没什么干扰因素时，校长再处理各种信件，对信件内容的记录可交由校长助理去完成。

56. 用不同的文件夹来区分过去的信函、学区的要求、急需的文件、下一周或下个月用的文件，并进行分类。

57. 校长要把自己的办公室收拾得整整齐齐，清除那些没用的及分散人的注意力的材料。

寻找额外的时间

58. 随身携带一个标有"未处理"字样的文件夹，或一些专业材料，以利用闲暇时间处理和学习。

59. 校长外出时，为了更好地指导学校的工作，校长要携带一份工作计划，教师和学生的名单及单位电话，笔记本和校历。

60. 校长在教室或图书馆看学生学习成绩的材料、新闻简报、班级报告或推荐信时，校长助理应随时保持与校长的联系。

61. 在检查一个班级前，校长要先浏览教师的课程计划。

62. 给家长打电话要选在晚饭时间，家长都在家的时候。

以上建议或许能帮助校长更好地安排每日的工作，对成功校长来说，超时工作是一种普遍现象。几乎我们所调查的每一个人都工作时间长，周末工作或在家工作。校长做出这些牺牲必须是出于个人的和职业上的满足，并肯定自己正在给予教职工、学生和社区以高质量的教育。

第六章
校长沟通的艺术

第一节　关于沟通的基本概述

一、沟通的定义

在英语中，"沟通"（communication）这个词既可以翻译为沟通，也可以翻译为交流、交际、通信、传播等。这些词在中文中的使用尽管有些差异，但可以看出它们的本质都涉及到信息的交换。所以从一般意义上讲，沟通就是发送者凭借一定的渠道或是媒介，将信息发送给既定对象，并寻求反馈或是解决的过程。有些学者将沟通等同于交往。其实，交往的含义比沟通广泛得多，它不仅指人与人之间的非物质性的信息交流，也包括物质的交换，还包括人与人之间通过非物质的和物质的相互作用过程所建立起来的相对稳定的关系或联系。不过，由于交往领域所讨论的问题与人们日常的概念关联十分密切，人们已经习惯将人与人之间的动态相互作用过程称作交往，而将通过人与人之间的相互作用而建立起来的稳定情感称作人际关系。所以我们在讨论中通常也都是沿用约定俗成的提法，只是在专门讨论概念时，强调人与人之间的动态相互作用过程和静态人际关系都属于交往的范畴。

沟通是人与人之间发生相互联系的最主要的形式。人醒着时大部分的时间，都是用在各种形式的沟通过程中的。我们与别人交谈、读书、看报、上课、听广播、看电视都是在进行沟通。 沟通首先是信息的传递。 沟通包含着意义的传递，如果信息没有传递到既定的对象，那么可以说沟通没有发生。 沟通的广度和方便程度，是生活质量的最重要方面。 现代生活最重要的方面是交通的便利和通讯的发达，而它们所改善的，首先是人们沟通的状况。

语言作为社会人群已经形成高度共识的符号系统，每一个字词的声、形符号，都已经被赋予了一定的意义。 因此人们一方面可以用它来指称事物，描述内心状态，一方面又可以通过它的声、形等物化形式使其他人能够觉察并理解。 这样，语言成了人与人之间进行沟通的桥梁。虽然日常生活中人与人之间的沟通还存在其他许多非语言的形式，但由于语言是最为规范化的符号系统，在同一种语言背景中，不同的人对以一定声、形符号为载体和字词所建立起来的概念或理解是高度接近的。语言的这种特点，客观地决定了人们日常社会生活中大部分沟通都借助于语言来实现。

另一方面，约定俗成的字词符号系统的含义不仅相对独立于沟通情境，而且在一定历史时期内保持相对的稳定。 因此语言沟通有着代际文化传递的特殊功能。 相反，其他沟通方式，如目光和姿势，对于情境有着高度依赖。 脱离了沟通情境，人们可能会得出完全不同的理解。

有效的沟通不是沟通双方达成一致意见，而是准确地理解信息的含义。 所谓有效沟通，就是传递和交流的信息可靠性和准确性高的信息或思想的传递或交换的过程。 它表明了组织对内外噪音的抵抗能力，因而和组织的智能是连在一起的。 沟通的有效性越明显，说明组织智能越高。 有效沟通是组织管理活动中最重要的组成部分。 领导与沟通密不可分，有效的沟通意味着良好的管理，成功的领导则要通过有效的沟通来实现，领导者与被领导者之间的有效沟通是领导艺术的精髓。著名管理学大师彼得·德鲁克就明确把有效沟通作为管理的一项基本职能，无论是决策前的调研与论证，还是计划的制订、工作的组织、人事的管理、部门间的协调、与外界的交流都离不开沟通。 无数事实证明，优秀的组织必然存在着有效的沟通。

可见，沟通是一个双向的过程。 沟通实际就是交换意见。 其特点是：沟通本身是一种具有反馈功能的程序；沟通所传播的，不仅是语言、文字，也包括个体或群体的动作和行为；沟通的目的在于促进双方的共同了解、以增进群体的和谐；沟通是双向互动的。

二、沟通的普遍意义

⭐ 1 沟通是人类机体自身的需求

我们已经知道，作为信息加工和能量转化系统的人类有机体必须与外部环境保持相互作用，必须接受外界的各种刺激，才能够维持正常的生命活动。心理学家赫伦（W. Heron, 1954）〔W. H. Bexton, W. Heron & T. H. Scott (1954). Effects of Decreased Variation in the Sensory Environment. Canadian Journal of Psychology, 8, 70~76.〕曾经做过"感觉剥夺"实验，将自愿参加的被试关在一个杜绝光线、声音的实验室里，身体的各个部位也被包裹起来，以尽可能减少触觉。实验期间除给被试必要的食物外，不允许其获得任何其他刺激。结果，仅仅3天，人的整个身心就出现严重障碍，甚至连大动作的准确性也受到严重损害。

更为重要的是，人与人之间的沟通所提供的信息是具有社会性的信息，这种信息对于人来说比一般的物理性刺激更为重要。动物心理学家曾以恒河猴做过一个同样著名的"社交剥夺"实验。实验将猴子喂养工作全部自动化，隔绝猴子与其他猴或人的沟通。结果，与有正常沟通机会的猴子相比，缺乏沟通经验的猴子明显缺乏安全感，不能与同类进行正常的交往，甚至本能的行为表现也受到严重影响。

2 沟通是人的活动与发展的需要

在智慧活动和智力发展方面，沟通是必要的前提。人们对于因战争而独居深山数十年的特殊个案进行过研究。发现沟通的缺乏对人们语言能力及其他认知能力都有损害。沟通机会缺乏的孤儿与保持正常沟通的儿童相比，智力发展明显延后。心理学家以早产儿为对象所进行的实验发现，增加与早产儿的沟通，并对他们进行按摩，有助于他们最终实现正常发展。而没有做这种实验处置的早产儿，则多数有这样或那样的问题。

167

⭐3 沟通是人类社会化的需求

老年人退休后衰老过程加快的问题，已经得到社会广泛重视。心理学家经过研究发现，之所以退休后衰老加快，关键在于退休后失去了许多退休前的沟通机会，沟通的频度、广度都明显下降。这种变化的直接结果，是使人的肌体得不到足够的社会性刺激。人的肌体同样遵循"用进废退"的自然法则。研究揭示，与普通的退休人员相比，退休后仍坚持工作，保持适当的社会责任的老人，衰老明显减缓。医学的最新研究成果也揭示，独身者寿命偏短的主要原因，是比正常人缺乏配偶之间的沟通和由此形成起来的情感依恋。由于缺乏配偶，孤独、烦躁、焦虑、空虚、抑郁等消极情绪常得不到及时倾诉排解。而消极情绪不及时消除，对整个身心健康有着极大的不良影响。

在某种意义上，当前我国社会出现的心理咨询、咨询电话、知心电话或希望热线，都是为求助者提供一个开放性的沟通机会，使他们有机会说出自己的困惑、烦恼、郁闷或焦虑。从这些形式的社会服务所受到的欢迎程度，我们就能够感受到沟通对于人们的心理健康有多么重要。据报载，美国一位老太太登广告说，随时接受来访者倾诉心曲，每小时收费 15 美元。结果竟生意兴隆，预约者甚至排满了半年时间。

三、学校组织中沟通的意义

⭐1 沟通有助于改进个人以及集体做出的决策

任何决策都会涉及到干什么、怎么干、何时干等问题。每当遇到这些急需解决的问题，校长就需要从广泛的学校内部的沟通中获取大量的信息情报，然后进行决策，或建议有关人员做出决策，以迅速解决问题。下属人员也可以主动与学校上层人员沟通，提出自己的建议，供校长做出决策时参考，或经过沟通，取得上级领导的认可，自行决策。学校内部的沟通为各个部门和人员进行决策提供了信息，增强了判断能力。

⭐2 沟通能够让学校教职工明确工作任务和目标

德鲁克给管理下过这样的定义：管理就是确定组织的宗旨与使命，并激励教职工去实现它。这里可以看出要想完成学校的目标，首先就是让教职工了解学校的使命和目标，使教职工对学校宗旨的认识和管理者的认识相一致，这就需要有效的沟通来充当上下级之间信息互通的桥梁。学校中各个部门和各个职务是相互依存的，依存性越大，对协调的需要越高，而协调只有通过沟通才能实现。没有适当的沟通，管理者对下属的指导也不会充分，下属就可能对分配给他们的任务和要求他们完成的工作有错误的理解，使工作任务不能正确圆满地完成，导致学校在效益方面的损失。

3 沟通可以增强学校的凝聚力

一个讲团结有凝聚力的团队才是有生命力的团队，作为学校，内部教职工之间的凝聚力是其运转过程中不可或缺的重要资源。凝聚力强的学校能够让教职工乐意为学校做出最大的贡献，也容易为学校吸引和留住优秀的人才。那么，增强学校的凝聚力应该从哪几方面入手呢？第一，鼓励教职工之间相互交流和沟通。教职工之间在工作过程中由于意见相左或由校长管理不当导致产生矛盾的情况时有发生，对待这样的问题最有效的方法就是鼓励教职工主动地进行交流，抱着对事不对人的原则来沟通工作上的矛盾，这样就有利于教职工之间的相互理解、相互团结。第二，可以采取群策群力的决策模式。学校在决策时最大程度地听取教职工的不同意见，鼓励教职工畅所欲言，对学校的管理及发展上存在的问题，甚至管理者的缺点都可以提出建议，让教职工切实感受到学校主人翁应有的责任和权利，激发教职工爱校如爱家的思想，进而增强学校的凝聚力。

四、沟通的四大法则

沟通失败的根本原因在于，缺乏对沟通实质和目的的了解。所以非常有必要了解彼得·德鲁克提出的有效沟通的四个基本法则。

1 沟通是一种感知

禅宗曾提出过一个问题，"若林中树倒时无人听见，会有声响吗？"答曰"没有"。 树倒了，确实会产生声波，但除非有人感知到了，否则，就是没有声响。 沟通只在有接受者时才会发生。 与他人说话时必须依据对方的经验。 如果校长和一个六岁学生的交谈，他必须用对方熟悉的语言。 谈话时试图向对方解释自己常用的专门用语并无益处，因为这些用语已超出了他们的知觉能力。 接受者的认知取决于他的教育背景，过去的经历以及他的情绪。 如果沟通者没有意识到这些问题的话，他的沟通将会是无效的。 另外，晦涩的语句就意味着杂乱的思路，所以，需要修正的不是语句，而是语句背后想要表达的看法。

有效的沟通取决于接受者如何去理解。 例如校长告诉他的秘书："请尽快处理这件事，好吗？" 秘书会根据校长的语气、表达方式和身体语言来判断，这究竟是命令还是请求。 德鲁克说："人无法只靠一句话来沟通，总是得靠整个人来沟通。"

所以，无论使用什么样的渠道，沟通的第一个问题必须是，"这一讯息是否在接受者的接收范围之内？ 他能否收得到？ 他如何理解？"

⭐2 沟通是一种期望

对校长来说，在进行沟通之前，了解接受者的期待是什么显得尤为重要。 只有这样，我们才可以知道是否能利用他的期望来进行沟通，或者是否需要用"孤独感的震撼"与"唤醒"来突破接受者的期望，并迫使他领悟到意料之外的事已然发生。 因为我们所察觉到的，都是我们期望察觉到的东西；我们的心智模式会使我们强烈抗拒任何不符合其"期望"的企图，出乎意料之外的事通常是不会被接收的。

校长安排主任去管理某个部门，但是这位主任认为，管理这个混乱的部门是件费力不讨好的事。 校长于是开始了解主任的期望，如果这位主任是一位积极进取的年轻人，校长就应该告诉他，管理这个部门更能锻炼和反映他的能力，今后还可能会得到进一步的提升；相反，如果这位主任只是得过且过，校长就应该告诉他，由于学校的业务重组，他必须去这里，否则只有降职。

⭐3 沟通产生要求

一个人一般不会做不必要的沟通。 沟通永远都是一种"宣传"，都是为了达到某种目的，例如发号施令、指导、斥责或款待。 沟通总是会产生要求，它总是要求接受者要成为某人，完成某事，相信某种理念，它也经常诉诸激励。 换言之，如果沟通能够符合接受者的渴望、价值与目的的话，它就具有说服力，这时沟通会改变一个人的性格、价值、信仰与渴望。 假如沟通违背了接受者的渴望、价值与动机时，可能一点也不会被接受，或者最坏的情况是受到抗拒。

宣传的危险在于无人相信，这使得每次沟通的动机都变得可疑。最后，沟通的讯息无法为人接受。 全心宣传的结果，不是造就出狂热者，而是讥讽者，这时沟通起到了适得其反的效果。

一家公司员工因为工作压力大，待遇低而产生不满情绪，纷纷怠工或准备另谋高就，这时，公司管理层反而提出口号"今天工作不努力，明天努力找工作"，更加招致员工反感。

⭐ 4 信息不是沟通

学校年度报表中的数字是信息，但在每年一度的工作总结大会上，校长的讲话则是沟通。 当然这一沟通是建立在年度报表中的数字之上的。 沟通以信息为基础，但和信息不是一回事。

信息与人无涉，不是人际间的关系。 它越不涉及诸如情感、价值、期望与认知等人的成分，它就越有效力，且越值得信赖。 信息可以按逻辑关系排列，技术上也可以储存和复制。 信息过多或不相关都会使沟通达不到预期效果。 而沟通是在人与人之间进行的。 信息是中性的，而沟通的背后都隐藏着目的。 沟通由于沟通者和接受者认知和意图不同显得多姿多彩。

尽管信息对于沟通来说必不可少，但信息过多也会阻碍沟通。 "越战"期间，美国国防部陷入到了铺天盖地的数据中。 信息就像照明灯一样，当灯光过于刺眼时，人眼会瞎。 信息过多也会让人无所适从。

除了以上四个法则，德鲁克还认为，目标管理提供了有效沟通的一种解决办法。 在目标管理中，老板和下属讨论目标、计划、对象、问题和解决方案。 由于双方都着眼于完成目标，这就有了一个共同的基础，彼此能够更好地了解对方。 即便老板不能接受下属的建议，他也能理解其观点。 下属对上司的要求也会有进一步的了解。 沟通的结果自然得以改善。 如果绩效评估也采用类似办法的话，同样也能改善沟通。

德鲁克提出的四个"简单"问题，可以用来自我检测，看看你是否能在沟通时去运用上述法则和方法：一个人必须知道说什么，一个人必须知道什么时候说，一个人必须知道对谁说，一个人必须知道怎么说。

第二节　沟通的机制

　　沟通的机制是指沟通的途径、程序及自觉进行的沟通系统的设计和沟通方式的选择，主要包括沟通过程、沟通方向、沟通网络、沟通方式等。

一、沟通的过程

　　整个沟通过程由七个要素组成，包括信息源、信息、通道、信息接受人、反馈、障碍和背景。这七个要素之间的相互关系，从图6—1〔L. L. Barker（1987）. Communication（4th ed），Prentice—Hill，Inc，9. 〕可以一目了然。

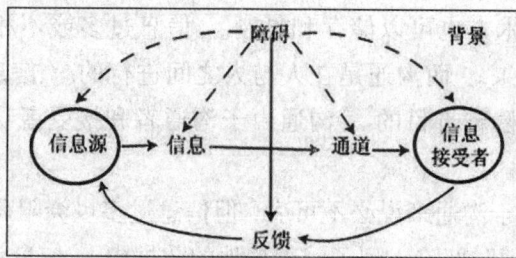

图6—1　沟通过程及其组成要素

（一）信息源

　　信息源是具有信息并试图进行沟通的人。他们始发沟通过程，决定以谁为沟通对象，并决定沟通的目的。沟通的目的可以是为了提供信息，也可以是为了影响别人，使别人改变态度，或者是为了与人建立某种联系或纯粹为了娱乐。作为信息源的沟通者在实施沟通前，必须首先在自己丰富的记忆里选择出试图沟通的信息。 然后，这些信息还必须转化为信息接受者可以接受的形式，如文字、语言或表情等。 沟通准备过程的一个直接效果，是使人们对自己身心状态意识得更为准确。 一个人每天获得的知觉、思想观念和感受是很多的。 但是，在人试图将这些经验转化为可沟通的形式之前，这些经验是混沌的，缺乏足够的结构化。 比如我们读一本小说，小说中的情节和绝妙好词很多，但我们只有倾向性的印象，而缺乏确切的观念。 只有在我们试图把小说的故事讲给别人听，精心整理出思路，给出自己的评价和感受时，我们才真正理解了小说，了解了自己对于小说的评价。 有过准备讲稿经验的人有深切的体会，只有真正确切了解了某个事情或某种知识，你才能讲得出，写得好。 如果没有仔细的沟通准备过程，就常常会发生觉得有千言万语要说，但就是什么也说不出来。

（二）信息

从沟通意向的角度说，信息是沟通者试图传达给别人的观念和情感。 但个人的感受不能直接为信息接受者接受，因而它们必须转化为各种不同的可为别人所觉察的信号。 在各种符号系统中，最为重要的是语词。 语词可以是声音信号，也可以是形象（文字）符号，因而它们是可被觉察、可实现沟通的符号系统。 更为重要的是，语词具有抽象指代功能，它们可以代表事物、人、观念和情感等自然存在的一切。 因此，它们也为沟通在广度和深度上提供了最大的可能性。

语词沟通是以共同的语言经验为基础的。 没有相应的语言经验，语词的声音符号就成了无意义的音节，形象符号也成了无意义的图画。如果对不懂中文的人讲汉语，那对方就不能从你的声音符号里面获得意义，沟通也就不能实现。 另一方面，即使是使用同一种语言的人，对于同一个语词，不同的人在理解上也常常是有区别的。 因为对于任何一个语词的意义，不同的人都有不同的经验背景。 由于不同的人在词义理解上存在差异，实际上完全对应的沟通是很少的，更多的沟通都发生在大致对应的水平上。 日常生活中人们时常出现误解，也往往是由于对于同一个语词的理解不一致引起的。

（三）通道

通道指的是沟通信息所传达的方式。我们的五种感觉器官都可以接受信息。但最大量的信息是通过视听途径获得的。日常生活中所发生的沟通也主要是视听沟通。通常的沟通方式不仅有面对面的沟通，还有以不同媒体为中介的沟通。电视、广播、报纸、电话等，都可被用作沟通的媒介。但是，心理学家的研究发现，在各种方式的沟通中影响力最大的，仍是面对面的沟通方式。面对面沟通时除了语词本身的信息外，还有沟通者整体心理状态的信息。这些信息使得沟通者与信息接受者可以发生情绪的相互感染。此外，在面对面沟通的过程中，沟通者还可以根据信息接受者的反馈及时调整自己的沟通过程，使其变得更适合于听众。由于面对面沟通能够更有效地对信息接受者发生影响，因此，即便是在通讯技术高度发展的美国，总统大选时，候选人也总是不辞劳苦地奔波各地去演讲。

（四）信息接受者

信息接受者指接受来自信息源的信息的人。信息接受者在接受携带信息的各种特定音形符号之后，必须根据自己的已有经验，将其转译成信息源试图传达的知觉、观念或情感。这是一个复杂的过程，包括一系列注意、知觉、转译和储存心理动作。由于信息源和信息接受者拥有两个不同但又具有相当共同经验的心理世界，因此，信息接受者转译后的沟通内容与信息源原有的内容之间的对应性是有限的。不过，这种有限的对应在更多的情况下足以使沟通的目的得以实现。

在面对面的沟通过程中，信息源与信息接受者的角色是不断转换的，前一个时期的信息接受者，则成了下一个时期的信息源。在日常生活中，每一个人都必须很好地了解如何有效地理解别人和被别人理解，了解沟通过程中信息的转译和传递机制，只有这样，才能提高沟通的有效性和准确性。

（五）反馈

反馈的作用是使沟通成为一个交互过程。在沟通过程中，沟通的每一方都在不断地将信息回送另一方，这种回返过程就称作反馈。反馈可以告诉信息发送者信息接受者接受和理解每一信息的状态。如果反馈显示信息接受者接受并理解了信息，这种反馈为正反馈。如果反馈显示的是信息源的信息没有被接受和理解，则为负反馈。显示信息接受者对于信息源的信息反应不确定状态叫作模糊反馈。模糊反馈往往意味着来自信息源的信息尚不够充分。成功的沟通者对于反馈都十分敏感，并会根据反馈不断调整自己的信息。

反馈不一定来自对方，我们也可以从自己发送信息的过程或已发出的信息中获得反馈。当我们发现所说的话不够明确，或写出的句子难以理解时，我们自己就可以做出调整。对应于外来反馈，心理学家称这种反馈为自我反馈。

（六）障碍

人类的沟通经常发生障碍，因此，分析沟通过程不能不分析障碍问题，我们可以将人类的沟通系统比作电话回路。在电话回路中，任何一个环节都可能出现问题，对沟通形成障碍。在人类的沟通过程中也有大致相同的情况。信息源的信息不充分或不明确（如得相思病而整日坐立不安的人会认为自己是病了而不是爱上了某一个人）、信息没有被有效或正确地转换成可以沟通的信号（如爱的感受没有被转换成让被爱者可以理解的语词表达）、误用沟通方式（如以不适当的方式来表达爱慕）、信息接受者误解信息（如将爱慕者表达的关怀和帮助解释成他希望通过这种方式得到自己帮助）等，都可以对沟通造成障碍。

此外，沟通者之间缺乏共同的经验，彼此也难以建立沟通。来自两个完全不同的文化背景的沟通者是很难有效地交流信息的。一个故事讲到，一个外国旅游者在一个乡村小店想喝牛奶，在纸上画了一头牛。结果店主真的牵来一头大水牛。其实，即使在同一个国家，由于不同地区、不同民族有其独特的文化，类似的笑话也是经常发生的。足够的共同经验，是沟通得以实现的必要前提。

（七）背景

沟通过程的最后一个要素是背景。背景是指沟通发生的情境。它影响沟通的每一个要素，同时也是影响整个沟通过程的关键因素。在沟通过程中，许多意义是由背景提供的，甚至语词的意义也会随背景而改变。同样一句："你真够坏的！"如果是亲密朋友在家里亲切交谈的背景，那么这句话并不是谴责的意思，而意味着欣赏、赞美。可以设想，如果将这句话用于其他情境，其意义会是什么，其所指的对象会做出怎样的反应。

二、沟通的方向

⭐ **1 水平沟通。** 即横向沟通，指学校工作群体的成员之间、不同工作群体但同一阶层的成员之间、同一层级的领导者之间的沟通。横向沟通常常在节省时间和促进合作方面作用很突出。

⭐ **2 垂直沟通。** 指按学校组织的上下隶属关系和等级层次进行的沟通。在垂直沟通中，又可分下行沟通和上行沟通。其中下行沟通指上级将信息传达给下级，是由上而下的沟通；上行沟通指下级将信息传达给上级，是由下而上的沟通。对于校长与下属之间的沟通，我们常常看到的是自上而下的沟通。最佳的程序是自上而下的沟通和自下而上的沟通达到平衡。

⭐ **3 单向沟通。** 指不需要反馈的沟通，信息传递的方向只有一个。例如校长下命令、作指示等。这种情况下的沟通具有速度快、权威性强的特点。

⭐ **4 双向沟通。** 指信息交流的双方互相传递信息，直至双方共同理解为止的沟通，如协商、对话等。在学校组织中，对于比较复杂、影响因素较多且和重要的工作任务有关，双向沟通就显得十分重要。

三、沟通方式

从通道丰富性角度上看，面谈的得分最高。因为它在沟通的过程中传递信息量最大。依次排列下来是：电话、电子邮件、备忘录和信件、广告和公告及一般文件。公告和一般文件这类私人性质的书面媒体丰富性程度最低。

对沟通渠道的选择还取决于信息的常规性。常规信息通常是简单明确的，其模棱两可的程度最低。非常规信息较为复杂，存在产生误解的潜在可能性。管理者可以采用丰富性程度低的通道对常规信息进行有效沟通，而对非常规信息来说，在沟通中只有选择丰富性程度高的通道才有效。

第三节　沟通的类型

沟通的类型十分复杂，而且几乎每一种类型的沟通都与我们的日常生活有着密切的联系。这里，我们主要讨论几种人际沟通的主要类型。

一、语词沟通和非语词沟通

语词和非语词沟通（verbal and non－verbal communication）常被译成语言和非语言或言语和非言语的沟通。比较而言，最准确的，还是第一种译法。语词沟通指以语词符号实现的沟通。而借助于非语词符号，如姿势、动作、表情、接触及非语词的声音和空间距离等实现的沟通叫作非语词沟通。

语词沟通是沟通可能性最大的一种沟通。它使人的沟通过程可以超越时间和空间的限制。人不仅可以通过文字记载来研究古人的思想，也可以将当代人的成就留传给后代。借助于传播媒介，一个人的思想可以为很多人所分享。所有这些，没有语词是无法实现的。

在人类的一切经验当中，共同性最大的就是语词。因此，语词沟通是最准确、最有效的沟通方式，也是运用最广泛的一种沟通。一个人如果缺乏语言能力，如哑巴不会说话，盲人无法识字或出国不懂外语，那么与人沟通的过程就变得十分困难，有些沟通则根本无法实现。

非语词沟通的实现有三种方式。第一种方式是通过动态无声性的目光、表情动作、手势语言和身体运动等实现沟通；第二种方式是通过静态无声性的身体姿势、空间距离及衣着打扮等实现沟通。这两种非语词沟通统称身体语言沟通。这是当代社会心理学新兴的研究领域，近年来积累了大量对我们现实生活中的人际沟通具有指导意义的科学研究成果。我们在下一节将专门讨论身体语言学的问题。

戈夫曼（F. Goffman, 1959）[①]提到，非言语行为在表达情绪方面特别有力，并且因为它不像语词那样容易控制，它传达的信息也更为真实（Kring et al. , 1994）。〔A. M. Kring, A. David, S. John & M. Neale(1994). Individual differences in dispositional expressiveness：development and validation of the emotional expressivity scale. Journal of Personality and Social Psychology, 66(5), 934. 〕演员的表演是非常好的例子，他们努力的一个重要方面，就是提高控制非言语表达的能力，以传达那些通常在不能控制的条件下表达的感情。

第三种非语词沟通的方式是通过非语词的声音，如重音、声调的变化、哭、笑、停顿来实现的。心理学家称非语词的声音信号为副语言（paralanguage）。最新的心理学研究成果揭示，副语言在沟通过程中起着十分重要的作用。一句话的含义常常不是决定于其字面的意义，而是决定于它的弦外之音。语言表达方式的变化，尤其是语调的变化，可以使字面相同的一句话具有完全不同的含义。比如一句简单的口头语，"真棒"，当音调较低，语气肯定时，"真棒！"表示由衷的赞赏。而当音调升高，语气抑扬，说成"真棒ǎi"时，则完全变成了刻薄的讥讽和幸灾乐祸。

心理学研究发现，低音频是与愉快、烦恼、悲伤的情绪相联系的。而高音频则表示恐惧、惊奇或气愤。副语言研究者迪保罗（B. M. Depaulo, 1982）〔B. M. Depaulo, G. D. Lassiter & J. L. Stone (1982). Attentional determinants of success at detecting deception and truth, Personality and Social Psychology Bulletin. 〕的研究还发现，鉴别别人说谎的最可靠线索就是声调。不老练的说谎者说谎时会低头或躲避别人的视线。老练的说谎者则可以有意识地控制这些慌乱行为，

---

① F. Goffman(1959). The presentation of self in everyday life. NY：Anchor Press Doubleday.

说谎时不仅不脸红、不低头，还能有意识地以安详的表情迎接别人的目光。但是，说谎时声调提高却是不自觉、真实地透露说谎者言不由衷的心态。

非语词沟通可以交流大量关于感觉、情绪和态度的信息。这些有关内部状态的信息以声音质量、眼神交流、面部表情、手势、身体运动和接触（Brown，1986）〔J. D. Brown & S. E. Taylor（1986）. Affect and the processing of personal information：Evidence of mood—activated self—schemata. Journal of Experimental Social Psychology，22，436～452.〕的方式表现出来。因此，非语词表达常常被称作"情绪语言"。

二、口语沟通与书面沟通

这两种沟通是语词沟通的基本方式。口语沟通是指借助于口头语言实现的沟通。通常提及口语沟通时，一般都是指面对面的口语沟通。而通过广播、电视等实现的口语沟通称作大众沟通或大众传播（mass communication）。

口语沟通是日常生活中最为经常发生的沟通形式。交谈、讨论、开会、讲课等都属于口语沟通。口语沟通是保持整体信息交流的最好沟通方式。在沟通过程中，除了语词之外，其他许多非语词性的表情、动作、姿势等，都会对沟通的效果起积极的促进作用。并且，口语沟通时可以及时得到反馈并据此对沟通过程进行调节。口语沟通中，沟通者之间相互作用充分，因而沟通的影响力也大。不过，与书面沟通相比，口语沟通中信息的保留全凭记忆，不容易备忘。同时，沟通时沟通者对说出的话没有反复斟酌的机会，因而容易失误。由于这种不足，在正式的公共场合人们常采用口语沟通和书面沟通相结合的形式。信息源常预先备稿，而信息接受者则往往记笔记或进行录音。

书面沟通，指借助于书面文字材料实现的信息交流。通知、广告、文件、报刊杂志等都属于书面沟通形式。书面沟通由于有机会修正内容和便于保留，因而沟通不易失误，准确性和持久性也较高。同时，由于阅读接受信息的速度远比听讲快，因而单位时间内的沟通效率也较

第六章　校长沟通的艺术

高。但是，由于书面沟通缺乏信息提供者背景信息的支持，因而其信息对人的影响力较低。当然，有一种情况是特殊的，即权威的文件所激发的重视程度远比口头传达强。但这里涉及的完全是另外一种机制。一方面，权威文件引起的效果是重视，并不意味着它就一定有高影响力。另一方面，口头传达文件时，传达者已不是真正的信息源，他们实际上只起传达媒介的作用。在他们的传达过程中，通常没有自身人格和情感因素的参与，这种传达过程与口语沟通有着实质的区别。

三、有意沟通与无意沟通

在大多数情况下，沟通都具有一定的目的。这种沟通是有意沟通。但是，有时我们事实上在与别人进行着信息交流，而我们并没有意识到沟通的发生。在这种情况下，沟通是无意沟通。当然，沟通者有时为了某种特定的目的，也会故意使自己的有意沟通在信息接受者那里造成错觉，使他们看成是无意沟通。便衣诱捕扒手时，常常故意把钱包放在容易被小偷觉察的口袋里，甚至使钱包从口袋中露出一截，就属于这种情况。

有意沟通很容易理解。每一个沟通者，对自己沟通的目的都会有所意识。通常的谈话、打电话、讲课、写信、写文章，甚至闲聊，都是有意沟通。表面上，闲聊好像没有沟通目的。实际上，闲聊本身就是沟通目的，沟通者可以通过闲聊消磨时光、排解孤独。

无意沟通不容易为人们所认识。事实上，出现在我们感觉范围中的任何一个人，都会与我们存在某种信息交流。心理学家发现，如果你一个人在路上跑步或骑车，那速度常较慢。而如果有别人（不管你认识不认识）与你一起跑，或一起骑，你的速度会不自觉地加快。同样的过程也发生在别人身上。显然，你们彼此有了信息沟通，发生了相互影响。你走在大街上，无论来往行人的密度有多么大，你也很少与别人相撞。因为你与其他人在走路过程中，随时都在调整彼此的位置。你在与许多人保持着信息交流。

心理学家谢立夫（M. Sherif, 1935）〔M. Sherif (1935). A study of some social factors in perception. Archives of Psychology, 187. 〕的

"光点游动"实验就很好地说明，只要你知道了别人如何判断，哪怕你们之间没有说过一句话，没有进行过任何有意识的沟通，你的判断也会不自觉地受到别人影响，向别人靠拢。而且，这种影响一旦发生了，还有相当的稳定性。谢立夫的实验科学又巧妙地证明了这一点。当然，在别人身上，也发生着完全相同的过程。由此可见，无意沟通不仅是经常发生的，沟通的广泛程度远远超出了我们的想象，而且，这种沟通对于我们有着意想不到的深刻影响。其实，文化背景对于一个人的影响，更多的时候都是通过无意沟通实现的。影响个人行为与发展的社会比较，更多的时候也是通过无意识沟通实现的。

四、正式沟通与非正式沟通

正式沟通指在正式社交情境中发生的沟通，而非正式沟通指在非正式社会情境中发生的信息交流。我们每个人在日常生活中都离不开这两种沟通。在正式沟通过程中，如参加会议，情人初次会面，发表讲话时等，我们对于语词性的、非语词性的信息都会高度注意。语言上用词会更准确，并会注意语法的规范化。对于衣着，姿势和目光接触等也会十分注意。人们希望通过这些表现来为自己塑造一个好的形象，以便给别人留下良好印象。在正式沟通过程中，往往存在典型的"面具"效应，即人们试图掩盖自己的不足，行为举止上也会变得更为符合于社会期望。

在非正式沟通过程中，如小群体闲谈、夫妻居家生活等，人们会更为放松，行为举止也更接近其本来面目。沟通者对于语词和非语词信息的使用都比正式沟通随便。每个人都会有体会，在自己家里或亲密好友家里，同在上司家做客的感觉有着明显的区别。不仅背景的心理紧张程度不同，整个沟通过程也具有不同的性质。

五、个人内沟通与人际沟通

沟通不仅可以在个人与他人之间发生，也可以在个人自身内部发生。这种在个人自身内部发生的沟通过程就是个人内沟通（intrapersonal communication）或自我沟通。 个人内部神经系统是由信息传入和传出两个系统构成的。 比如人去抓握一个东西，全部过程都是由反复的内部沟通构成的。 首先是眼睛看到东西，信息由传入神经传到大脑，然后由人脑根据肌体需要发出抓握指令，指令经传出神经到达肌肉，被肌肉接受并引起收缩。 如果抓握动作第一次不够准确，还会发生一系列的信息反馈调节过程。

自言自语是最明显的自觉的个人内沟通过程。 一个人在做事时常自己对自己不断发出命令，自己又接受或拒绝命令。 小孩搭积木时，口中常念念有词："这一块应该放这儿。 不对，应该放这儿。 对，就是放这儿。"这是典型的自我沟通过程。

自我沟通过程是一切沟通的基础。 事实上，人们在对别人说出一句话或做出一个举动前，就已经经历了复杂的自我沟通过程。 不过，只有在你必须对一句话进行反复斟酌，或对一个举动反复考虑时，你才能清楚地意识到这种过程的存在。 自我沟通过程是其他形式的人与人之间沟通成功的基础。 精神分裂患者由于自我沟通过程出现了混乱，因而也不能与别人有真正成功的沟通。

人际沟通特指两个人或多个人之间的信息交流过程。 这是一种与我们日常生活关系最为密切的沟通。 我们与别人关系的建立和继续，都必须通过这种沟通来实现。 本书所涉及的沟通问题，就主要是以人际沟通为核心的。 更多的沟通分析，都是有关人际沟通的知识。

第四节　校长的人格特质与沟通

有句俗话："性格决定命运。"其实，在现实生活中有很多因素都会对命运产生影响，例如：性别、学历等都会对命运产生影响。为什么人们要讲性格决定命运？因为性格对人的命运的影响更加的深刻，无论你是男是女，生在哪里，父母是谁，学识高低，都有人活得很开心很幸福，有人活得很郁闷。但一个人的性格如果定了的话，这个人的生命状态基本就决定了。

一、性格的定义

性格是一个人经常的行为特征，以及因适应环境而产生的惯性行为倾向，包括显性行为特征和隐性心理倾向。

二、人格特质的分类

人格特质在很深层次上影响着人们的行为方式，我们把人格特质从四个纬度来分，如图所示。这四个维度分别是人际和情感、事情和结果、主动和外向以及被动和内向。有的人特别关注人际和情感，有的人特别关注事情和结果，

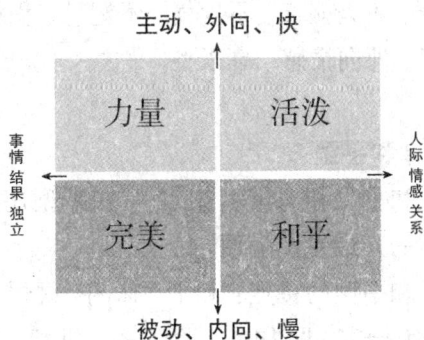

他们比较要求独立。另外两种人，一种比较主动，速度比较快，另外一种比较被动，做事的速度比较慢。

三、人格特质的分类及特点

（一）力量型

这种类型性格的人做事又快又注重结果，其性格主要特点：在表象和社交方面表现为自信、坚定、权威、快捷、天生领导、忽视人际、与工作无关的社交是浪费时间、实际、控制、直率、好争论、坚持己见、不道歉、好斗、义气；在情感和身心方面表现为工作型、生活在目标中、难放松、一病便是大病、注重方向、烦躁、性急、强调价值观、轻细节、有主见、行动力强、主动创造、执着、愈挫愈勇、艺术性差、情感弱。

这类性格的人一般认为要么按我说的干，要么就别干了，所以一般的造反派都是力量型性格，要调动力量型的人的工作积极性可以用激将法。

（二）活泼型

用一句俗话来说活泼型就是：没肝没肺，吃了就睡。活泼型的特点：在表象与社交方面表现为快乐、引人注意、大声、表面、马虎、无条理、好动、迟到、数字不敏感、多朋友、健忘、需要认同、先张嘴后思考、喜道歉、热情、插嘴、好赞美、夸张、新鲜感、故事大王、舞台高手。在情感与身心方面表现为生活在今天、心宽体胖、天真、长不大的孩子、沾火就着、不生气、不记愁、积极、感染力、活力、感性、艺术爱好者、外向情感、享乐型。

（三）和平型

和平型和力量型相对。和平型用一句话来形容那就是随便，这种类型的人最爱说随便。

和平型的特点：和平、休闲、缓慢、不愿引人注意、安静、稳定、善良、无侵害、朋友多、聆听者、机智、幽默、能不开口尽量不开口、旁观、调解矛盾、避免冲突、刻意和谐、难以决定、面面俱到、和事佬、好领导。

（四）完美型

完美型是这个世界上活得最累的一类人，这类人什么都放不下，如果这个人不但完美而且力量，那么不但他累，周围的人都会跟着累。在沟通中，这四种不同人格特质的人的相互评价：

① 完美型看活泼型有什么缺点：

在沟通当中，在人际关系中，完美型看活泼型的缺点，比方说丢三落四，做事毛毛躁躁，没计划，分析问题不够深刻，有时候爱夸海口，爱说大话，能忽悠，有点轻浮。

② 活泼型看完美型有什么缺点：

死板，小心眼，钻牛角尖，不会拐弯，比较慢，固执，假清高，一般的人看不到眼里去。

当然完美型也存在很多优点，如严谨，踏实，细心，计划做得好，会考虑风险。

四、与不同人格特质的人的沟通技巧

不同的人沟通风格是不一样的。性格，首先是指一个人经常的行为特征，以及适应环境而产生的惯性的行为景象，他在一个环境里面，表现出一种性格，他对上级是一个性格，对下级是另一种性格，工作是一个性格，回家又是一个性格，这叫作因环境而产生的一个惯性行为。再次，性格还包括显性的行为特征，它表现隐性的心理倾向，他不做但他心里琢磨，这也是性格。大致可以将性格分为四种，即活泼型、完美型、力量型和和平型。

（一）活泼型性格的特点及沟通技巧

⭐ **1 活泼型性格的特点**

① 活泼型的典型特征是快乐，脸像含苞待放的花一样，随时准备绽放，而且引人注意，喜欢引人注意，俗话讲有点人来疯。活泼型的人的能量是到处散发着的，往外张扬着某种力量。

185

②活泼型的人做事情比较乱。活泼型的人的办公室，不管多大的桌子，都铺得满满的，只要她一走别人什么东西都找不着。而完美型却截然不同，椅子往那一推，转身走人，这个桌子干干净净，跟没人用过一样，这是完美型，不用训练他就这样的。他这是内在的人格特质的一种需要，他不这样收拾好，心里难受，自己放不过自己。

③活泼型的人比较好动。举例来讲，听课的时候，有的人坐在椅子上很静、很定，他周围的空气都是静的。但是活泼型的人往那一坐，腿就开始晃，或者把腿搬起来，再或者手在桌子上敲，这种人不是活泼型就是力量型。人成年了以后，他很稳重，怎么判断他是不是活泼型？有一个地方，这辈子他也藏不住，那就是眼神，活泼型的人眼神总是左顾右盼，活泼型的人周围的整个氛围是跳动的，活跃的。如果你夸奖一个人，你夸奖活泼型，你是最棒的，活泼型的人心里的反应是"英雄识英雄啊"，这样的人是绝对的活泼型。

④活泼型的人面对别人的夸奖时的反应与其他类型不同。有位助教，在上课的时候出去了，他是活泼型的。有他在的地方就有很爽朗的笑声，他总带给别人快乐！下课后，学员对他说："刚才老师上课夸奖你了。"一般的人会觉得有点不太好意思，而他却说："哎呀！好可惜，可惜我不在！"这是活泼型的特有反应。如果他是力量型的话，他的内心反应是：废话，我不是最棒的，谁是最棒的。但嘴上说"哪里哪里"。完美型的人，面对同样的夸奖，其内心反应是：我真的有那么好吗？完美型的人心中有很多的怀疑。

⑤活泼型的人马虎无条理。例如，有位助教是活泼型的，有一次讲完课以后，他下楼去帮着拦一辆的士，他老远就看着一个灯在那亮，他就举了手，等车到跟前他就跑了，因为他发现那是辆警车。这就是活泼型，他只看那个灯亮就开始拦。

⑥活泼型的人对数字不敏感。对活泼型的人说数字他往往不喜欢听。

⑦活泼型的人健忘，也叫夸海口，过度承诺。

⑧活泼型的人需要认同，需要别人哄，喜欢新鲜的东西，喜欢说不喜欢听，这是活泼型最大的问题。说得太多而听得太少，这是活泼型遇到最大的挑战。

生活在今天，活泼型失恋也痛苦，但是只要有下一个接上就没事了。但完美型不行，完美型有了下一个还在想前一个——不知他过得怎么样，只要他过得比我好。用一句话来形容活泼型：今朝有酒今朝醉，对自己无所谓，对他人也无所谓。所以，活泼型活得比较开心。活泼型的开心有两种可能性，第一种叫作放下，因为他放下了，所以他很开心；第二种是逃避，或者叫逃离，他遇到一个问题时他就紧闭眼睛，就当没看见，这是活泼型遇到最大的问题。在沟通当中，你一定要抓住活泼型回到当下，回到这个问题上。典型的活泼型，他不活在当下，他总是跳出去，他就把压力忘掉或解脱掉，这可能是个自我保护的方法，但是这样会带来很多问题。

❷ 与活泼型性格的人沟通的技巧

在与活泼型的人沟通时，你的情绪要饱满一点，讲话的声音语调要上扬，要讲远景、讲梦想、讲未来，讲未来的图画，要讲故事，要有情绪在里面，这是活泼型的人爱听的。

与活性型性格的人的沟通技巧如下：

① 让他们参与讨论观点、思想和创造性观点，认可他们的努力。

② 不要直接进入分析，尽量共同开发多一些观点。

③ 愉快的气氛，动作稍快。

④ 表现出对他们"个人"感兴趣。

⑤ 当你们达到共识，将特别的细节罗列清楚，诸如什么，什么时候，如何等等。

⑥ 确保你们双方同意并将一切写下来（不仅是因为活泼型的沟通者喜欢书写的方式，而是因为他们很容易忘记）。

⑦ 对他们的外貌，创造性的思维，说服力和感召力及时认可或赞扬。

⑧ 容许他们谈论他们自己，并采用提问式的对话方式让他们"一吐为快"。

⑨ 如果你有他们所敬佩的人的支持，活泼型的人更容易相信你的观点。

第六章 校长沟通的艺术

（二）完美型性格的特点及沟通技巧

1 完美型性格的特点

① 完美型的人面色比较严肃，不苟言笑。

② 完美型的人特别爱分析，他先思考后发言。例如：全公司开会，老总说："谁先来发表一下观点？"一般第一个发言的是力量活泼型，完美型的人最后一个发言，站起来会说，这个问题，总的来讲分三个方面，第一第二第三；和平型最后也不说，他往往是说我都同意。

③ 在力量型眼中，完美型的废话太多，力量型的人关注结果，而完美型的人却关注过程，这两种类型的人沟通起来就有点问题。

④ 完美型还有个特点就是反应比较慢。完美型的人反应比较慢，不是说他的日常反应慢，是说他拐弯的速度比较慢。比方说：来了个新的项目，新的产品，新的改革变动要发生了，这个完美型要想很久。再例如说：股市开始涨了，买还是不买，完美型要想很久，明天还能涨吗，后天难道还能涨吗，万一跌了怎么办，完美型绝对不会先入市的，先入市的是活泼型的。活泼型上午听说你赚了五万块钱，下午他就会拿出钱来买股票。完美型与活泼型，他们的表达方式不一样。

⑤ 完美型高标准，对人对己都高标准，和完美型的人在一起有时候会很压抑。完美型应记住这么一句话："宁肯假快乐都不要真忧伤"。完美型担心的事情太多，完美型要学会放下。但完美型能放下很难，什么事都在心里，无时无刻都在想事，这种性格的人最累。

2 与完美型性格的人的沟通技巧

与完美型的人沟通，情绪要中肯，别太饱满，太饱满的话他就觉得有点忽悠；讲话速度要慢，语调要向下沉，要很确定的样子，讲完一个观点以后要举出例子，拿出证据来证明这一点。跟完美型的人沟通，不管你说得多明白，他还是要翻起来看文字的，完美型一定要看到文字。

与完美型性格的人的沟通技巧如下：

① 尽量支持思考者的条理性、思想性的沟通风格，注重行动和行事方法。

② 全面的、系统的、准确的、完善的准备工作。

③ 列出你计划的优势和劣势，对劣势有可行性的方案供选择。

④ 进行细节的解释，并解释如何产生结果。

⑤ 完美型喜欢书写的形式，因此要用备忘录或信件的形式进行随后跟踪。

⑥ 提供坚实、切实的证据（不是哪个人的观点）来证明你是真实和准确的。

⑦ 不要急于要求做出决定，给他们时间进行思考和分析来证明你说的话。

⑧ 表扬他们的高效率，有组织和全面地考虑。

力量活泼型的下属最怕与力量完美型的上级合作，假如力量活泼型的下属花了两个小时认认真真写了一篇报告，交给领导，领导拿起来一看，半分钟不到便找出了一大堆的错误，例如字体不对，行间距不对，字间距不对，排版不对，页码不对，没有图表，没有数据等等问题，这个活泼型的下属听了之后就可能直接崩溃。也就是说，力量活泼型在力量完美型手底下干活，就像生活在地狱里，但是有一点对于活泼型来讲是好的，在完美型手下是一个很好的成长机会。

一个人想做大事，如果一点完美型都没有的话，这个人做不了大事。总要有一些完美型，这个事才能做大。

（三）力量型性格的特点及沟通技巧

1 力量型性格的特点

① 力量型又叫能力型，力量型的人很自信。

人自信不需要理由，因此力量型的人天生自信，坚定权威。既然力量型的人坚定权威，那么力量型不听话的较多。所以，如果你的同事，或你的下属当中，有一类人不太听话，你对他说你的观点、意见和安排，他口头说行行行好好好，回去该怎么干还是怎么干，这个人就是典型的力量型。

竞技体育运动员一般需要力量型，如泰森就是力量型的。泰森如果是完美和平型那他就不可能是顶级的拳击手，他必须是力量型的。中国以前的跳高运动员朱建华，他技术没有问题，在训练的时候，一训练就破世界纪录，然而比赛中只得过第三名，这主要是他在人格特质上缺力量。邓亚萍是力量完美型，2008 奥运会，邓亚萍出来做电视评球，邓亚萍以前曾经出来评过球，她往屏幕前一坐，笑得很好、很职业，当开始评球了，她的脸就严肃起来，就如同在球场上我们从来没见到邓亚萍嬉皮笑脸一样，这是典型的力量型。

同样，销售人员也需要是力量型的，几乎所有成功的销售人员或者个人创业的老板都是力量型的，你几乎找不到一个人，他基本上没有力量，但是他销售做得特别好，销售人员需要有霸气，需要内在的霸气。

② 力量型的人的另一个特点是快捷，速度非常快。

现在讲一个概念叫执行力，在企业中执行层一般是由二把手或者常务副总来抓。历史上担任这个角色的人基本上都是力量完美型。例如：诸葛亮就是力量完美型，诸葛亮是抓权的。历史上记载，凡二十筏以上者必亲自过目，整个一个国家，只要是任免县令这样的事情，都得他自己亲自批。就如同集团董事长，200 块钱以上的预算都要亲自审批才能通过。因此司马懿说："食少烦多，岂能久乎？"诸葛亮就是这样一个人，力量完美型，抓落实抓得非常好，但是策略上的问题考虑得有时不周到。另外一个人也是力量完美型，那就是曾国藩。曾国藩一辈子只讲两个字，第一个叫"挺"，挺就是力量型；第二个叫"忍"，忍就是完美型。林彪也是典型的力量完美型，他很少嬉皮笑脸，一直以来都很严肃。周恩来总理是力量完美型还加和平型，历史上记载周恩来只要见一次外宾，就刮一次胡子，例如八点钟见到十点钟，中间有两个小时休息，可能两点钟又开始见一个外宾。两点钟见外宾时，他会再刮一次胡子。另外，他的穿着打扮非常整洁利落。他是典型的力量完美型加和平型的性格，执行力当中要求的素质，基本都包括在力量型跟完美型里面。

③ 力量型的人忽视人际关系，认为与工作无关的社交是浪费时间。也就是说，力量型的人不在乎你接受不接受，理解不理解，同意不同意，他只关注目标、业绩完成了没有。

【案例】

电视剧《亮剑》的主人翁李云龙的原形据说有两个，其中一个叫钟伟，是林彪的部下。钟伟是个师长，他的副司令带他跟别人打仗，对面遇到埋伏，司令问："打还是不打？"他说："打！"这个司令说："不打？打？"犹豫不决。他"噌"把枪拔出来顶着司令的头说："他娘的，打还是不打，再说不打我毙了你。"这个司令想了想"打，打就打吧！"在军队里面，下属拿枪逼着上级的头问他，这种事很不可思议，但这是真实的，他就这么干，这是典型的力量型的性格。

单纯的力量型在沟通当中的特点。第一点就是他非常强势，他要单向作用，他不喜欢听别人说话，就他自己说就够了，这是典型的力量型。他爱控制，说话很直率，直来直去的。

【案例】

1994年，比尔·盖茨要收购 AOL（美国在线）。比尔·盖茨和凯斯他们底下人谈得差不多了，就等最后签协议了。签协议的时候，比尔·盖茨对凯斯说了一句话："我可以收购美国在线 20％ 的股份，也可以收购全部的股份，也可以不收购美国在线，我们自己进入在线业务，把你们打垮。"凯斯也是力量型，"噌"地站起来："那你放马过来吧！"然后走了，比尔·盖茨说："你怎么走了呢？"凯斯说："您刚才说的什么意思？"盖茨说："我就想告诉你，微软很重视在线业务。"凯斯说："你说的不是这么回事，我听着好像是威胁。"

这充分体现了力量型的人要控制别人，说话直率，爱争论的特点。

② 与力量型性格的人的沟通技巧

① 尽量支持他们的目标和目的。

② 跟他们谈论事情的结果，不要纠缠过程中的细节。

③ 提问题容许他们给予简短的答复。

④ 使沟通保持工作性质，不要将重点放在建立私人关系上，除非对方希望如此。

⑤ 对于他们的观点给予认可或反对，而不是对个人如此。

⑥ 争论时对事不对人。

⑦ 准确，高效，时间性，条理性。

⑧ 如需影响力量型人的决定，你应该从结果出发去分析其可能性。

（四）和平型性格的特点及沟通技巧

1 和平型性格的特点

① 力量型的对立面叫作和平型。和平型的人做领导，有一个优点：他会听人说话，让别人觉得他很尊重别人。

和平型的领导人，如唐僧，历史上的唐僧是力量完美型，他是个大翻译家，大佛学家，建筑师，西安的大雁塔就是唐僧设计的，他设计的大雁塔一千多年不倒，他绝对是力量完美型的人。《西游记》里的唐僧有点力量型加和平型，他为什么加和平型啊，你看，唐僧有很多个"婆婆"，能管着唐僧的人很多，如玉皇大帝、如来佛、观世音菩萨等等，没有人希望他输。他不但跟神仙的关系很好，他跟妖怪的关系也很好。《西游记》里只有两种妖怪，一种要吃他，一种要嫁他，基本上是男的要吃他，女的要嫁他。但是不管什么妖怪死的时候，没有一个妖怪骂唐僧，都骂孙悟空。

② 和平型的人有个很好的能力，那就是他能整合周围的资源，而单纯的力量型总爱跟别人比，我比你强，他就不是整合，他就是要比较。

2 与和平型性格的人的沟通技巧

① 尽量耐心地聆听和以不敏感的方式提问，对他们的看法表示赞同；

② 用时间想一想，判断他们的真实目标和目的；

③ 不要轻易下结论，因为他们往往将观点隐藏起来；

④ 当你不同意他的时候，避免争论，以分享个人观点和感受的方式来进行讨论；

⑤ 给他们时间让他们建立对你的信任；

⑥ 交谈的时候采用非正式，慢一些的举止；

⑦ 赞扬他们的团队精神，以及"能够与他人很好相处"的能力。

不同性格的人得的病也是不一样的，活泼型容易得心脑血管疾病。

相对来说，完美型容易得两个病，第一个思多伤脾，对肠胃不好；第二个，完美型睡眠不好，神经衰弱。如果你的爱人是活泼型，你是完美型，那个活泼型倒头就睡着了，而完美型却辗转反侧难以入睡。完美型还有一个特点，春夏交替、秋冬交替的时候容易咳嗽，尤其秋冬，干咳，治也治不好，就这样干咳，因为忧伤肺。历史上的林黛玉、诸葛亮都是咳血而死，诸葛亮跟林黛玉是最典型的完美型的代表。

如果以上四种性格一定要讲哪种性格最好，那就是水的性格最好，小桥流水的欢快，有滴水穿石的坚韧，大江大河的磅礴，镜面一样的安静跟平静，水至柔又至刚，它放到什么里面就是什么形状。

总之，在沟通当中，我们要学会见人说人话，要用对方能够接受的方式去和对方沟通，一个成熟的性格在沟通当中表现出来的是弹性，需要你表现出什么性格，你就能表现出哪种性格，这才是一个真正好的沟通方式。

第五节　校长与下属和上级沟通的艺术

一、春风化雨，温暖得体——校长与下属沟通的艺术

在实际工作场景中，一个成功的校长在与下属的沟通过程中，大多懂得春风化雨，用温暖得体的语言去感召自己的下属，在"润物细无声"的感情里达到管理的目的。这种境界会进一步融洽校长与下属之间的人际关系，为彼此共同的生活、工作创造出良好的人际环境，进而促成工作环境的良性运转。那么，如何才能达到这种境界呢？

校长和教师的谈话主要有四种功能：监督功能，参与功能，指示功能，知人功能。具体来讲，可概述为以下几个方面。

⭐**1 善于利用一切谈话机会，善于抓住主要问题**

谈话通常分正式和非正式两种形式，前者在工作时间内进行，后者在业余时间内进行。作为校长，不应放弃非正式谈话机会。在教职工无戒备的心理状态下，哪怕是片言只语，有时也会有意外的信息，为今

后的正确管理决策提供重要的参考作用。

同时，谈话必须突出重点，扼要紧凑。一方面，校长本人要以身作则，在一般的关怀性问候之后，便迅速转入正题，阐明问题实质；另一方面，也要让教职工养成这种谈话习惯。要知道，多言是对信息实质不理解的表现，是谈话效率的大敌。

② 善于激发教职工讲实话的愿望

谈话是校长和教职工的双边活动，所要交流的也是反映真实情况的信息。教职工若无沟通的愿望，谈话难免要陷入僵局。因此，校长首先应具有细腻的情感、分寸感，注意说话的态度、方式以至语音、语调，旨在激发教职工讲话的愿望，使谈话在感情交流的过程中完成信息交流的任务。同时，校长一定要克服专制、蛮横的封建家长式作风，代之以坦率、诚恳、求实的态度，并且尽可能让教职工在谈话过程中了解到自己所感兴趣的是真实情况，并不是奉承、文饰的话，消除对方的顾虑或各种迎合心理。

③ 善于表达对谈话的情趣和热情，掌握评论的分寸

校长与教职工谈话时，校长对教职工一方的讲述予以积极、适当的反馈，才能使谈话者更津津乐道，从而使谈话愈加融洽、深入。因此，校长在听取教职工讲述时，应注意自己的态度，充分利用一切手段——表情、姿态、插话和感叹词等来表达出自己对教职工讲的内容的兴趣和对这次谈话的热情。同时，校长在听取教职工讲述时，也不应发表评论性意见。若非要作评论，措辞要有分寸，表达要谨慎。

④ 善于克制自己，善于利用谈话中的停顿

教职工在反映情况时，常会忽然批评、抱怨起某些事情，而这在客观上又正是在指责校长。这时校长更要头脑冷静、清醒，不要一时激动，自己也滔滔不绝地讲起来，甚至为自己辩解。而如果教职工在讲述中出现停顿，作为校长也要善于加以利用。如果停顿是故意的，它是教职工为探测一下校长对他讲话的反应、印象，校长就有必要给予一般性的插话，以鼓励他进一步讲述。如果是教职工的思维突然中断引起的，校长最好采用"反响提问法"来接通原来的思路。其方法就是用提问的形式重复教职工刚才讲的话语。

5 善于克服最初效应，切忌"顺我者昌，逆我者亡"

所谓最初效应就是日常所说的"先入为主"，有的人很注意这种效应，并且也具有"造成某种初次印象"的能力。因此，校长在谈话中要持客观、批判性的态度，时刻警觉，善于把做给人看的东西，从真实情形中区分出来。

更为重要的是，校长与下属之间切忌"顺我者昌，逆我者亡"，否则，"专横跋扈"就会成为这类校长的代名词。历史上这类反面的事例实在太多。总之，作为校长不应该太专权，而应该考虑一下教职工们的所思所想，别让自己的专权引起教职工们的反感与报复。要给教职工们一定的自由空间，让他们去自由自在地发展，要经常与教职工们进行沟通，不要老靠权威去控制他们。

二、校长与上级领导沟通艺术

人人都有自己的上司，上至国家干部，下至普通百姓，都是如此。校长与上司建立良好的人际关系也显得十分必要。

首先，在工作上要认真负责，明白上司的意图和工作重点；用最简洁有效的方式完成上司交给你的工作。

作为下属，在接受命令之后，应该积极开动脑筋，对即将负责的工作有一个初步的认识，告诉上司你的初步解决方案，尤其是对于可能在工作中出现的困难要有充分的认识；对于在自己能力范围之外的困难，应提请上司协调别的部门加以解决。

在很好的完成上司布置的工作前提下，要注意请示和汇报时的态度。

1 尊重而不吹捧

作为下属，我们一定要充分尊重上司，在各方面维护上司的权威，支持上司的工作，这也是下属的本分。首先，对上司工作上要支持、尊重和配合；其次，在生活上要关心；再次，在难题面前解围，有时上司处于矛盾的焦点上，下属要主动出面，勇于接触矛盾，承担责任，排忧解难。

2 请示而不依赖

一般说来，作为部门主管在自己职权范围内大胆负责、创造性工作，是值得倡导的，也是为上司所欢迎的。下属不能事事请示，遇事没有主见，大小事不做主。这样上司也许会觉得你办事不力，顶不了事。该请示汇报的必须请示汇报，但决不要依赖、等待。

3 主动而不越权

对工作要积极主动，敢于直言，善于提出自己的意见。不能唯唯喏喏，四平八稳。在处理同上司的关系上要克服两种错误认识：一是上司说啥是啥，叫怎么着就怎么着，好坏没有自己的责任；二是自恃高明，对上司的工作思路不研究、不落实，甚至另搞一套，阳奉阴违。当然，下属的积极主动、大胆负责是有条件的，要有利于维护上司的权威，维护团体内部的团结，在某些工作上不能擅自超越自己的职权。

4 说话简明扼要，重点突出

要学会观察上司的性格是属于哪种，不同的性格会使沟通的方式发生变化，与上司交谈时要简单明了。对于上司最关心的问题要重点突出、言简意赅。

5 面带微笑，充满自信

我们已经知道，在与人交谈的时候，一个人的语言和肢体语言所传达的信息各占50%。一个人若是对自己的计划和建议充满信心，那么他无论面对的是谁，都会表情自然；反之，如果他对自己的提议缺乏必要的信心，也会在言谈举止上有所流露。

6 尊敬上司，勿伤上司自尊

最后要注意一点，上司毕竟是上司，因此，无论你的可行性分析和项目计划有多么完美无缺，你也不能强迫上司接受它们。毕竟上司统管全局，他需要考虑和协调的事情你并不完全明白，你应该在阐述完自己的意见之后礼貌地告辞，给上司一段思考和决策的时间。即使上司不愿采纳你的意见，你也应该感谢上司倾听你的意见和建议，同时让上司感觉到你工作的积极性和主动性即可。

工作中难免遇到与上司意见不统一的情况，那你就要适当地说服上司。在说服上司时要注意以下几点：一是自始至终保持自信的笑容，并且音量适中。二是善于选择上司心情愉悦、精力充沛时的谈话时机。三是准备好详细的资料和数据以佐证你的方案。四是和上司交谈时亲切友善，能充分尊重上司的权威。上司也是人，也希望与下属沟通交流，建立融洽和谐的上下级关系。所以，不要害怕，也不要犹豫，勇敢地去做。

【案例】

韩珍德校长的沟通艺术

1991年，韩珍德到新建的常州路小学任校长。只有一座空荡荡的教学楼和几十张旧课桌。有门路的教师不愿去，有条件的学生转走了。学校要生存，教师要稳定，学生要留住，逼上华山一条路，只有创新，才能自解困难，走上发展之路。面对这种局面，只有拿出创新实践的勇气和行动。他坚持抓教育教学，以质量赢得学校在社会的良好声誉，同时，踏上了办工厂促教育的艰辛路程。1992年冬，为办防水涂料厂，他背着两棵胶州大白菜，在火车上站了18个小时，只身来到了沈阳，厂长看着他浮肿的双腿，"精诚所至，金石为开"，当即以最低的价格，把专利转让给他，凭此，学校当年就获利达18万元。在常州路小学这6年，他以企业创收，投资100多万扩建了教学楼，配备了实验室、建起了阅览室，成立了胶州市第一家管乐队，第一家安装了闭路电视系统等等，短短3年，位居齐鲁名校行列。

1997年，他来到建校早、规模大、起点高、影响面广的向阳小学，此时的向阳小学，也面临着发展的新课题。1700名学生，不足9亩的面积，只有一座1800平方米的教学办公楼，教师、学生竟没有阅览室。他当时毅然把学校仅有的一处门头房收回，改建为阅览室。有好多人不理解，一年两万的租金最起码可解决学校的经费困难。他认为：资金可通过其他渠道筹集，而师生，特别是学生错过了最佳学习期，缺少了阅读的积淀会遗憾终生。舍得！舍得！有舍才有得！他舍的是两万，但得到的是学生发展的空间，得到是社会、教职员工对学校发展远

197

景的期待，得到的是教师、学生对知识获取机会的增多，得到的是人心，这是无价之宝！

"君子爱财，取之有道"。在实践中，他创新了他的经营理念：用社会的钱办学校的事。学校要建电视台，电视机不够，他给 TCL 老总一封信，7 台电视到了向阳；学校的厕所要翻修，他给分管卫生的鹿英市长写信说，学校邻近胶州宾馆，入住宾馆的外地客人经常散步到学校，这样的旱厕影响胶州形象，市长帮忙了；操场没有硬化，一到下雨泥泞不堪，他拍了张学生在泥水中艰难行走的照片寄给分管城建的刘才栋市长，操场硬化经费到了向阳。仅有的一座教学办公楼严重影响了学校的发展，要盖新大楼，经费从哪里来？他苦思冥想，寻寻觅觅。是啊！到处都需要建设，到处都需要资金，政府也头疼啊！但小平同志说得好：别的可以等，可以放慢点速度，教育不能。怎样才能让领导理解他办教育的决心和苦心呢？"功夫不负有心人"。他得知市长有晨练的习惯，就早起床，探明他晨练的时间地点，和他一起晨练。开始不认识，他就一步步从自我介绍开始，说他的办学思想，学校发展的迫切要求，资金也一步步从 50 万、100 万到 200 万，最后市长说："老韩，你还有没有完啊！"他感谢政府的支持！盖一座新教学楼，这些资金不足以满足学校发展的需要。他在教职员工中又筹集了 200 万，并承诺 6 年还清。他又用融资的办法，学校出地方，承包者出器材，建成一座高档的健身房，上班时间无偿为学校师生健身，晚上节假日投资者可对外营业，这样，教师学生既有了活动的场所，承包者又营了利，实现了双赢。

取之有道，更要用之有道。有了钱怎么用？"用明天的钱办今天的事"。除了投入到学校建设外，他把有限的资金用在提高教师、学生的素质上，为他们的未来、为他们的明天着想。他在 1992 年就规定凡取得大专学历的教师一次性奖励 300 元，大本学历一次性奖励 500 元，使常州路的教师学历达标率率先走在市区前列。1997 年他刚调入向阳小学任校长时，为了让教师适应现代化教学，规定凡使用微机上课、备课的教师要进行奖励，现在大部分教师会制作课件。

苏霍姆林斯基曾言："学校的物质基础——这首先是一个完备教育过程的必不可少的条件；其次，它又是对学生精神世界施加影响的手段，是培养他们观点、信念和良好习惯的手段。"通过这些年的经营之路，他更坚信：要发展，必须要会经营，运用经济智慧和教育智慧，实现办学效益的最大化，学校发展的最快化，人才培养的最优化。他的沟通之道为学校、教师、学生的发展奠定了物质基础。

第七章
校长形成办学理念的艺术

有人说："一个好校长，就是一所好学校。"我想，这句话是说，在一定的外部条件具备以后，校长便是办好学校的决定因素。而一位校长要能办好一所学校，重要因素之一，就是校长要有成熟的、系统的关于办学的理性思考，即办学思想。

"教育家办学"，是温家宝总理自 2003 年以来提出的重大教育命题，其核心就是建设教育强国必须按照教育规律办事，尊重教育领导的专业特性，为校长专业化发展指明了前进方向，对于提高办学水平，办真正的教育，培养全面发展的高素质人才具有重要意义。让教育家担任校长，让校长成为教育家，既是政府的"提倡"，也是社会的期盼、时代的呼唤。这一命题启示我们要尊重教育规律，明确校长的崇高使命和历史责任，注重内涵发展，加强能力建设，为教育家的成长、发展创造良好环境，造就杰出的教育家。教育家办学必须集教育思想和教育实践于一身。没有思想的教育是盲目的实践，没有实践的教育是空洞的理论，真正的教育家是两者的有机结合。

正如苏霍姆林斯基在《给教师的建议》一书中指出："校长对学校的领导首先是教育思想的领导，其次才是行政的领导。"

第一节　校长办学思想基本概述

一、什么是办学思想

学校的教育理想和教育信念，是校长基于"办怎样的学校"和"怎样办好学校"的深层次思考的结晶。

所谓办学思想，就是校长对教育现象、教育规律、教育问题比较系统的全面的认识和看法。办学思想和教育思想严格来讲不是一回事，教育思想范畴更大，校长的办学思想也就是校长的教育思想，其中包括校长对教育本质的认识。我们天天在学校当中，天天见到很多教育现象、教育问题，我们必然对这些现象和问题进行思考，进而产生我们自己的看法和想法，这就是校长的办学思想。校长的办学思想体现着他的人才观、学生观、质量观，体现着他对教育改革的认识和把握。它是在教育实践过程中所形成的教育价值追求和对教育本质的认识。教育思想是合目的性与合规律性的统一。教育思想是人对教育规律的主观选择，教育思想又是人们对教育实践的提炼和概括。教育思想是在教育实践中产生，并对教育实践具有指导作用。

可见办学思想，从某种意义上说，就是学校生存理由、生存动力、生存期望的有机构成。

从内容来说，包括办学理念、教育目的理念、教师理念、治校理念等。

从结构来说，包括办学目标、工作思路、办学特色等要素。

办学思想的功能：就是要回答学校的全部活动所涉及的三个基本问题：为什么？做什么？怎么做？这三个问题的答案共同解决了学校的终极问题：学校是什么？

二、校长要确立办学思想必要性

第一，学校自身发展的需要

校长的办学思想有两个最基本的作用。其一，使校长个体的行为具有自觉性和目的性；其二，在此基础上，使学校的整体行为具有自觉性和目的性。自觉性表现为行为的理性，目的性表现为行为的指向性。任何类型的学校要走上可持续发展的道路，确立一个正确的、清晰的，既富于时代精神，又体现学校特点的办学思想是关键、是前提。

第二，学校形成或保持自己独有的个性和特色的需要

我国目前中小学的教育是共性明显，个性欠缺。显然，对办学特色和办学模式多样化的追求应该从对办学思想的追求开始。从北大到清华、从吉林一中到吉林市第二实验小学，人们之所以记住它们，是因为它们都有自己鲜明的办学特色，这些办学特色的形成，离不开这些学校的校长们独特而深邃的办学思想。

第三，校长的职业成长需要

作为校长，应该经常思考：一定时期内的办学目标是什么？用什么样的教育思想、办学思想去实现办学目标？校长有了这种思考，就有了自我发展、自我完善的动力，而有了这样的自觉的校长，就可能办出一所好学校，校长个人也可能在办学实践中成长为教育家。

总之，办学思想是学校发展和形成特色的关键，办学思想有助于校长的职业成长。

三、办学思想的内容

⭐ 学生观

学生观问题是办学思想的原点问题，因为任何学校的根本目的是为了促进学生发展，无论其有意识还是无意识，都对学生的发展起着一定的作用。但对学生的理解不同，即所持有的学生观不同，学校教育活动的设计、学校生活的创设就有差异。

近年来，我国的教育理论在学生观问题上，基本达成一个共识，即学生是主体。这一观念无疑是正确的，但它只回答了学生观一个方面的问题：学生在教育活动或过程中的地位问题，而没有进一步回答学生是一个什么样的主体，是一个什么样的人。而在实际的教学过程中，学生依然是一种"知识的容器"、"品德袋"。我觉得一所学校的办学思想应该清晰地回答学生作为一个人的独特性。

有的学校提出的办学思想是"以人为本"，毫无疑问这是正确的，但它不是一个有效的办学思想，因为"以人为本的科学发展观"是我国整个社会发展的基本战略指导思想，它不能清晰地明确学生观，没有揭示教育的独特性，也仅仅表达对学生地位的尊重，如同"坚持社会主义办学方向"的提法一样，没有体现出对学生特殊性的把握，而且从中难以解读出对教育的理解。对办学思想而言，最具有概括性的和最正确的，未必就是最合适的。

② 教育观

对教育的多种解释：

《中庸》："天命之谓性，率性之谓道，修道之谓教"。教育即"修道"；

梁启超："教育是什么？教育是教人学做人——学做'现代的'人。身体坏了，人便活不成或活得无趣，所以要给他种种体育。没有几样看家本事，就不能养活自己，所以要给他种种智育。其他一切教育事项虽然很复杂，目的总是归到学做人这一点。"教育即"学做人"。

陶行知："生活即教育"。"教育是通过生活，为了生活和在生活之中进行的。""生活"即教育。

《中国大百科全书·教育卷》："教育是培养人的一种社会现象，是传递生产经验和社会生活经验的必要手段。"教育即"经验传递"。

夸美纽斯："只有受过恰当教育之后，人才能成为一个人。"教育即"成人"。

杜威："教育即生活"，"教育即生长"，"教育即经验的改造"。

弗莱雷："教育是一种自由实践。""教育即解放。"

学校通过教育究竟要获得什么？

这是办学思想需要明确的教育价值观问题。从办学思想中能够透视出学校教育的核心价值观，即切实促进学生素质全面而有个性地发展，为学生提供终身发展必备的基础知识和基本技能，激发学生终身学习的愿望，发展他们终身学习的能力，引导学生占有人类共享的普遍价值观，养成负责任的生活态度，具有基本的创新精神和实践能力，从而具备思考并规划人生的能力，切实奠定"学会认知、学会做事、学会与他人共同生活和共同工作、学会生存"四大价值支柱。

有的学校提出的办学思想是"办人民满意的教育"，这种提法没有清晰地回答办学者对教育本质观和教育价值观的理解，因而作为办学思想难以成立。

有的学校的办学思想是"一切为了学生，为了一切学生，为了学生的一切"或"为每个学生的人生发展奠基"。应该说这种办学思想蕴含着比较合理的教育价值观。但这类办学思想，一方面提法一般，缺乏新意；另一方面，还需要内在地蕴含着一定的学校观。

3 学校观

学校是一种文化组织、教育机构、社会机构，也是一种具有独特价值的场所。办学思想反映的是学校的教育思想，因而，办学思想不能回避对学校的理解。

我们如何理解学校，就会如何决定学校行为、学校思维乃至整个学校生活方式。作为办学思想，应渗透如下对学校的基本理解。

第一，学校不只是一种知识传授的场所，而是一种社会组织，是将制度化组织与日常生活组织统一的组织。学校组织具有强烈的生活意义，学校中的教育者、受教育者、管理者的学校行为不仅仅是教育行为，也是一种生活行为和生活方式，其中展现着积极向上的生活态度。

第二，学校是一种充满着精神感召力的学习型的与发展型的文化组织。精神感召力是文化组织的基本标志。

第三，学校是具有文化品位的场所。有品位的学校应具有合作与交往的文化、研究与创新的文化、人本文化。

第四，学校是物质环境与心理、精神和谐统一的优质生活空间。环境的人文情调和人文关怀的彰显；环境和资源进入学校中人的生活，学校应具有"家"的亲和力。

有的学校办学思想是"把学校办成省内一流、国内知名的示范性学校"。很显然，这仅仅是学校发展的具体的形象目标（而且还多少带有点功利的色彩），而不是办学思想。有的学校的办学思想是"把学校办成学生的家园、学园、乐园"（即所谓的"三园"学校），这种思想凸显了学校的功能和价值，但又缺乏了核心的教育本质观。

当然，合理的办学思想还应凝聚着学校的教师观、学生发展观、教育质量观等丰富的内容，因为合理的办学思想不是一个口号，不是一个概念，不是一个教育政策，不是一种教育模式，而是沉淀了学校的历史传统，反映了学校的社区背景，以及学校校长和广大教师共同远景的一整套教育思想体系的结晶。

四、校长办学思想的特性

校长的办学思想应具备以下特征：

⭐1 **导向性和时代性。** 导向性是指办学思想必须表明学校的核心价值观及其内核，即回答"把学生培养成什么人"这一根本问题。这在教育方针中已有明确的表述，所有的办学思想都应该体现教书育人的目标，并指导学校达成这一目标。每一个校长都生活在一个时代，校长的思想肯定受到这个时代的影响和制约，所以校长的很多观点与想法，必然反映出这个时代的特征，并朝着时代和社会发展目标前进。

⭐2 **稳定性和独特性。** 校长的办学思想应该是先进的、科学的，它必然反映了客观规律，因而这种办学思想不能朝令夕改，否则学校的发展就不能稳定进行。而稳定的教育思想能给学校带来稳定的发展，这是符合教育的客观规律的。独特性是指作为学校发展的总体指导思想，办学思想应充分考虑学校的地理位置、学校的办学层次、培养对象和学校特色等情况。办学思想有特定的精神内涵，反映学校成员对教育和学校工作的理性认识。其表述必须简单、明确、没有歧义，容易被教育实践工作者所理解和接受。

⭐3 **同一性和多样性。** 同一性，因为我们都处在这个时代，都处在中学或者小学，学校的性质差不多，所以很多校长的办学思想当中必然有很多相同的东西。 这是正确的，也是符合客观规律的。 但是，由于每所学校的地域不同，每所学校的历史背景不同，每个校长的个性不同，每个校长的经历也不同，因此在校长的办学思想当中，必然同中有异。 为此，每位校长的办学思想必然具有同一性又具有多样性。

4 实践性与理论性。 校长的办学思想来源于校长的办学实践。 但是，仅有实践经验是不够的，实践经验必须经过校长的理论学习，要经过我们自己的认真思考、升华，才能将其上升为我们自己的办学思想、观点，最后还要回到实践中，经过实践的检验。 所以校长的办学思想，不仅强调实践性，还要强调理论性。

第二节　校长办学思想的形成

办学思想是学校发展的灵魂、纲领、思想体系和学校哲学。 办学思想承载着学校的教育观念文化，是教师应具有的教育思想的观念基础。没有清晰的办学思想，就不可能有高质量的教育和优质的学校。 究竟怎样提炼学校自己独特的办学思想？ 提出一个什么样的办学思想？

一、正确角色定位，树立全面质量意识

校长要形成自己的办学思想，首先要正确定位自己的角色。 在新课改的实践中校长的角色定位应该是：

1 校长是学校的领导者

校长是学校的领导者，一方面要调动一切积极因素，把全体教职员工组织起来，率领他们积极工作，另一方面就是引导教师通过学习、研究，为教师指明前进的方向。 校长要站得高，超前把握学校发展态势，对学校的办学方向、办学理念进行谋划、调整，使之更合理化，更具有前瞻性，使学校的办学目标明确、办学思路清晰，这样才能把学校引上

正确的航向。 学校发展方向和规划制订以后，干部选拔和运用就是决定的因素。 校长应立足对干部的严格要求与关怀培养，让下属干部各自独挡一面，不是大事小事，事必躬亲。 校长要统揽全局，慧眼识人，放手用人。

校长需要深入教育教学第一线，指导教师把先进的教育理念转化为实践活动，最大限度地开发每一个教师的潜能，使每个学生都有成功的希望。 带领师生在竞争中开拓，在开拓中创新，在创新中超越。

⭐2 校长是学校的管理者

校长不仅是学校的领导者，也是学校的管理者，他既要把握决策方向，又要具体组织实施。 如果说领导是侧重在战略方面，那么管理则偏重于战术方面。 校长是学校集体的组织者，一所学校无论大小，它的所有资源——人、财、物、时间、空间、信息，必须由一个人来统一组织调配，使其有效利用和合理配置，去实现集体的发展目标，发挥最大的效益，校长必须担负起这一角色。 学校工作运转的正常与有效首先取决于校长的管理能力。 校长管理学校应依法而管，管而有度，要讲情理，理而有节。 要把主要精力用在管好教师发展、课程开发、教学和评价方面，同时兼顾师生的协调发展。

校长管理要抓好计划、实施、督导、总结四个环节。 计划是整个管理过程的起点，主要是制定目标和选择工作方案；实施是管理过程的中心环节，重点是组织、指挥，合理运作资源；督导是对工作进展情况的检查和指导，需及时进行反馈调节；总结是对整个工作过程和结果的全面分析和评价，重在肯定成绩，总结经验。 一个目标实现前要有对下一个目标的构想，上一个目标实现之日就是下一个目标开始之时，使学校的改革和发展不断进行着良性循环和滚动提高。 同时，校长的管理过程中还要抓好规章制度的建设、凝聚人心的工程、奖惩和评价等方面的工作。

⭐3 校长是师生的教育者

有什么样的校长，就会有什么样的学校。 一个学校的风气如何，就看这个学校的校长的作风如何。 校长的举手投足、一言一行，都对师生起着潜移默化的教育作用。 校长的教育者角色是由学校教育工作的性质、特点和任务决定的。校长是言传身教的教育者。有学者说过："校长是教师的教师。"校长的地位和职能决定了他必须比一般教师和一般学校干部更有思想，更博学多识，更业务过硬，更人格高尚。他的勤职敬业、严谨治学直接影响着学校良好的教风、学风的形成。校长应以自己先进的教育思想、广博的学识和强烈的创新精神，充分发挥对教师的领导和教育作用。

学校的管理过程本身就是教育的过程，学校的管理过程与教育过程是一个统一整体的两个侧面，这两方面的不可分性决定了学校管理者同时又是教育者。管理育人，学校管理的目的是培养人，青少年学生既是校长的管理对象，又是教育对象；学校管理的内容是以教育教学作为中心，学校其他一切工作者都应为教育教学工作服务；学校管理的效果也体现在教育效益上，体现在提高青少年全面素质的基础上。因此校长作为领导者、管理者、教育者的角色是相辅相成的。

⭐ 4 校长是学校的经营者

现代校长应该学习和借鉴企业家的经营理念，提高经营管理意识，以迎接急剧变化的社会挑战，适应社会变化的需要。作为经营者，校长首先要管好学校，更要发展学校，把学校做强做大。校长要有学校发展的通盘规划，不断开拓进取，校长要加强学校的软硬件建设，要加强校园环境和校园文化建设，要实现教育设施设备的现代化，让学校始终处在日新月异的变化发展之中。第二，校长要以人为本，树立团队意识。管理者关键是要关注员工的价值，充分挖掘员工的各方面的潜力。校长应像企业家那样，总是把"人"放在管理的首位，把学校的员工组建成一个团结进取的高效团队。第三，在学校管理中要引进竞争意识，实施量化管理。让员工在竞争中实现自己的价值，实现教育的价值，同时也实现管理者自身的价值。第四，校长要树立品牌意识。打造学校品牌，制作教育精品，满足人民大众对优质教育的强烈需求，实现优质教育社会效益的最大化，是校长必须去精心经营的目标。经营学校的品牌靠的是对学校的全面质量管理和品位的追求。第五，校长要重视经营教育的现代化、信息化。信息高速公路的出现，改变了我们的生活方式和学习方式，学校教育目标和评价方式发生了变革，全面走向电化教学、多媒体教学、校园网教学，学校应该成为信息化、电子化、数字化的校园。

5 校长是学校的学术带头人

苏霍姆林斯基曾说："如果你想成为一位好校长，那么首先就得成为一名出色的教师。"我们也经常听说一句话：校长是教师的首席。 校长在学校不仅管理水平要高，更应该是一位善于教学的优秀教师和学术造诣较深、教研水平较高的专家。 校长的知识学问既要有一定的广度，也要有相当的深度。 没有一定的广度，不足以了解学科知识之间的关系，不足以掌握学校教育的整体结构，不足以平衡、协调学科教学的轻重得失，也就无法正确决策。 而没有相当的深度，就不可能了解学科研究的前沿，跟上学科发展的步伐，不可能在某个专业领域取得话语权，找到立身之地，也就无法对教师进行引领和指导。 校长要有高度的专业敏感，洞悉国内外教育改革与发展的最新动态，及时吸收国内外先进的经验和成果，丰富自己的理论，始终保持理论上的高姿态。 能带领教师开展文化、业务学习，用最新教育教学理论武装教师，用先进的科学文化知识充实教育教学内容，使学校的教育教学永远反映社会发展的时代特征。 一个优秀的校长必须是教师成长的引领者，是新课程改革实验的学术带头人，他需要指导教师学习、进修、探索、研究，为教师成长搭建平台，帮助教师专业成长，指导教师管理班级，如怎样观察学生，研究学情，提出工作思路和方法，如何与家长进行良好的沟通，和家长进行默契的配合等。 经验证明，一所学校没有一个专家学者型的校长，是不会带出名师、办出一流学校的。

6 校长是师生的服务者

校长就其岗位职务来说，是领导者，而就领导者的价值本质来说，则是公仆，服务是校长职业的最为本质的属性。 "领导就是服务"，这句话在校长身上体现得最为典型，也最为充分。 因此，校长一定要尊重师生的主体地位，把服务于教师、学生、家长、社区作为唯一的宗旨，绝不能高居于群众之上，指手划脚，颐指气使，要诚恳地接受群众监督，为学校的发展竭尽全力。 校长要尽心尽力地为教师的发展提供良好的工作环境，为学生的发展提供良好的学习条件，让师生更好地体验到被领导关注和爱护的温暖，更好地领悟到工作和学习的快乐。

7 校长是学校内外关系的协调者

市场经济的发展，决定着学校也要面向社会、走向社会，形成开放格局。作为一校之长，我们不能只习惯于办公桌前的思考，满足于校园的内部管理，我们只有立足于学校，主动走出去，广交朋友，放开办学视野，协调好校内外各种关系，充分调动和利用一切有利的因素，以形成集体的合力，才能使学校不断进步，立于不败之地。美国教育家戴尔·卡耐基说，一个人的成功，只有15％是由于他的专业技术，而85％却要靠他的人际关系和做人处世的能力。学校是一个充满人际关系的场所。学校管理关系包括工作关系和人际关系。在工作中，校长不但要处理学校内部各部门、各方面的关系，而且要处理好学校内部与外部环境的关系，处理学校与家庭、社会的关系。一句话，作为一校之长必须善于"处事"——善于在错综复杂的社会网络中理顺自我和学校、自我与外界方方面面的关系，努力成为学校内外关系的成功协调者。

二、校长办学思想形成的途径

1 学习理论知识

在新的形势下，校长的"教育者、管理者和领导者"角色定位要求校长要认真学习，勤于积累，提升自己的专业领导力。学习科学的管理知识，让学校管理向合理化和科学化的方向迈进，不断提升教学质量与效益；学习系统的教育教学理论知识，做教育教学的行家；学习人文、社会经济科学等学科知识，在日常生活中灵活运用，工作就会得心应手；学习一些法律知识，做到依法治校，切实保障师生的合法权益，保证国家教育方针的贯彻落实；广泛学习一些文学知识，增厚自己的文化底蕴，让自己的言谈举止更加文明、优雅、规范。以上这些知识校长都要广泛涉猎，是校长专业化成长必备的知识，但不是要求校长成为其中某一项专家。其实校长还可以经常走出校园，到一些名校参观学习，学习它们的先进办学理念、先进管理经验，为自己办学思想的形成做好准备。

2 理论与实践结合

理论学得再深，毕竟还是理论。理论上升为思想，还得经过实践的检验。因为校长在多年的办学实践当中，面对种种教育现象、教育问题，会形成自己的一些想法和看法，这就是校长办学思想产生的很重要的实践基础。校长必须经过思考，把自己的看法和想法由感性上升为理性。然后用这些理性认识反过来去指导工作实践，在实践中完善，就能形成自己的办学思想。

⭐3 把握趋势

校长必须加强目的性学习，了解当前教育改革发展的动态，包括我国的教育改革发展动态和世界教育改革发展的动态，前沿教育新理念，并认真研究，对新理念能准确理解和把握。这样才会使自己的思想紧跟教育发展的趋势。校长是学校发展的总设计师，必须具备深邃的洞察力、细致的谋划力和准确判断力。要求既能从宏观上做出合乎教育发展趋势的前瞻性决策，又能从中观、微观上做出合乎实际的科学安排。包括中远期规划，短期计划等。比如：现在学校建设要向标准化学校建设方向迈进，那么新建一所学校，该怎么规划？新建一栋教学楼，该怎么设计？标准化的运动场是什么样的？标准化的学校教学质量又该如何提升？这些，校长都要做前瞻性研究，做科学的规划，不要拿着纳税人的钱，搞学校的重复性建设。

⭐4 继承与创新

著名教育家魏书生在演讲时多次强调"守住守住再守住，坚持坚持在坚持"，在教学中要守住多年来形成的好的做法。我国传统的教育思想中有许多精髓值得我们永远去学习与借鉴。比如，我国2000多年前的教育家孔子的"因材施教、有教无类、寓教于乐、教学相长"等思想在今天仍然有用。校长的办学思想不仅要继承传统精髓，更要求新求变。我国著名教育家陶行知曾说过："今日的教育家，必定在下列两种要素中得到了一种，方可成为第一流的人物。一是敢探未发明的新理，二是敢入未开化的边疆。"我想陶先生这里所说的敢探未发明的新理就是指创新精神，敢入未开化的边疆就是开辟精神。卓越的创新能力体现了一个人发现问题、积极探索的心理取向和善于把握机会的敏锐性。创新能力是一种人格特征和精神状态以及综合素质的体现，是克服故步自封、不思进取的利器。校长要做出不同凡响的成绩，就要有创新的勇气与创新的能力。如果一个校长总是守着前人的成绩，不思考学校的发展；每天只求安全稳定，不敢开展一些有意义的活动；学校管理只是停留在常规管理层面，不敢接受新的教育理念与方法的挑战。这样的行为其实是不作为行为，一所原本很好的学校将会被他经营得江河日下，从某种意义上说，不管你如何兢兢业业，任劳任怨也不是一个合格的管理者。

5 写作提炼

校长的思想形成并不难，但有个性的思想形成不容易，鲜明的个性可以表现出校长独到的办学见地。"学术自由，兼容并包"的学术精神，体现了"北大人"的追求；"自强不息，厚德载物"的校训，表现了"清华人"的沉稳；北京师范大学的"学为人师，行为示范"体现出教师的人格魅力；北京第二实验小学提出的"双主体育人"和山东李希贵局长提出的"学生第二"体现了"构建学习型组织，促进教师主动发展"的办学思路。综合这些名校校训和办学思路，无不体现出"育人为本"的工作方针，体现出深厚的文化底蕴。校长要培养自己的语言驾驭能力，学习古人精心"推敲"精神，力求"语不惊人死不休"。校长要锻炼自己的行文能力，以妙语经纶来提炼自己的办学思想、来展示自己的办学思想。

三、校长实现办学思想途径

1 牢牢把握人类的基本价值共识

作为现代学校的领导，从培养地球村的合格公民的角度都必须遵循和维护人类基本的价值共识，如诚实、信任、理性、自由、公正、尊重、责任、俭朴、清洁、快乐、合作、和平、宽容、团结、幸福、平等、体恤弱小等。这些价值共识是超越时间、超越文化和超越社群的，应该为所有的人所认同。正是从做人的基点出发，把"诚信"、"合作"、"责任"、"宽容"为主要内容，一事一例地体现在日常讲话、教育教学行为和管理制度中，从而赢得师生员工的支持、理解与赞赏，形成现代人的共识与品质。

② 系统掌握、深刻理解社会主流价值

社会主流价值是指社会成员在处理重大社会关系特别是社会利益问题时所应坚持的价值原则，它是社会理解、社会团结和社会合作的基石。我国现阶段的主流价值观或核心价值观是：马克思主义指导思想，中国特色社会主义共同理想，以爱国主义为核心的民族精神和以改革创新为核心的时代精神，社会主义荣辱观。作为校长，要对这些社会主流价值观有系统的了解和深刻的认识，这不仅是校长的政治责任，也是校长领导整个学校开展价值观教育的客观要求，更是引导和重塑师生价值观念的重要条件。如吉林市二实验小学多年来以爱国主义教育作为主题形成系列、在学习英雄中建设孙桂芝中队成为传统、以社会主义荣辱观为主要内容的养成教育经验在地区推广，这些社会主流教育的传统要发扬必须用统一的思想来认同。新校长到任后，提出了"稳定、和谐、发展"的工作方针和"同心同德促和谐、一心一意谋发展"的工作要求，让全体师生向社会主流价值靠拢，从而实现办人民满意的学校的目标。

③ 树立正确的现代教育价值观

校长的价值意识和价值信念最终需要转化为教育价值观才能发挥实际的领导作用。现代教育价值观事实上也是以人类基本价值和社会主流价值为基础的，与它们有着高度的一致性。素质教育就是这样一种体现了人类基本价值共识和社会主流价值要求的现代教育理念，它包含了以人为本、和谐发展、自主发展、终身学习、让每个孩子都成功等丰富的价值内涵，在学校应得到准确的理解与努力的实践。在当前社会上比较关注教育公平的情况下，我校突出重视"因材施教"，使每个学生都在教育中获得相应的发展，也就是走向成功，这既体现了人类追求公平的基本价值要求，更反映了社会主义的核心价值——致力于建立一个更加公平正义的社会的理想。对于当前其他的一切赢得人民群众拥护的免费义务教育、取消公办学校的择校政策等，我校也从价值论角度来观察对待，切实地体现了现代学校教育价值观的内涵与要求。

④ 建立平等、开放的价值讨论空间

校长在运用价值领导实现办学思想的过程中，必然会碰到不同价值观之间的分歧和冲突。面对这种现实，校长不能简单地以个人的权威或行政权力来解决问题，而应该建立一个平等、开放的价值讨论空间，鼓励师生员工就不同的价值观念特别是教育价值观念进行交流、讨论。某校长新到一所学校之时，面对纷繁复杂的人际关系，积极开展"知荣辱、明是非，促和谐发展"主题大讨论，进而凝聚人心。然后开始建立共同的愿景，把学校发展意图在教职工中展现，开展"假如我是校长，未来的三年我将这样规划……"为学校发展提合理化建议活动，教师人人是学校的主人。然后通过教代会对学校的考核细则、成果奖励办法、考勤制度等进行修订，在校内一方面做到无章的，立；遵章的，扬；违章的，罚。另一方面，采取激励式评价等手段，造相互赏识之势。学校大力倡导看到别人的优点是自己最大的优点；宽容别人就是善待自己；储蓄金钱，富裕的是整个口袋；储蓄感动，富裕的是整个心灵等观点，让大家在赏识别人中净化自己，在竞争中凝聚力量，并在构建新型的平等、和谐的师生关系的探讨中，逐步优化学校的生存环境和发展空间。在此过程中，校长的价值领导能力得到持续的提升，学校共同愿景在提升中逐步实现。

⑤ 在整合优化中形成价值共识

形成新的价值体系就需要校长对原有的价值以及师生员工日常思想与行为的价值观念进行识别，这是实施价值领导最基础的能力。在价值观问题上，都存在着正确与错误、主流与非主流、高尚与低级、新与旧的区分。引导他们选择那些能够体现人类基本价值、社会主流价值和组织价值的价值观念。对于思想有抵触的要求校长在实施价值引导时要能够并善于为自己或学校组织价值所崇尚的价值观念进行辩护，帮助师生员工充分地了解和认同学校组织价值的的合理性和正当性。同时要对不同价值认识进行商谈，明察秋毫，抛开人际关系的因素，站在正确的价值立场上，在尊重价值观多样性的前提下引导教师建立基本的价值共识，并对原来的价值观进行整合。

⑥ 在办学实践中验证、充实和升华

价值领导的过程实际上是将某种经过选择和辩护的共同价值观念付

诸实践,体现于学校理念、制度、行为乃至环境建设之中的过程。 这一过程本身并不是一帆风顺的,会遇到各种意想不到的困难和阻碍。 如果属于价值观本身的问题,应该通过检讨和重新确立价值观得以解决。如果属于政策制定和人际沟通的问题,可以通过提高政策制定的民主性、科学性以及更加充分的思想交流得到解决。 具体的办法多种多样,但是将共同的价值观念特别是教育价值观念付诸实践的立场、意志和决心不能改变。 如某校以培养教师的职业精神为核心的大讨论和典型培树活动,通过讨论整合,提炼出我校教师的十种职业精神,即"终身从教的献身精神,认真执教的敬业精神,爱生如子的博爱精神,不甘人后的进取精神,不计得失的奉献精神,互助合作的团队精神,勇挑重担的实干精神,躬身垂范的表率精神,刻苦钻研的钉子精神,与时俱进的创新精神",成为教师职业精神的价值引领。

第三节　校长办学理念及相关问题

　　一般说来,校长要有办学思想,学校要形成办学理念,那么办学思想与理念有何异同? 校长办学思想,是校长对教育现象、教育规律、教育问题比较系统的全面的认识和看法,是指校长对客观存在的教育状况和本身需求进行思考、思维和构思并且有了较成熟的教育主张与系统性的思路或意识。 而办学理念指对学校办学的事项进行反复研究琢磨后得出本质属性的概念性结果,就是对大部分事件的最合理的解释。 理念是一种关联,人的头脑总在寻找关联;因此,当表面截然不同的现象被某个不起眼的纽带联系在一起时,会感到新奇。 一个理念是对习以为常的挑战的全新见解。 办学理念包含于办学思想中,理念是思想的具体化、概念化。

一、对办学理念认识的误区

一是办学理念不是学校的教育模式或教学模式

许多学校在进行教育改革与研究的时候，都试图提出一种教学模式或教育模式，并用这种教学模式或教育模式来表征学校的办学理念。

如"情景教学"、"启发式教学"、"愉快教育"、"成功教育"、"希望教育"、"挫折教育"、"赏识教育"等，尽管这些教学模式或教育模式对改进教学工作和学校教育工作产生了积极的作用，但把某种教学模式或教育模式作为办学理念，显然是不恰当的，因为它难以承载"办学理念"的丰富内涵。

办学理念不是由一个"概念"来承载的，而应是一组教育命题或教育观念构成的。

二是办学理念不是校训

校训一般涉及教风、学风、班风，校训往往是以词组的形式来表达的。词组不能表述命题或观点，故校训不能取代办学理念。

三是办学理念不能完全等同于学校特色

学校特色是在办学理念的指导下得以彰显的，但学校特色不能代表办学理念。有的学校把创办"现代教育技术学校"、"体育特色学校"、"艺术特色学校"、"科技发明学校"等作为办学理念，也有局限性。因为这些特色不是基础教育的全部内容。

二、办学理念的表述

办学理念的内涵是丰富的。办学理念的具体表述是多样的，但表述方式是相似的。办学理念的提炼与表述应注意以下几个方面的要求：

⭐1 整合的思维方式

由于办学理念涉及教育本质观、教育价值观、学生观、学校观、教育质量观、学生发展观和学校发展战略等方面的内容，因而，办学理念的表述应尽可能地统整其内核的基本要素，使办学理念具有一定的包容性和可解读性。

单一的办学理念往往是从某一个角度来表述的，缺乏整合的思路。如：某实验中学的办学理念"以德立校、依法治校、科研兴校、质量强校、特色名校"，就仅仅突出了学校发展思路和发展目标，缺少核心的教育观、价值观、学生观和学校观，没有体现"实验"学校的本质，理念的可解读性和包容性不强。

某小学的办学理念是"为每个孩子提供一生都值得回忆的优质小学教育"，这一办学理念具有较强的可解读性和包容性，人们从中至少可以认识到：以学生为本的理念、终身教育的理念、关注学生终身发展的愿望和能力的价值观、学校是影响学生一生的发展组织的学校观、追求优质和卓越，超越平庸的教育质量观的丰富内涵，它没有标签式的"示范"或"特色"或"名校"等功利追求，切实体现了以人为本的学校发展观。

整合的思维方式并不是要求办学理念概括性越强越广泛越好。整合要以核心理念和价值观清晰为前提，办学理念拒斥正确的废话，如某校的办学理念"坚持社会主义办学方向，办人们满意的教育"。

再如某中学的办学理念"传承文明、播种希望、与时俱进、开创未来"等，表面上正确，其实没有核心理念。

❷ 语句简洁，情理交融

办学理念的表述不仅应该用简洁的文字，精要地表达丰富的思想和价值，而且应该寓情于理，情理交融，具有思想的冲击力和情感的冲击力。语句简洁，观点明确，内涵丰富，是合理的办学理念的共性特点。有的学校办学理念冗长而偏颇，不仅不便于记忆，也不便于理解和把握。

如某实验学校的办学理念是：人类的竞争，生存的竞争，实质是大脑的竞争。全脑开发就是人类竞争必胜的法宝。潜能开发是全脑开发的必由之路。给孩子最好的礼物莫过于给他们塑造一个强大的大脑。本校立足于脑科学研究的最新成果，根据全脑发育建构的规律，应用全脑发展的原则，采用全脑建构的教育方案，以系统的知识学习作为刺激，打通精神通道，建立强大丰富的神经网络，达到潜能开发、全脑开发的目的。传统的教育，是用大脑去学习；全程超越的教育是用学习来开发大脑。

该校的办学理念仅仅以脑科学、脑开发为理论基础来表述，显然过于单一，表述冗长累赘，而且其中不乏偏颇的观点。其实，办学理念的表述不需要多少论证性的语句，论证属于解读的任务，理念的表述应清晰、准确、简洁，防止偏颇、偏激的观点，并尽量做到具有思想的冲击力和情感的冲击力。办学理念是学校文化积淀的结果，既是教育实践的产物，更是思想的结晶。因此，办学理念的提炼，需要以研究型的学校文化为基础。

三、办学理念、办学特色、校风、校训的异同

⭐1 从概念上的差别

办学理念：是办学者对学校的理性审视、理想追求及其所形成的教育观念和哲学观点。它是一所学校的核心价值和本质特征的体现，是一个精神、意识层面上的上位性、综合性结构的哲学概念。

办学特色：是指一所学校在一定的办学思想指导下，在长期的发展历程中，逐步积累形成的、比较持久稳定的、专有性或显著性发展方式，以及被社会公认的、独特的、优良的办学特征，是一所学校赖以生存与发展的生命力。

校风：是经过学校全体成员长期努力而形成的一种行为风尚，是师生员工的思想、道德、纪律、作风、治学态度、精神风貌等的综合反映和外在表现，是学校的教风、学风和政风的综合。

校训：据《辞海》的解释，其含义是"学校为训育上之便利，选若干德目制成匾额，悬之校之公见之地，是校训，其目的在于使个人随时注意而实践之"。简言之，校训就是学校着意建树的"应然之风"，即特有精神和价值取向。它是一种格言、箴言和座右铭。

⭐2 从教育学角度看，都属于教育思想的范畴

从教育学角度看，教育思想是对办什么样的教育和怎样办教育的总体看法，是对教育宏观的、理性的认识。办学理念是对一所学校应承办

什么样的教育及如何办好教育的理性审视和综合思考。办学特色则体现了一所学校在办好教育的过程中所形成的独特的、优越的认识和实践。校风反映了学校教职员工对文化环境和教风、学风、政风的认识和实践结果。校训本身就可以看作是办学理念的提炼和凝结，是学校应有之风的指向，是办校者教育思想的一种具体表征。因此可以讲办学理念、办学特色、校风、校训同属教育思想范畴，但作用与地位又各有不同：一是办学理念是办学过程中最深处的支配思想，具有决定性，是一所学校最稳定的因素之一，引领并支配学校的发展方向。二是办学特色的形成受办学理念的引领和支配，它在学校长期发展的历程中逐步积累和形成，是一所学校赖以生存与发展的生命力。三是校风是学校师生在长期的教育实践中形成的整体思想行为和精神风貌的综合反映，具有强大的凝聚力、向心力和号召力，能激发师生开拓进取、奋发向上。四是校训是高度凝练的办学思想与办学理念的符号表征，是全体师生的共同追求和努力方向。

③ 从管理学角度看，都属于管理思想范畴

从管理学角度看，管理就是在特定的环境下，对组织所拥有的的资源进行有效的计划、组织、协调和控制，以便达到既定的组织目标的过程。学校管理就是从学校实际出发，充分发挥各种管理职能，使有限的学校资源获得最大效益的创造性活动。从这个角度看，办学治校的过程就是一个顶层设计和高层管理的过程，在这个过程中，一是办学理念的构建过程，就是从全局的角度出发，在理性思考的基础上明确办学目标和努力方向的过程，是办学计划和组织实施方面的设计。二是办学特色的形成过程，就是办学主体通过协调和控制，将办学理念付诸实践、以达成办学目标和办学理想的过程。三是校风、校训的建设则是辅助管理，以便最终达到目标的手段。办学理念是办学特色、校风和校训的基础和源泉。办学理念与办学特色实质上是理论与实践的关系。校风是办学理念、办学特色、校训物化的风尚。校训是办学特色、校风践行办学理念的工具。

第四节　校长办学思想及学校办学理念选萃

一、名校长办学思想

1 **上海徐汇区向阳小学校长洪雨露："兴趣教育"**

上世纪70年代末他就提出"儿童教育儿童化"、"要用孩子的眼光看孩子"。1989年她任校长，即提出"兴趣教育"。"玩是儿童的天性"。"快乐唱歌、快乐游戏、快乐运动、快乐学习、快乐创造"。"一个善于挖掘教师潜能的人"。"容人之短、待人有情、助人成功、激人追求、让人参与"的师资管理机制。

2 **杭州市学军小学杨一青："突显主体，和谐发展"**

学校管理是"思想与思想的交流、情感与情感的沟通、生命与生命的对话"；校长是满足教师幸福生活需求的教育使者、师生生命发展的引领者。为教师的安全感、亲切感、成就感、幸福感，搭建飞翔的舞台。16字教改方针："整体观念、主体思想、个性发展、和谐关系"、"三化"教育目标。经营学校最关键的是经营品牌。学校是教师发展的沃土，学生成长的家园。他被称为教育界的"常青树"。

3 **苏州实验小学徐天中："小学校"要研究"大教育"**

"教育科研是实验小学发展的先导"。1999年，达成素质教育目标的课程与课堂教学研究；"绿野村"的创建。他认为，校长的权威主要来源于三个方面：行政领导的身份；教育专家的身份；人格魅力的自然散发。

二、学校办学理念选萃

⭐1 **北京市史家小学办学理念**

办学目标：一切为了孩子，一切为了明天。

办学宗旨：三全：使学生德智体美全面发展，面向全体学生，对学生全方位负责 。

三爱：爱事业、爱学校、爱学生。

三服务：为学生服务、为家长服务、为社会服务。

⭐2 **北京市进步小学办学理念**

办学宗旨：贯彻党的教育方针，全面提高学生素质，办高水平的小学教育。

办学理念：以人为本，和谐自主，促进师生双发展。

办学目标：追求卓越，追求质量。 创一流学校，育优秀人才。

办学思路：德育为首、教学为主、科研领先、全面发展、办有特色。

办学特色：艺术教育、信息技术教育、体育教育。

⭐3 **北京北礼士路第一小学办学理念**

共同愿景：用激情唤起激情，让每个师生都发光，让每个家长都满意。

办学理念：和谐、主动、创新、发展。

办学思路：特色立校，人才促校，科研兴校，和谐强校，依法理校。

办学主题：以墨育德，以墨启智，以墨健身，以墨陶情，以墨联社，以墨温家。

培养目标：我大气、我正气、我雅气、我锐气。

⭐4 **上海市闵行区实验小学办学理念**

启蒙养正、理成人 。

⭐5 **上海市平和双语学校办学理念**

办学宗旨：精品、高素质、国际化 。

办学目标：主动适应社会主义市场经济对人才素质的要求，培养具有国际视野、健全人格、强健体魄、智力发达、品德高尚的优秀毕业生。为学生的终身发展服务，培养具有现代理念、严格自律、基础扎实、能力全面、身心健康、人格成熟、个性鲜明、富于创造的现代公民。

教育理念：让学生在思考、实践和创造活动中成长和发展。

校园校戒：戒怠惰、戒骄奢、戒攀比。

6 江苏省连云港市灌云实验小学办学理念

校训：善教、乐学。

校风：诚信、求美、自主、和谐。

教风：专注、扎实、求新、崇真。

办学奋斗口号：给孩子一个全新的教育。

办学理念：以人为本、以德治校。

7 江苏省南京市下关区第二实验小学办学理念

校 训：博学求新。

办学思想：博爱做人、博学成才、求真务实、求新力行。

办学理念：追求和谐、享受快乐。

办学特色：人文化、精细化、数字化。

办学宗旨：学校发展、教师发展、学生发展。

办学策略：质量立校、特色立校、科研兴校、强师兴校。

培养目标：培养具有博爱之心、博学之才的未来人才。

治校方略：有序、激活、创新。

实施原则：全员发展、全面发展、优势发展、可持续发展。

8 北京市景山学校办学理念

管理模式："走出去，请进来"。加强与世界各国的沟通与交流，积极扩大对外影响。

办学理念：全面发展打基础，发展个性育人才。

办学思想：以"三个面向"为指针，融古今中外百家之长，继承、借鉴、融合、创新。全面发展打基础，发展个性育人才。

办学目标：以德育为核心，以培养学生的创新精神和实践能力为重点，以全面提高学生的综合素质为根本宗旨。把景山学校办成国内一流，国际知名的现代化学校，成为科学知识的摇篮、文化艺术的花园、社会正气的堡垒、身心健康的乐园。

办学特色：以教育科研为先导，以教改实验为基础，探索21世纪从小学到高中人才培养的新方法、新模式。

办学定位：积极进行教育改革的实验学校，传播现代教育观念、教育技术和教改成果的示范学校，推动教育改革与教育交流的促进学校，在国内外有影响的、有中国特色的国际化学校。

9 江苏省南通市如东县利群小学核心价值理念

办学目标：校园美、校风正、教学好、质量高。

办学理念：以学生发展为核心，教师发展为基础，全心全意为儿童成长服务。

校训：勤劳朴实、奉献社会。

教风：敬业、精业。

学风：博学、善思。

领导作风：廉洁奉公、团结协作、率先垂范、精益求精。

10 四川大学附属实验小学办学理念

让每个儿童苗壮成长，让每个儿童尝试成功，让每个儿童健康成才。

11 山东省威海统一路小学学校办学理念

办学愿景：书香校园、人文课堂、涵养教师、儒雅学生。

办学理念：润育潜质、培养习惯、发展个性、奠基未来。

校　训：读书改变命运，习惯成就人生。

校　风：求真、至善、尚美。

教　风：敬业爱生，为人师表；博学善教，终身学习。

学　风：读万卷书，行万里路；立君子品，做有德人。

统一路小学精神：人文、和谐、文明、向上。

统一路小学少年成长箴言：博我以文，约我以礼；见善思及，见贤思齐。

12 湖北省武汉利济中心小学学校办学理念

办学宗旨：依法治校、规范办学、整体推进素质教育。

办学思路：质量兴校，品牌立校。

办学目标：示范性、精品型、有特色 。

办学理念：一切为了学生的发展，让学校充满生命活力。

13 江苏省昆山晨曦小学办学理念

办学宗旨：为学生的全面发展与终生发展奠基。

办学方向：面向全体学生，全面提高学生素质；面向现代化、面向世界、面向未来。

办学方针：以德立校、依法治校、民主理校、科研兴校。

办学目标：三年内达到省实验小学的办学水平：学生素质高层次、师资建设高水平、学校管理高效益。

培养目标：德育为首、五育并举、夯实基础、发展特长。

管理宗旨：以人为本、依法治校、情理并重、激励发展。

14 浙江省绍兴市鲁迅小学办学理念

办学思想：适度超前，主动适应，以和为美，追求发展，兼容并包。

办学目标：努力把学校办成超前性、开放性、实验性、示范性的现代化窗口学校。使学生在德、智、体、美诸多方面得到全面、和谐、生动活泼地发展。

办学宗旨：摈弃"贵族化、特殊化"教育，倡导让鲁小的每一个孩子都享有一流的教育权利，追求"平等＋个性"的教育。

发展模式：资源整合、规模办学、专家督导、院校合作、国际交流、科研兴校、特色立校、滚动发展、适度产业化。

教育模式：全国发展打基础，发展个性育人才，人脑、电脑、外语加网络。

教育思想：人无全才、人人有才、扬长避短、人人成才。

培养目标：基础宽实、素质优良、特长明显、适应未来 。

15 湖北省监利县玉沙小学办学理念

办学目标：精神文明的校园，培养人才的学园，发展个性的乐园，陶冶情操的花园。

办学宗旨：德育为首、教学为主、育人为本、全面发展、学有所长。

办学模式：现代教育技术与课程教学整合和谐发展的办学模式。

校训：明理、自主、勤奋、创新。

⑯ 江苏省南京市北京东路小学的办学理念

校训：博学求新。

办学思想：博爱做人、博学成才、求真务实、求新力行。

办学理念：追求和谐、享受快乐。

⑰ 辽宁阜新市海州区铁路小学办学理念

办学理念：以人为本，务实求真，弘扬特色，持续发展。

发展定位：德育为先导，质量为龙头，艺体为特色。

建设定位：整洁、文明、有品味。

⑱ 吉林市二实验小学办学理念

核心理念：创建现代学校，奠基幸福人生！

办学目标：高质量、有特色、现代化。

培养目标：做面向世界的现代中国人。

校长理念：以德立校、和谐育人。

办学特色：幼小衔接、科技教育、体育艺术。

校 训：尚德、乐学。

校 风：立志、勤奋、求实、文明。

导 风：团结、实干、高效、创新。

教 风：博学、严谨、民主、创新。

学 风：好学、善问、博览、实践。

二实验精神：底气、文气、大气、正气。

人际策略：沟通、理解、宽容、民主。

办学思路：精诚办学、精心育人、精致教学、精美环境、精细管理、精品学校。

办学战略：以德立校、质量兴校、师资名校、科研强校、特色亮校。

第八章
校长的科研艺术

什么是科研？ 简单地说，就是寻找事物的规律。 引申开来，教育科研就是寻找教育的规律。 科学研究可用观察、调查、实验等验证性的方法。 校长和专家学者相比，在科研条件上各有优势。 学术部门的专家学者由于接触的文献资料较多，因而在思辨研究这方面比较突出些；校长老师在教育第一线，每天面对鲜活的学生，在实践方面比较突出。 因此，在教育科研方面，校长较之学者，有其独特的研究优势，研究实践中也应得到专家和学者的指导，二者是互相补充、互为依托、彼此促进的关系。 作为校长，我们应该怎样搞教育科研呢？ 纵观那些在校长岗位上成长起来的中外著名教育家的经历，我们不难发现，他们共同的特点就是立足于现实，最大限度地发挥了实践的优势。

第一节　校长进行教育研究的意义

一、教育科学研究是校长专业化的要求

校长职业是一种"专业"。 而校长是学校管理的最重要核心力量，人们意识到一个合格的校长不仅要有知识和学问，还要有与校长职业相应的品格和技能，要有对学校管理规律、教育规律和儿童成长规律的深

刻认识，要有不断思考和改进学校管理与教育工作的意识和能力。随着校长职业专业化程度的不断提高，必然要求校长不仅具有扎实的学科基础，而且要有工作的独特品格和能力，这就是我们所倡导的"教育家型"校长。在这其中，教育科学研究的意识和能力是非常重要的一个方面。另一方面，校长研究的意识和研究能力又是推进校长专业化的有力保证。

二、教育科学研究是教育创新的要求

传统的教育工作在相当大的程度上是知识传授、行为训练的工作。其实，教育工作者不仅要传授知识，更要启发智慧；不仅要训练行为，更要培养人格。在小学六个年级中，学生从 6 岁到 12 岁；在性格、认知风格上，五颜六色，"人心不同，各如其面"；在家庭背景上，政治、经济、文化的差异十分巨大。这就注定了这样的目前我们学校统一化的管理形式还存在弊端，非针对性、去个性化。而教育的理想是促进不同的儿童根据各自的特点得到更好的发展，如何根据不同学生的不同特点进行教育，不仅需要有教育的智慧，更需要有对学生细心的观察和精心的研究。这样，才能不断突破别人和自己的经验，根据不断变化的教育对象和教育内容，因材施教。

三、教育科学研究是提高育人质量的要求

随着社会要求的不断变化，教育的质量观也不断变化。如何不断提高我们的教育质量，没有现成的、千篇一律的经验可以模仿。事实上，绝对的教育质量是没有的，在现代社会，有特点才有质量，没有特点就没有质量。如何根据教育对象、教育要求和校长的自身特点，形成学校的教育风格与特色，需要每一个地区、每一所学校、每一位校长自己去探索、去研究。

教育工作充满了复杂性和丰富性，教育工作没有"最好"，只有更好。任何一位教育家的成功经验都是有条件的，都是根据特定的对象、特定的要求、特定的内容和特定的自身条件创造出来的。一个人如果

不加区别地模仿，即使模仿得再好，也只能形似神不似。一位教育工作者有没有自己对教育本质的思考，有没有自己对教育的个人见解，有没有自己对改进教育工作、提高教育质量的孜孜追求，并最终形成自己独特的教育、管理风格，是区分教书匠与教育家的分水岭。所有这些，都是以强烈的研究意识和自觉的研究活动为基础的。

四、教育科学研究可以促进自我反思意识和能力

校长只有对自己教育的行为进行研究，才能够了解自己在学校管理中做了什么，这些行为有什么意义，反映了什么样的教育理念，对教师和学生的发展有什么影响。同理，校长只有通过对自己学校的师生进行深入细致的观察和探询，才有可能理解教师和学生到底在做什么，想什么，学生到底学到了什么，这种学习对他们的发展有什么作用。总之，通过主动研究，校长可以对自己的行为和观念进行反省，了解自己的所思所想和所作所为对学生的学习和发展所产生的影响。

五、教育科学研究有利于改进学校工作

由于了解了自己的行为习惯和思想观念，校长才有可能了解自己还存在什么不足，进而采取行动改进自己的工作。如果校长对自己的行为缺乏意识，对学生在成长过程中遇到的困难不了解，则不可能认识到学校教育改革的必要性，更不可能有效地改善自己的教育管理实践。从教育的社会文化大背景看，参与研究还可以使校长反省学校的功能、校长的作用以及学生上学的意义，进而提出具有社会改造意义的教育改革措施。

六、教育科学研究有利于促进自主发展

从校长自身的发展看，参与研究还可以帮助校长从所谓"必然王国"逐步走向"自由王国"，从日常繁杂的管理与教学工作中脱身出来，在劳动中获得理性的升华和情感上的愉悦，提升自己的精神境界和

思想品位。 正如苏霍姆林斯基所言："如果你想让教师的劳动能够给教师带来乐趣，使天天上课不至于变成一种单调乏味的义务，那你就应当引导每一位教师走上从事研究这条幸福的道路上来"。 校长从事研究的最终目的不仅仅只是改进教育实践，还可以改变自己的工作与生活方式。 在这种工作与生活方式中，校长能够体会到自己存在的价值与意义，可以逐步实现校长的专业自主发展。

第二节　校长进行教育研究中的问题及对策

一、校长教育科研中存在的问题

当前，课题研究就像一根红飘带，在小学校园里迎风展姿。 面对这一派美丽景象，从事教育和关注教育的人都有一些感动。 然而，要让课题研究走上一个健康发展的轨道，使之进一步收到实效，并非易事。

1 造景现象

现在什么都讲究"包装"，课题研究对学校来说具有较强的"包装"功能，因此，许多课题研究不再是一个从假设到验证、再到推广，或者调查研究、经验概括、实施推广的过程。 而是追求两头效应，即重视申报课题的方案和结题报告的撰写，在开题与结题时，领导莅临，专家云集，新闻媒体穿梭其间，形成了一个引人注目的轰动场面。 但流于形式，忽视了课题研究过程的磨炼。 更谈不上课题研究的实效，这就背离了课题作为科学研究对象的本质。 这种造景现象扰乱了学风，是危害严重的形式主义。

2 跟风现象

课题研究的选题很重要。 然而，跟"风"现象较为普遍。 什么话题时尚，就跟着研究什么，这样一哄而上，重复研究得不偿失，如近几年的"研究性学习"、"自主性学习模式"等课题遍地开花、大同小异，失去了个性，也失去了创新的力量。

229

③ 应差现象

由于近几年课题研究风头正健，许多教育行政部门、教育学会给小学下达了课题研究的指标，并且将之纳入到对学校的考核程序中。为了完成这项刚性任务，有些学校是即兴设计课题研究方案，即兴拼装研究材料，即兴撰写结题报告，至于实践性研究，因观念、能力、财力的限制，也就全免了。有些学校更是做过了头，要求教师人人有课题。由于所教学科不同，能力差异，不可能保质保量完成这一刀切的任务，只能敷衍了事。说到底，这是政策扰人。

④ 晋升现象

许多地方在教师晋升职称，获得"名、特、优"教师的殊荣中，将"课题研究成果"作为权重极大的指标纳入到考评积分表里。教师们只得为晋升"职称"获得"头衔"左右而匆忙写作，华而不实、徒有虚名的"课题成果"随处可见。这种为追求个人名利的课题研究丧失了教育的本身价值。当然，这不是教师单方面的错，教师们也不愿意拼装这些无实际价值的文字，这是体制的疏漏。

二、解决校长教育科研问题的对策

要解决上述问题，就必须做好以下工作：

① 重视定位

学校课题研究的根本目的是为了提高教育教学质量，课题研究必须从学校管理与教育教学面临的突出问题中选题，从日常的教育教学中选题，从成功的教育教学实验中悟题，从教师自身课堂实践的矛盾中探题。尤其在"走进新课程"以后，教育理念的巨大变革，课程资源的开发挖掘，教学模式的重新构建，教学内容的优化组合，教学方法的择善从优，师生关系的重新确立，教学评价的多元化趋势等无不是课题选择的源头活水，作为一线教师，"教育实践"是永远应该"精耕细作"的自留地。这样，才能结合自己的知识背景扬长避短。

② 重视过程

课题研究重在"研究"二字。那就必须沉下来"做"，既然这是科学研究，就要求结论和获得结论的方法是科学的，不能完全依赖别人现成的结论，也不能拍脑袋"想当然"，它需要研究者亲自到教育实践中去搜集第一手资料，该观察的观察，该调查的调查，该实验的实验，即使在形成结果的实验报告中也应反映"做"的过程。这个"做"的过程，是一个艰苦的身心磨炼过程，哪怕是实施中的失误与偏差也是很宝贵的研究成果。只有不懈努力地去做，才能获得课题研究的真正意义。

⭐3 重视创新

　　课题研究忌"穿新鞋走老路"，也忌追"风"。因此，在设计方案时，必须不遗余力地查阅相关资料，结合自身的实践优势，知识优势，从而设计出富有个性的课题研究方案。必须紧贴学生，就学校及教师本身教育实践中的问题进行调查归类，找出共同特点，再结合先进的教育理念对其进行修正、提炼。如此，"创新"火花会不断闪烁。

⭐4 重视评价

　　对课题研究的评价包括两个方面：一是对课题研究本身的评价；二是相关主管部门和学校对课题研究评价机制的构建。在对课题研究本身的评价上，要摒弃浮躁之风，激励教师坚守"教育实践"这块领域，强化"应用—行动"研究，从而开发出具有实效的研究成果，并加以总结、推广再提高，以完善课题研究的链条。在课题研究评价机制上，要激发教师的内在积极性，形成浓郁的学术氛围，在"新"字上求突破，在"实"字上下功夫，尊重劳动价值，从而将课题研究引向健康之路。

第三节　校长确定研究的基本内容

研究内容的界定，重在解决课题究竟要研究什么，从哪里起步，即区分"做什么和不做什么"的问题。需要研究者运用已有的科学原理和实践积累，发挥思维的想象力和创造力，提出有利于揭示所研究事物的本质和规律的初步设想，进一步确定课题的研究目的，预测研究结果，使研究课题有一个直接指向结果的明确目标和初步的研究途径或解决办法。课题研究的内容非常丰富，涉及面很广，在一个课题中不可能方方面面都兼顾到。因此，必须通过界定的方式划出一定的范围，进而从中选择重点，有所突破。界定课题研究的内容，是对即将深入探索的研究对象范围和整体思路做出抉择，并加以论述的重要准备工作。

一、引用教育理论界定研究内容

校长为能清楚地界定研究内容，经常需要首先抓住课题的核心概念加以认识和说明，确定研究的起点。理论是经过某些实践检验而被验证的一系列假说，引用理论对客观事物和规律的概括性说明，可以为研究问题和假设提出找到一定的科学依据。

如"在教学实践反思中提高青年教师自我监控能力的研究"，它的核心概念是"教学实践反思"和"自我监控能力"。只有明确这两个概念，研究内容才能界定准确。课题组借鉴发展心理学理论，提出这样的界定：

（1）教学实践反思是指教师以自己的教学活动过程为思考对象，对自己的教学决策、教学行为以及由此产生的结果进行审视和分析的过程，它是通过提高参与者自我觉察水平来促进自身能力发展的途径。

（2）自我监控能力是指教师为了保证教学成功达到预期目标，在教学的全过程中，将自己的教学活动过程作为意识的对象，不断进行积极、主动的计划、检查、评价、反馈、控制和调节的能力。

引用教育理论的方法，可以帮助校长们把自己想研究但一时还难以准确表达的问题概念认识清楚，并比较简捷、准确地表述出来。许多优秀校长的成功经历告诉我们，引用理论是一种能站在巨人肩膀上攀登的方法。

二、整合文献知识界定研究内容

教育科学研究文献是一个巨大的课题参考资料库，通过查阅和筛选研究文献，可以找到许多有助于界定研究内容的参考资料。但任何研究文献的科学性、适用性都不是绝对的，还需将搜集到的文献进行整理和分析，并加以归纳和概括，提出自己的见解。

如"新学习方式下学习策略的应用研究"，通过对国内外关于学习方式和学习策略的文献调研，提出自己的研究观点：

（1）每种学习形式都有与之相应的独特的学习策略，学生的学习策略和不同的学习形式相适应，才能体现学习策略真正的价值；

（2）在不同的学习形式中运用学习策略，可明显提高学习效率；

（3）学习策略要实现个性化、本土化；

（4）校长的教学策略和学生学习策略的整合是完善教学理论与实践的需要；

（5）学习策略的掌握和应用是进行终生学习的必要条件。

这些认识形成一条清晰的问题解决思路，沿着这条思路来选择和界定研究内容，不但能够体现科学研究的继承性，也突出了有别于他人研究的创新点，抓住了科学研究的本质。

把分散在各种文献的科学知识加以整合，使之条理化、系统化，有利于合理、准确地界定研究内容，可以采取以下基本步骤：

（1）罗列：逐一罗列查到的概念、定义、解释；

（2）分类：分类整理所罗列的各种观点或见解；

（3）归纳：归纳趋于一致的认识和主要分歧；

（4）分析：找出可借鉴的内容和有待深入探讨的问题；

（5）综合：用简洁的文字概括出来。

如"学习不良儿童社会性发展及其与家庭资源关系的研究",把对学习不良儿童概念和内涵的理解罗列出来,包括学习无能儿童、行为异常儿童、行为越轨儿童、特殊问题儿童、行为不良儿童、困难儿童、问题儿童和无能学生等,在分类归纳中发现,研究者从自己的专业学科和研究兴趣出发,有的侧重其行为,有的强调其性质,有的重视其表现……这些不同认识和理解,不利于有效地研究学习不良儿童社会性发展,其直接后果是贴"标签"式的研究。通过分析还发现,西方对身心发展变化迅速、处于社会化关键期的小学高年级和中学学习不良儿童研究较少。这对于真正揭示学习不良儿童社会性发展的规律,探索学习不良儿童社会性发展的年龄特征和个别特征,无疑是一个缺陷。我国的研究认为,学习不良儿童存在着社交技能缺陷;自我概念水平较低,社会行为常常偏离正常标准。这些问题是学校、家庭、社会以及本人主观原因所致,即内外因交互作用的结果。经过整合研究文献,将研究的内容确定在以下三个方面:

(1)探讨与一般儿童相比,学习不良儿童社会性发展的特点、类型与模式,揭示学习不良儿童社会性发展的一般规律;

(2)探讨学习不良儿童社会性发展与家庭资源间的关系,揭示影响学习不良儿童社会性发展的家庭成因;

(3)在实证研究的基础上,探讨改善学习不良儿童社会性发展状况的可能性和措施,为教育工作者教育与转化学习不良儿童提供心理学的理论依据和实践依据。这样界定研究内容,对象的含义比较明确,由于能够抓住当前存在的研究缺憾或不足展开新一轮的探索,很可能在理论与实践两个方面都获得有价值的成果。

三、分解核心问题界定研究内容

界定课题的研究内容,是在对核心问题逐步分解的基础上进行的。要求研究者围绕课题广泛查阅研究文献,向有关的专家内行学习、请教,清楚地了解和把握拟探讨问题的研究历史、现状、必要性、价值和主要方法等。在初步探索的基础上,再经过从抽象到具体、从整体到局部、从大到小的分析过程,将问题具体化。

使问题具体化，一般可以对问题进行三方面分解，发现三种情况：

（1）把一个问题放到一定的科学背景知识之下加以分析，就会发现，在当前的科学背景知识下，为解决眼前要研究的问题，所涉及的理论、手段或方法还存在困难和空白，这些困难和空白组成一系列相互联系的前问题，解决这些前问题是解决所要研究课题的必要条件。

（2）每个问题都有其组成的各个方面，即内部结构。分析组成问题的各个方面，每方面都可能形成问题而成为我们的研究对象。

（3）任意一个问题在解决的过程中，必然会引申新问题，它们又可以成为研究课题的派生问题。

如"新学习方式下学习策略的应用研究"，在探讨了有关学习策略的研究背景之后发现：

（1）进入新时代的学生，应该具有适应新时代特点的学习方式。因此，探索与新出现的学习形式相应的学习策略，就可以丰富学习形式的内涵。

（2）尽管有很多方法可以挖掘学习策略的丰富内涵，但从分层化、个性化等几个方面寻求发展特点与对策的研究并不多见。因此从这个角度入手，有可能进一步丰富学习策略理论。

（3）学生是学习的主体，只有创造一种让每个学生都能发挥自己特长的学习环境，才有利于校长创造性地探索教的策略与学的策略相整合的教学结构。

（4）目前对有关学习策略的测评工具的研究很少，开发学习策略的评价工具，能够丰富测量理论和评价理论。

可见，一个有科学态度和创新意识的研究者只有学习掌握从理论中提炼、从实践中提升的方法，注重理论与实践的紧密结合，才能在界定研究内容时做出正确选择。

小学校长在界定研究内容时可以根据心理与教育科学研究理论的建构方式与特点，采用归纳和演绎的方法，以分段或标题陈述的形式确定概念及其内涵与外延，提出能够体现一定逻辑性的整体研究思路。

归纳是从特殊到一般，从事实到理论的逻辑推理过程。一般都需要尽量多地观察、分析研究范围内的特殊事实，从中发现具有普遍意义的模式或规律。

演绎是从一般到特殊，从理论到特殊事件的逻辑推理过程。一般步骤是：

（1）根据拟订的课题确定一般性理论的应用范围；

（2）确定研究的变量并使之具有操作性；

（3）构想研究的行动与结果的一致性，估计演绎结论。

如"通过校本培训加速青年教师自主成长的行动研究"，采用归纳推理与演绎推理相结合的方法，经过分析发现，目前国家采取包括培养骨干教师和教师继续教育在内的一系列措施来提高教师的教育水平，收到很好的效果。但是这种方式培养出的教师数量还远不能满足每个小学，特别是实验学校提高青年教师的需要。再有，现行的教师继续教育制度，虽对提高教师队伍的整体水平确有作用，但是培训形式也存在着统一性过强、内容针对性不够、教师选择余地有限、培训效果不能及时转化等问题，特别是青年教师的特有需求难以得到照顾。

鉴于以上分析，课题确定的研究内容及对象范围是：

（1）从理论和实践两方面探索以学校为基础的中学青年教师培训模式——系统地研究具有现实针对性的、服务于青年（教龄六年以下）教师自主成长的校本培训的目标、内容与资源、方式、组织管理机制、评价、时间安排和支持保障系统等方面的内容；

（2）探索自主成长型教师的特点和影响青年教师自主成长的因素和规律。

为有效解决上述问题，课题选择以研究青年教师自主成长过程中所迫切需要提高的内容为切入点，展开青年教师校本培训模式的探索。

研究的核心概念是"教师校本培训"和"自主成长型教师"，具体界定如下：

（1）教师校本培训有两种含义：一是指在学校内进行的教师在职培训活动；二是以促进教师专业化发展、改善学校和教学实践为中心的培训活动。本课题整合了这两层含义。

（2）自主成长型教师：是一种具有内在积极要求发展，不断反思、不断探究，具有可持续发展素质，主动适应社会发展需要的新型教师。

支持这个研究构想的重要观点：一是遵循一定的规律，青年教师通过合适的培训方式是可以缩短成长周期，加速发展的；二是成熟的青年教师应该是自主成长型教师，应该具有自主性、反思性、探索性、创新性和可持续发展性的特征和品质；三是实用、灵活、有针对性的校本培训，可以使青年教师把专业发展和专业能力提高作为内在需要和自觉行动。

四、提升实践经验界定研究内容

实践是认识产生的源泉。小学校长在教育教学实践中积累的丰富经验，也可以作为界定研究内容的重要参考依据。需要指出的是，许多实践经验尽管很宝贵，但如果不经过再加工就简单照搬，容易犯可行但做很多无用功的毛病，直接影响内容界定的准确性和课题研究的科学性。

再加工的过程是研究者学习和反思的过程，更是提升实践经验促进认识产生质的飞跃过程。小学校长在利用实践经验界定研究内容时，可从不同角度进行尝试。

1 从剖析现象入手，界定研究内容

课题研究的问题或对象的表现形式多种多样。为了突出自己的研究重点，需要根据可行性原则剖析现象，用最具有代表性的现象来说明研究的内容是什么。

如"小学生的学习障碍及其转化指导的研究"，把研究范围限定在"小学生学习障碍的界定、分类和成因"之内，具体界定如下：

（1）小学生学习障碍在学习中的表现包括：基础知识差、理解能力低、智力活动存在缺陷、阅读与计算等技能的缺乏、对一些考试测验的过度焦虑、性格上过分地执拗和固执、学习中注意集中困难和遇到困难容易退缩等；

（2）教师对学习障碍学生的影响包括：教师的学习目标与学生学习的障碍、教师教学方法与学生学习的障碍、教师的情感与学生学习的障碍和教师的教学手段与学生学习的障碍等；

（3）小学生的学习障碍及其转化指导包括：学生学习过程中的诊断、预防、及时查找原因、及时补救和对学习障碍学生学习方法的指导

等。

这样的内容界定与研究目标相联系，问题结构有层次也比较清晰，各科教师都可以针对自身的教学情况和学生的学习情况，带着一系列问题边学习思考，边研究总结。

② 从追究成因入手，界定研究内容

问题或现象的产生与变化总是有一定原因的。根据以往的经验，我们还可以通过追究那些可能的影响因素，提出解决问题的思路，进而确定研究内容。

如"改善离婚家庭学生焦虑情绪的方法研究"，针对学生焦虑情绪产生的三种成因，将"改善"研究的内容限定在三个方面：

（1）培养自信心，改善学生因缺乏自信而产生的焦虑情绪；

（2）激发学习兴趣，改善学生由动因不足而引发的焦虑情绪；

（3）引导积极沟通，改善学生因人际关系紧张而造成的焦虑情绪。

这种陈述方式紧紧围绕两类相互关联的变量展开，抓住一种主要影响因素就不轻易放手地深入探索，不仅能够验证有关理论的普遍指导作用，还有可能发现一些特殊的教育方法。

③ 从操作设想入手，界定研究内容

比较成熟的教育教学经验都有一定的操作步骤和方法，它们又不全是静止不变的。根据研究的操作性需要，校长指导们可以把成功、可行的经验重新进行排列组合，形成新的教育教学的设计并以此方式来描述研究内容。

上述定义把研究内容转化成可操作的实施步骤和方法，每个步骤都有较明确的工作目标，这些目标的实现都与课题紧密联系，加大了可行性论证的力度。

第四节　校长进行教育研究的基本方法

　　教育科学研究分为不同的类型，有基础教育理论研究、教育应用研究、教育发展研究等。基础教育理论研究，是对教育本质和基本规律的研究，目的在于揭示教育领域基本的普遍的规律，用以指导教育实践。教育应用研究，是运用教育基础理论去解决教育实践中所提出的问题的研究，寻求"可操作"的规律性认识，具体地指导教育实践。例如，成功的经验研究，实践中亟待解决的问题的研究，改革和改进教育内容、方法的研究，都属于应用性研究。教育发展研究，是从教育实际和教育发展的需要出发，运用已有的研究成果，对未来的发展趋势、发展步骤及改革措施、方法所进行的研究。各种类型的教育研究是相互联系、相互渗透的。有时界限也不明显，只是一种"模糊性"的分类。校长进行教育科学研究，多数是属于应用性研究，即从校长工作实践中提出研究课题，运用相关的基础理论去探求解决问题的规律性认识和方法，推动校长工作向高水平发展。应用性研究，是一种必须进行的教育研究类型，并不比其他类型研究容易，其主要特点是理论结合实际。这种教育应用性研究对于整个教育科研水平的提高，起着非常重要的作用。

　　在新的历史时期，在市场经济发展的大潮中，校长遇到了许多新问题、新矛盾，这些新问题、新矛盾需要解决。怎样解决？这就需要进行教育科学研究，校长怎样进行教育科学研究呢？

　　在选题和论证阶段，课题主持人已经拿出了初步的计划，包括研究方法的设计，通过论证，大家提出了许多意见和建议，主持人和课题组成员应该很好地考虑这些意见和建议，制订出具体的实施研究的计划。计划切忌笼统，可操作性要强。

　　研究计划主要包括：研究的主要目的、内容，理论上可能取得的突破之点，研究人员的组织与分工，经费预算和分配，时间安排，研究方法的设计，资料收集整理，成果表现形式等。凡计划不周的课题，必定

影响成果的质量。

研究方法的选择是计划中的一个关键环节。研究方法有很多种，究竟用什么方法，必须从课题研究需要出发，认真选择。在此仅概括介绍几种最常用的研究方法。

1 观察法

这是常用的教育科研方法。它是有目的、有计划地观察研究对象在教育、教学过程中和日常生活中的言行表现，从而了解某些特征和规律的方法。观察法，又称自然观察法。在实施观察的过程中，不附加任何控制条件。

观察法根据研究目的要求，分别有长期观察、定期观察、全面观察、重点观察等。

实施观察法的过程包括以下步骤：

①准备工作，确定目的、任务；试探性观察，确定范围、中心；知识和理论准备；制订观察计划。

②实施观察，要注意遵循计划，选好位置、角度，排除非客观的因素，反复观察，抓准特点。

③记录，根据需要采用笔录、录音、录像、照相等方式，要准确、清晰，便于分析。

④分析处理所得资料。

⑤撰写观察报告。

当观察法与其他研究方法配合使用时，应对各种方法所得资料进行综合分析。

2 调查法

调查法是常用的科研方法，它通过各种途径、方式，根据研究目的、对研究对象的某些情况，有计划、系统地进行了解、把握，并分析概括出规律性认识的方法。

运用调查法，应当注意：

①有明确的调查目的。

②有完整的、可操作的调查方案。

③选择调查对象要科学。典型调查，要选取有真正代表性的对象；

全员调查，不应有遗漏；抽样调查，要运用科学的抽样方法。

④对调查所获得的资料，要有准确的记录。

⑤数据统计要按科学的统计方法进行，定量分析与定性分析相结合。

⭐3 问卷法

研究者将调查内容用问题的形式提出，设计成系统的问卷，由调查对象回答，借此收集所需资料的方法。

设计问卷要深思熟虑，反复研究。问题内容必须围绕调查目的设计，提问的方式要有利于调查对象回答出真实情况。回答的主动权应交给调查对象，研究者不能给主观暗示。问卷设计好后应进行小范围的试调查，以便根据反馈信息修订问卷，使之更完善、更能达到研究目的。

问卷中的问题形式一般分两大类：开放式、封闭式。开放式，由调查对象自由回答。封闭式，一种是给所提问题设计出多种答案，限定调查对象选择答案的数量一项、三项、多项，调查对象按限量选择答案，可以比限量少，不能比限量多，否则无效。还有判断正误、编序、等级评分、填数量等方式。设计问卷，可以开放式与封闭式结合，既有开放式题目，又有封闭式题目，一个题目里也可以既有开放部分又有封闭部分。

一份问卷大致分以下几部分：整份问卷命题与调查者；指导语，写在命题及调查者下面，说明目的、意义、要求，使调查对象认真、准确地回答问卷；问题与答案，这是很重要部分；调查对象的基本情况：姓名、性别、年龄、职业、文化程序、所在地区等。如不需要掌握姓名，就不要列入。研究者根据调查目的，设计基本情况的内容，不可盲目列项。

比较复杂的问卷调查，应培训调查员。样本量大的问卷调查，应聘请掌握计算机统计技术的同志参与问卷编制，以方便录入和统计。

⭐4 谈话法

以谈话包括座谈的方式，收集所需要的资料的方法。

谈话是为了获得真实的情况，因此必须做好充分的准备：明确谈话

目的，设计提问的问题，确定记录的方式、方法、笔录、录音；笔录的方法。谈话时要创造和谐、轻松的气氛，既不"跑题"，又灵活多样。问题要逐个提出，不能在回答内容上给以暗示。有时，需要先"试谈"一两次，修订谈话计划。

对谈话的记录要进行分析、整理，得出结论。暂时不能得出结论的要抓准要点。

⭐ 5 作品分析法

这是一种对被调查对象的各种"作品"——笔记、作业、日记、文章、绘画、科技制作品、劳动成果等进行分析研究，把握被调查对象特点的方法。

此法常用于个案研究或成组对象心理品质、个性特征的调查。

使用作品分析法要注意：明确目的，制订计划，确定作品的范围和分析重点，选好有代表性的作品。如果研究的是成组对象，选择作品的范围、类型应一致，分析的重点也应一致。

⭐ 6 文献法

文献法是通过全面、系统地查阅、研究有关文献材料，从而认识事物规律性的方法。这种方法，常在不能直接接触研究对象时采用。许多课题起始阶段的资料综述，都使用文献法。教育史、教育志的研究与编纂，主要使用文献法。

文献法要求全面占有课题研究所需要的资料，不能有重要遗漏。文献资料是他人撰写的，反映着作者的立场、思想、观点，研究者应以自己的思想观点进行分析。

运用文献法首先要列出查阅文献的范围和类目，然后根据科学的查阅方法进行查阅。一种是时序检索法，又分顺时检索、逆时检索和定时检索。总之，是从文献发表的时间进行检索的。另一种是追踪检索法，即根据不同文献所附的参考文献目录，追检有关文献的方法。

对查阅的文献资料要进行真伪鉴别和价值鉴别。保留最可靠的资料。在此基础上做文献摘录卡。做摘录卡要摘文献的精华。

做好摘录卡，根据研究内容分类整理，反复阅读思考，理出文献之间各时期、各层面的本质联系，得出规律性的认识。据此，写出研究报告或论文。

⭐7 实验法

实验法在教育领域又称教育实验法，是教育科研的重要方法。它是根据研究目的，选择实验对象，人为地创设或改变一种或若干种教育条件，使其发挥作用，同时控制其他因素的作用，观察、测量实验对象的变化，揭示教育现象之间因果关系的方法。

实验法包括自然实验法和实验室实验法两种类型。自然实验法，是在自然的教育教学活动中进行实验。采用这种方法的较多。实验室实验法，在专用的实验室里进行，需要专用的设备和仪器。

实验设计是实验法的关键。实验设计包括选择课题，选择被试，实验的组织类型和实验的操纵步骤、措施等环节。没有完善的实验设计，是不可能获得高质量的研究成果的。

实施实验法分为单组实验，等组实验，循环组实验。单组实验是对一组或一个班级被试先后使用两种或两组不同的实验因子，在其他条件保持恒常的情况下，观察先后的不同效果。等组实验是对条件相同的两组或两个班级或多组或多个班级分别施加不同的实验因子，观察他们的不同结果。循环组实验是把各个实验因子分别轮流在各个被试组或班级实施，分别观察各个实验因子的不同效果，加以综合、比较，看哪种实验因子的教育效果最好。

实验法需要严密的操纵措施。对自变量的操作，对因变量的检测，对无关变量的控制，都要有科学的可行的方法。

⭐8 经验总结法

总结实验法是教育领域常用的科研方法。它不同于一般的经验总结，必须有研究过程。经验总结法是在一定的理论指导下，对教育实践中积累的经验材料进行周密的分析、综合、归纳、推理，得出具有普遍意义的规律性认识的方法。

经验总结可以总结自己的经验，也可以总结他人的经验，有以下步骤：

①选择总结的课题，确定研究的对象。课题与对象密不可分，对象的经验即是课题的研究内容。

②制订研究计划、方法，包括收集经验的内容、范围、途径、方法；人力安排，时间安排。

③整理经验材料，进行去粗取精、去伪存真的分析、归纳，理出具有普遍意义的经验观点，反复推敲，确定下来。

④撰写研究报告、论文。

经验是不断发展的，运用经验总结法，特别要注重在教育实践中创造的新鲜经验。

以上我们介绍了几种常用的教育研究方法，各种研究方法常交叉配合使用，进行教育科研时要认真选择。此外，行动研究法、教育叙事研究也是比较常用的方法。

第五节　校长如何进行教育行动研究

一、教育行动研究的意义

教育创新要以教育科研为先导，教育科研要成为广大教育工作者的自觉行动，为教育创新实践服务。因此，小学只有实施"科研兴校"，才能完成自己的历史使命。但实际情况是，停留在口头上者居多，落在实处者为少。其原因当然是多方面的，但其中有一个重要原因，即未能选中适合学校特点的科研方式。小学教师承担着繁重的教育教学任务，有效地提高教育教学质量，是他们的迫切要求。鲜明的针对性和较强的实效性是学校教育科研的明显特征。那种离开实际需要空谈理论的科研是老师们所不感兴趣的。只有那种从实际需要出发，以解决实际问题为目的的教育科研，才能为广大教师所接受。教育行动研究，就是这样一种有效的教育科研方式。

⭐ **教育行动研究有利于改进学校工作，提高教育教学质量**

有利于提高教师的教育理论水平和教育教学能力，培养出科研型教师。"科研兴校"使我们的生命更有意义，有价值，生活更加充实，更加充满青春的活力。搞教育行动研究能使教师学会反思、学会研究、学会在研究状态下工作。能使我们从"教书匠"向"研究型"教师迈进。

②教育行动研究是一条实现理论与实践相结合的良好途径

理论与实践脱节，是我国教育研究中长期存在的一个问题。在某种程度上，教育科研成了专家们的专利。他们多半是通过间接的资料进行研究，其主要目的是为了出书写论文。而教育行动研究却正好相反。一方面，它的实践性是非常明显的。无论研究的出发点，研究的目的，研究的主体，研究的过程，都离不开实践。另一方面，行动研究也重视理论的作用。它强调理论工作者与实际工作者的结合，使两者相互合作，平等对话，共同促进和提高。教师可以从专家那里获得必要的专业理论知识和研究技能；理论工作者也可以从真实的教育实践中获得第一手材料，发现新问题和新课题，甚至发现和创造新的理论，使研究成果更容易为广大小学教师所接受。

③教育行动研究比较简便易行，容易为广大小学教师所接受

首先，教育行动研究，是从实际出发；可以边研究、边学习、边改进。

其次，教育行动研究的课题可大可小。它可以是针对个别学生、特定事件的研究，也可以是班集体内或整个学校内某个突出问题的研究，还可以是一个城镇、区县、地市乃至一个省的范围内带有普遍性的问题的研究。老师们可以根据自己的情况有所选择。先从小课题开始，逐步向中、大课题发展。

第三，教育行动研究具有不同的层次。它包括教师个人单独研究，学校范围内若干教师的合作研究，科研人员与教师的合作研究，科研人员、教师、行政领导三结合的研究。

二、什么是教育行动研究

教育行动研究的内涵可以表述为：教育行动研究是教育实践的参与者与教育理论工作者或组织中的成员共同合作，为了解决实际问题的需要，在教育实践过程中进行的一种教育科学研究方式。

教育行动研究的特点主要有：

①研究的目的是解决教育实践中所存在的实际问题。将教育教学实践中所存在的问题，发展成课题，设计出解决方案，并逐个实施，达到解决问题、提高教育教学质量的目的。

②研究的主体是教育行动实践者。小学教师互相之间，他们与理论工作者之间合作研究是其显著特点。

③在真实的教育教学实践过程中研究。研究过程也是实践过程，边实践，边研究，边解决问题。

④研究具有动态性：方案可以不断修改，方法可灵活多样。

有人用三句话概括行动研究的特点，即：为行动而研究，在行动中研究，由行动者研究；还有人对教育行动研究的特点做了如下简要的概括："问题即课题，工作即研究，教师即专家，效果即成果"。这些话都能在一定程度上帮助我们理解教育行动研究的特征。

三、教育行动研究的一般程序

教育行动研究的基本程序是"回顾诊断—筛选问题—分析原因—优选理论—拟定计划—实施行动—效果监控—审查反思"螺旋式循环。其中，"审查反思"是至关重要的环节，是"行动"和"研究"的中介，是保证发现事实和利用事实之间的有效联系，是沟通实际与理论的桥梁。

1 回顾诊断。 以批判性的、自我反省的形式，对学校或班级教育教学现实进行反思与评判。这种内省、批判性的分析过程，是查找、分析问题的过程，有助于改变盲目接受教育理论和传统做法的习惯。

2 筛选问题。 对学校或班级在教育教学上存在的问题进行归纳、分类，进而确定出一定时期内通过研究要解决的问题。筛选问题是行动研究的基础。筛选问题要注意民主与合作，倡导教师之间、教师和科研人员之间、教师和学校领导之间的联系与合作；注意提炼、概括问题，使研究的问题具有针对性和实践性，具有代表性、普遍性和研究价值。

3 分析原因。 诊断出问题存在的原因，为优选理论、采取适当的行动、有效地解决问题奠定基础。

4 优选理论。 根据筛选出的急需解决的问题，从众多教育理论中寻找最切合的、自己最需要的教育理论，作为研究、解决问题的指导思想。 优选理论可以为解决筛选出的问题提供指导和操作规范，保证行动研究的正确性。

5 拟定计划。 制定出行动研究的具体目的、研究假设、研究对象或范围、研究方法及步骤等。 同时，强调行动研究必须是自己能够做到的；拟定设计应与学校要求相协调；行动研究应不干扰学校的正常活动；所采取的研究，必须在一段时间内能测量出结果。

6 实施行动。 在教育理论工作者、教科研人员的帮助指导下，按照拟定的研究设计，创造性地选用自己优选出的教育理论，尝试解决筛选出的具体问题。

7 效果监控。 在研究过程中，重视观察、收集相关的数据和事实，同时又要关注新情况，研究新问题，并根据反馈信息及时调整行动，以补救研究偏差，使行动研究更有效。

8 总结反思。 对实践的过程和效果得失做出总结和反思，为进行下一阶段的行动研究做问题筛选和理论优选准备。

第六节　校长如何进行教育叙事研究

一、什么是叙事

叙事是叙事研究最基本的概念，对叙事概念的不同理解会导致对叙事研究内涵的理解产生不同的认识。 关于叙事的理解归纳起来主要有以下三种：《韦伯第三国际辞典》中的解释，"叙事"就是"讲故事，或类似讲故事之类的事件或行为，用来描述前后连续发生的系列性事

件"。有学者认为，叙事就是陈述人、动物、宇宙空间各种生命事物身上已发生或正在发生的事情，它是人们将各种经验组织成有现实意义的事件的基本方式，这种方式向我们提供了了解世界和向别人讲述我们对世界的了解的途径。也有学者认为，叙事是为了告诉某人发生什么事的一系列口头的、符号的、或行为的序列。关于叙事研究的内涵，学者们的观点主要有以下四种：叙事研究指的是运用或分析叙事材料的研究，叙事材料可以是一些故事，如一次谈话中听到的或阅读文献著作了解的生活故事，也可以是其他方式收集到的材料，如人类学工作者进行田野研究时所做的观察记录或了解到的个人信件；叙事材料可以作为研究对象或研究其他问题的媒介，也可以用来比较相同的群体，了解某一社会现象或一段历史时期，或探索个人发展史；叙事普遍地存在于文学艺术作品和我们的日常生活、工作当中，是人们表达思想的有力方式。因此，叙事学一直受到文学、艺术和文化研究者的关注。社会科学研究中的"叙事研究"即借鉴了文艺理论中的"叙事学"，叙事研究又称"故事研究"，是一种研究人类体验世界的方式。这种研究方式的前提在于人类是善于讲故事的生物，他们过着故事化的生活。叙事研究是以"质的研究"为方法论基础的，是质的研究方法的具体运用。

二、什么是教育叙事研究

对于什么是教育叙事研究，国内不同的学者都对之有不同的定义，具体如下：

1. "所谓教育叙事研究，是指以叙事的方式开展的教育研究，它是研究者(主要是教师)通过对有意义的校园生活、事件、经验和行为背后的教育思想、教育理论和教育信念，从而发现教育的本质、规律和价值意义"（胡光璐）。

2. 教育叙事研究是研究者以叙事、讲故事的方式表达对教育的理解和解释。它不直接定义教育是什么，也不直接规定教育应该做什么，它只以教育故事的形式，让读者从故事中体验教育是什么或教育应该做什么（邱瑜）。

3. "教育叙事研究的基本特点是研究者以叙事、讲故事的方式表达其对教育的理解和解释"(郑金州)。

4.教育叙事研究是建立在多种学科理论以及研究方法基础之上而形成的一种研究方式。

作为质的研究方法的表现形式之一，它的主要理论基础有哲学现象学、解释学以及后现代主义理论、文学中的叙事学理论、人类学中的"田野考察"方法、社会学的实地考察等。除此之外，叙事研究还吸取了多种理论和研究方法，如哲学中的后实证主义、批判理论、建构主义、社会学中扎根理论的方法、象征互动主义、批判理论、女权主义等。总之，叙事研究是一种多元文化视角下的研究方法。

从上面的各个定义可以看出，教育叙事研究应该包含着如下几个方面：

⭐**1 拥有故事**：教育研究中的叙事性研究是将技术与理性的东西隐藏到背后，通过一个个故事的描述，去追寻参与者的足迹，倾听参与者的声音。

⭐**2 叙述故事**：通过个体的叙述、群体的叙述来研究个体、群体，研究他们的过去、现在和将来，叙述不仅仅是为了解释，而是要寻找故事背后的意义。

⭐**3 反思故事**：教育叙事研究并不仅仅是为了叙述故事，故事的叙述表现只是一个"桥梁"，是教师通过这个"桥梁"把自身的实际教学情况与自己的反思相结合，基于自身的教学实践，反思教学实践，在思想上提升自己对教学、对学生、对教师的作用的进一步认识，再反过来促进教师在教学中提升教学水平。一言以蔽之，教育叙事研究是为提高教师教学水平、提高学生学习质量的研究。

综上所述，叙事研究之"叙事"源自文学，是以小说为主的叙事文学的主要元素和手法。叙事研究运用于教育研究以及教师的教育研究是基于：通过对有意义的教学事件、教师生活和教育教学实践经验的描述、分析，发掘或揭示内隐于日常事件、生活和行为背后的意义、思想或理念；而这些不仅有助于改进教师的教育教学实践，也能以更鲜活的形式丰富教育科学理论，促使教育政策的制定与实施更加完善和灵活。

对叙事本身理解不同，也会对教育叙事研究的内涵认识不同，但总

体上来说，教育叙事研究是以故事为手段，通过对过去事件的发生、现在的影响以及未来的期待的描述来建构教育生活的意义。

三、教育叙事研究的价值

有学者认为"叙事研究是教师专业化实现的有效途径与方法之一"。认为，在我国教育研究领域，小学教师以往所掌握的教育研究方法与"教师成为研究者"、"科研兴校"的期待相距甚远。从教师的实际情况分析，主要有几个方面的因素：

第一，教师面对复杂多变的教学很难如教育实验法要求那样进行"控制"，实验引起了人们对于研究伦理的质疑，即谁会成为实验的牺牲者，教师容易成为专家验证假设和收集资料的工具。

第二，"经验总结"式的教育理论的研究方式往往在形成论文后筛掉了教师的"经验"与"问题解决"，而剩下大同小异形式化的理论。

因此，要真正改进教师日常教学生活，那种能够表达教师个人思想、观念、解决问题的方法和过程以及对其收到的效果进行反思的叙事研究成为能够为教师所掌握的有效方法。比如，叙事可以作为教师行动的一种方式，叙事并不仅仅是教师表达个体经验的理论形式，而是通过要求教师以合理有效的方式解决教室里发生的问题，并将其具体遇到的问题和解决问题的过程"叙述"出来，形成教师教育论文这一研究过程，促进教师对自己的行动进行反思和改变自己的行动，达到以研究促进教学的目的。

四、"教育叙事"叙何事

从一定意义上说，教育叙事研究是直面教育事件本身的研究，其旨趣在于走进活生生的普通人（教师、学生与管理者）的"生活世界"和"意义世界"，关注常人的命运与处境，而不是追求所谓的教育客观规律或验证预先设定的理论假设。这种研究方式与教师的日常教育生活具有相当程度的一致性，降低了教育研究的起点，为教师从事教育研究开辟了一条坦途。但是，教育叙事研究并不是教育事件的实况录制，而是有选择、有取舍的。那么，教育叙事研究叙何事呢？

⭐1 所叙之事要具有亲历性

每个人的"生活世界"和"意义世界"都不相同。教师进行叙事研究应把自己和自己身边的人和事作为观察、思考与探究的对象，与自己的日常教育生活体验联系起来，讲述自己亲历的故事，阐述自己的体验与感悟。在叙事研究中，教师既是讲故事的人，也在自己的故事里扮演着某个角色。

当然，教师的叙事研究也可以叙述别人的故事，但在讲述这些故事时，教师必须能够与被讲述者建立起一种内在的联系，能够直通其内心世界。如果教师不能与被研究的对象进行心灵的沟通，那么他的研究将难以为继，成效也不大。

⭐2 所叙之事要具有情境性

叙事研究通过对故事进行整体性、情境化、动态的深入描写，用具体、鲜活的人与事，代替抽象的概念或符号，向读者展示故事发生发展的"场景"与"情节"。"场景"不仅为故事的展示提供了一个空间，而且是引发故事发生发展的因素。故事中的冲突、矛盾、困惑、误解、释疑等要素，构成了引人入胜、感人至深的故事"情节"。教师的叙事研究就是要通过由"场景"和"情节"组成的叙事，再现教育情境中生动的细节和信息，而不是直接定义教育是什么，也不直接规定教育应该如何做。

⭐3 所叙之事要具有问题性

教师在教育教学中，每天都经历着许多事情，但教育叙事研究并不是把一件件事情简单罗列出来，这样做既没有意义，也没有必要。教育叙事研究所叙之事应具有问题性。这些具有问题性的事件，常常是那些让人从心理上感到振奋、激动、惊诧、感慨的事情，或忧虑、悔恨、彷徨、困惑的事情。教师叙述的，可以是让其感慨万千、心里久久不能平静的事件；可以是百思不得其解，而"蓦然回首，那人却在灯火阑珊处"的偶得；可以是摆脱惯性思维，拥有新的思维方式的喜悦等。

⭐4 所叙之事要具有意义性

由于故事总是具体的、情境性的，因此，叙事研究不主张追求绝对真理、理性解放等宏大的理论建树，更重要的是定格于揭示日常事件中所蕴含的独特意义。"情动于中，文发于外，泼墨于纸，铸魂于心"，是叙事研究的关键。教师在讲述故事的过程中，不仅仅是"向后看"或"开启尘封旧事"，更重要的是借此机会对自己的教育教学理念与行为进行再理解和再探索，是一种新的教育教学理念的建构过程。因此，叙述的故事总是隐含着一条意义线，其中的人与事都是由这条意义线串联、聚合的。

五、教育叙事研究的特点

具体来说，教育叙事研究有如下几个特点：

⭐1 叙述的内容是已经发生（或正在发生）的教育事件

在运用教育叙事研究方法时，研究者所叙述的内容应当是自己或他人教学活动中发生的教育事件。研究者在叙述事件时应尊重客观事实，决不能为了达到某种研究目的或研究结论而歪曲甚至捏造事实。

⭐2 注重叙事者在研究中的价值和意义

在教育叙事研究中，叙事者应当是事件的经历者，或是事件的目睹者，或是事件的聆听者。只有这样，才能体现叙事研究的特点，才能确保研究者所叙述的事件是客观发生的真实事件，也才能杜绝个别不负责任的研究者利用道听途说的不真实事件得出可能会误导他人的错误结论。也正因为教育叙事研究注重叙事者在研究中的地位和作用，尤其是注重所叙述的事件是教育教学实践中的真实事件，加之叙事者在讲述中或多或少会融入自己的一些真情实感，因而容易引发其他教师的共鸣。

⭐3 关注教育事件中的具体任务

教育叙事研究不仅关注叙述者本人，而且关注与所叙述的教育事件相关的具体人物，并常采用分析法对事件相关者的行为做出分析和解释，以加深教育叙事研究的深度。

★4 叙述的内容具有一定的情节性

情节性是叙事研究区别于其他研究形式的重要特征。对事件的具体情节进行描述不仅有利于叙事者更加生动地讲述故事，而且能帮助研究者更加深入地分析事件发生的深层原因。

★5 以归纳的方式得出研究结论

在教育叙事研究中，叙事研究者通常是从所叙述的教育事件及其具体情节中归纳和总结出研究结论。

第七节 校长如何做教育案例研究

教育案例研究是目前各个学校日趋流行的一种教育科研方式。新的教育形势迫切要求校长尽快地提高专业化水平，需要校长对教育中的行为以及由此产生的结果进行审视和分析，也就是要进行及时的、反复的、深刻的教育反思。而教育案例研究，就是校长对自己的教育实践进行深刻反思的最好形式。并且案例研究适用于每一位校长，是真正属于校长的教育科研。它看得见、摸得着、也做得到，既实实在在，又行之有效。案例研究它撩开了教育科研的神秘面纱，使教育科研不再显得高深莫测、高不可攀。

一、什么是教育案例

教育案例是指在真实的教育活动中发生的典型事件，是围绕事件而展开的生动的故事，是对事件真实的描述。概括地说，案例是事件，案例是故事，案例是描述。一堂课、一个教育活动、一个教育情景、一次师生谈话、一个精彩的教学片段等等都是教育案例。教育案例弥漫在学校教育活动中，无处不在，无时不在。教育案例的特点：

⭐ **真实性**。 教育案例讲述的是过去的、已经完成的教育事件，而不是对未来的展望。 写的是真实发生的教育实践，而不是描述自己的教育想象。 表现的是校长个人的生活史和个人生活的重要的实践意义，不是坐在办公室里杜撰出来的虚假的事件。

② **故事性**。 以往有的校长撰写的教学论文、教学经验总结，要么只有理论性或经验性的知识，要么只有抽象的某类学生，而没有具体的、独特的学生，也没有校长个人真实的理解和体验。 教育案例重新关注校长自己的亲身经历，不仅把自己摆进去，也把活生生的学生摆进去，而且把写作的对象从知识事件转换为人的事件，是人与知识打交道或人与人打交道时发生的某个故事。

③ **价值性**。 案例源于学校生活，我们可以在学校的日常生活中时时看到许多事件，但这和教育案例不是一回事，教育案例要比日常生活集中得多。 教育案例描述的故事内蕴丰富，具有教育研究价值。 有时我们看一个案例，虽然是小小的朴实无华的，但蕴含丰富，从多个角度加以分析，都能给人许多十分有益的启示。

二、什么是教育案例研究

所谓教育案例研究，就是将教育案例作为研究的对象，通过对案例的分析解读和理性思考，获得教育的新经验，概括教育的新方法，启迪教育的新思想，提升教育的新理念。

教育案例研究是一种理论与实践之间的对话，是校长重新认识那些事件、整理自己思维、更新自己的教育教学理念的过程。

教育案例研究的实质是对教育事件现象的解释，是对已有教育实践的理性开掘和理论解释。

教育案例研究有如下三个特征：

⭐ **教育案例研究是质的研究**

它是以质的研究为方法论，以揭示教育实践事件或教育现象中的本质的研究。

教育案例的记录是为了研究，研究是为了解剖案例的本质、解剖案例（现象）背后的真实。教育案例的研究是在质的研究中展开、分析、描述并完成的。

❷ 教育案例研究的方法是归纳法，它是采用归纳（而不是演绎）的方法获得某种教育知识或教育信念的

下面说一个教育案例研究的例子。题目是《从交往需要到交往行动：教育之本真》

有这样一个真实的故事：

美国有个儿科医生叫戴比，一次，她带了二女儿歇若与几家朋友一起外出野餐。几家人的五六个孩子都不过四五岁，碰到一起便叽叽喳喳地打闹玩耍。忽然，歇若不知为什么，跟另一个叫安娜的孩子闹了起来，便跑到母亲跟前去告状："妈咪，安娜不让我玩跳绳。"

母亲并没有出面调解，而是说："亲爱的，去同安娜协商一下。"

歇若离开母亲后，一边跑一边叫："安娜，妈妈说，让我玩一下。"

歇若的"假传圣旨"引得大人们都笑了起来。

过了一会儿，看来问题并没能解决，歇若又跑回母亲跟前，红着眼睛，嘟着嘴，又来告状："妈咪，安娜还是不让我玩。"

母亲对女儿说的还是那一句，但加了些鼓励："亲爱的，去同安娜协商一下，妈咪知道，你一定可以做到的！"

歇若于是慢慢地挪近安娜，一声不吭地看着安娜和其他孩子玩跳绳。一会儿，她用很一般、很平和的语气问："我能玩一下吗？"

安娜看了看说："你可以玩一分钟。"

歇若很快地接过跳绳，说："谢谢，我先玩一分钟，然后轮到你。"

就这样，歇若的谈判成功了。

在这个案例的解读中，作者获得的中心观点是："从交往需要到交往行动：教育之本真。"

作者说，"这是生活中一件很不起眼的小事，也许我们会觉得它随处可见，随时可遇，并没有什么值得大惊小怪。其实不然，只要我们细细琢磨一番，就会发现它是那么耐人寻味。我姑且不妄言它是否体现了本源意义上的教育，但我们至少可以从中观照出真正的教育的缘起和真正的教育的运作原理。"

255

接着作者从两个方面展开了分析和解剖：首先教育缘起于交往的需要。其次，教育伴随于交往的过程。在两个方面的分析中得出结论："教育始终伴随于交往的过程，也只有在交往的过程中才能实现。"

这就是归纳，作者的理性认识和观点是对案例的分析中归纳出来的。

⭐ 3 教育案例研究是符合校长工作特点的实践性研究

校长的日常工作就是教育教学实践。校长每天在校园里与教师和孩子们接触交流，生活在一个个教育事件中，生活在一个个教育情景中。因此，教育案例研究确实是符合学校实际和校长工作特点的一种很好的研究方法。

说到这里，我想似乎很有必要就学校校长搞教育科研与教育理论工作者搞研究的不同之处做一下分析说明：

在价值取向上，教育理论工作者的研究是为了回答"是什么"的问题，诸如"教育是什么""教学是什么""课程是什么"，是在理论层面上揭示教育中诸多问题的本质和内涵及其规律；校长的研究是为了回答"怎样做"的问题，为了达到教育目标，教育教学该怎样做，课程实施中的诸多问题该如何解决，对问题的解决该采用怎样的解决策略和行动方案。我们追求的是怎样的教育教学行为才更科学、更完美。即便在教育案例研究中所获得的理性认识也是基于实践层面上的扎根性理论，而不是普适性理论。

在研究对象上，学校教育科研直接指向学生，教育科研的成果也直接地反映在学生的发展上，学生是人，是将要成为社会接班人和建设者的一代新人，教育促进人全面发展的价值观决定着我们不能做未知结果的试验。理论工作者不同，其研究不直接作用于人，研究成果是真理，会受人称赞，得到应用；是谬论，会受到批判，受到唾弃。所以，这就要求学校、校长在教育科研的选题上、在新的改革方略的采用上慎之又慎。不然，就会贻误一批人，甚至一代人。

在研究方式上，理论工作者更多的是采用文献法，在资料中比较、辨析，进行理论上的立论和自圆其说的论证，是一种哲学思辨式的研究，在丰富教育理论体系和思想体系上做出他们的贡献。而学校、校长的研究工作本质上应该定位于在教育实践层面上的创新，是一种以解决教育实际问题为目的的行动的改革，是在对传统经验的反思批判中的实践创新。当然，实践创新离不开理论的指导，离不开专业引领，所以，学校教育科研也是一种理论应用的实践研究活动。

在研究主体上，理论工作者更多的是"个体户"，好似漂流到孤岛上的鲁滨孙。学校教育科研的主体是在课堂教学第一线的广大校长。校长就好比是"合作社"中的成员，是研究的同伴，在相互切磋、相互学习中交流技艺，在同伴间的"头脑风暴"和教学技艺比练中，共同成长。

基于以上分析，我们应该思考一个问题，即学校教育科研我们能做什么？我们不能做什么？我们应该怎样开展研究？以往，我们在教育研究理论专家的指导下，常常采用实验法。谈课题，必谈实验班、对照班、变量和因变量，总结课题研究成果必用统计测量法进行差异性检验。在长期的实践中，我们已越来越感到这种来自于自然科学的实验法，不符合学校教育的实际，不符合校长的工作实际，自然校长会对教育科研望而生畏、望而却步。因为，学校教育科研指向的研究对象是学生，是一个个活生生的人，研究操作的环境是不断变化的，所谓变量是很难控制的，学校不是可以人为控制的实验室。再者，学校教育科研本质上是基于解决教育实际问题、改善教育行为的活动。在不断改善教育行为的过程中，校长和师生共同成长。

三、教育案例研究方法

教育案例研究是以讲故事的方式表达对教育的解释和理解。它不直接定义教育是什么，也不直接规定教育应该怎么做，它只是给读者讲一个或多个教育故事，让读者从故事中体验教育是什么、应该怎么做。进行教育案例研究，要有"绝知此事要躬行"的手，要有"留心处处皆学问"的眼，要有"吾日三省吾身"的心，要有"跳出庐山看庐山"的胆。

⭐ **校长要及时记录教育案例**

莎士比亚告诉我们："世界就是一个舞台"。在教育这个舞台上正

在经历着许许多多平凡的和不平凡的故事。教育案例可以是自己的实践记录，也可以是别人的成功经验。一方面要勇于实践，在实践中创新，在实践中创造出典型的教育案例，能成为教育案例的事件都是教育创新的结果。另一方面要养成观察的习惯。罗丹说，生活中不是缺少美，缺少的是"发现"。我们要善于发现教育案例。有人说画家有一双"画家的眼睛"。校长应该要有"校长的眼睛"，说的就是校长要有教育敏感。加拿大的课程学者说：校长从事实践性研究的最好方法是说出和不断地说出一个个"真实的故事"。教育案例的记述，要求校长能够看到、能够关注平时视而不见的寻常事件，然后把自己遇到什么问题、怎样遇到这个问题和怎样解决这个问题的整个过程记录和描述出来。

★2 案例写法

校长工作案例有多种写法：有的可以围绕班级教育或管理工作中出现的精彩片段或发生的典型性事件为主而编写案例；有的围绕一个主题，组织一系列有关事件进行编写；还有的就某个教育活动的一个全过程来撰写。这些案例中，有的案例是以正面方式叙述的案例，如"一次成功的沟通"；也可以是以反面方式叙述的案例。实践中更提倡校长提供片段型案例，这种案例倾向于篇幅短小，问题具体，主题集中，体现细节，便于分析。校长工作案例无论选择哪一种写法，都应当由四部分构成。

（1）标题：可以用事件或主题定标题。标题要紧扣案例、提炼内容、角度新颖。必要时，可以设副标题，作为正标题的补充或说明。

（2）背景：在正文里，要交代一下事件发生的具体背景，交代故事发生的时间、地点、人物、事情的起因等等。

（3）过程：事件的过程是案例的主体，是要求展开叙述的部分。它既包含对校长遇到的问题或困惑的展现，也包含问题是如何解决的叙述。不仅要叙述问题是如何发生、如何被发现、如何发展的，尤其要注意全面详尽细致地展现问题解决的过程：校长是如何干预的，问题解决中出现的反复、挫折等等。切忌把这部分叙述得简单化、概括化，如"经过我多次耐心的谈话，学生变了。"

这部分应通过对关键细节的描写，或错综复杂情境的再现，或生动形象的表述来体现教育干预及其效应的过程。有时人物的面部表情、心理活动等细微变化的叙述，有助于细节中见真谛、细节中见水平、细节中见理念、细节中见智慧。

（4）分析：最后，教师要对自己撰写的案例进行分析，也可以由他人做分析。分析本着多角度、理论联系实际、实事求是的原则，揭示案例背后隐藏着的校长工作的基本知识、原理或规律，反映校长的实践智慧和人格素养等。

校长工作案例不是论文，因此，要重叙事而非重议论；校长工作案例不是工作实录，因此不能有闻必录，而要对校长工作素材进行遴选，选择有典型性的，或能说明某个问题、反映某个规律，体现某个知识点，可指导某种实践，可启发某种思路的事件。

校长工作案例是校长实践与反思的产物。在校长实践中，力求使自己成为用心的研究者、热心的实践者、细节的关注者、问题的探索者的校长必能在提供有价值案例的同时，促进自己的专业成长。

⭐3 如何写好教育案例

写文章要考虑方法，但有了完整的故事结构，并不等于有了好的案例。写好一个教育案例，有三个关键问题需要注意。

（1）选择复杂的情境

所谓复杂的情境，是指故事的发生、发展具有多种可能性。教师在教育教学活动中面临着各种各样的问题情境，需要进行判断、选择、决定。复杂的情境提供了更多的选择、思考和想象的余地，因而给人以更多的启迪。学校教育教学中有许多典型事例和两难问题，应该怎样处理，案例可以从不同角度反映教师的行为、态度和思想感情，提出解决的思路和例证。

所谓复杂，也是相对的。你认为复杂，他认为不复杂；以前觉得复杂，现在觉得不复杂。因此教育情境的选择，是因人、因时、因地而异的。选择什么样的情境和材料，要有针对性。一是要符合当前教改实践的需要，提出人们所关心的、想了解的事情和问题；二是考虑案例交流的范围，是公开发表，还是校内交流，或者仅供个人参考。总之，撰写案例不能只顾讲述一个生动的故事，还要注意为什么讲、向谁讲这个故事。

（2）揭示人物的心理

人物的行为是故事的表面现象，人物的心理则是故事发展的内在依据。面对同一个情境，不同的教师可能有不同的处理方式。为什么会有各种不同的做法，这些教育行为的内在逻辑是什么，执教者是怎么想的？案例能够深入人的内心世界，让读者"知其所以然"。这也是案例不同于教案和教学实录的地方，好的案例应该能够发挥这个特点和优势。

人物心理的另一个重要方面是学生的心理活动。校长指导教师写案例，教师往往偏重于自己怎么想的，怎么教的，效果如何如何，可以娓娓道来，自我感觉良好。但学生的心里是怎么想的，对教学效果的看法是否与教师一致，往往被忽略不计了。人们常说"备课要备两头"：备教材，备学生。真实地反映学生在教育过程中的想法、感受，是写好案例的重要的一环。

（3）具有独到的思考

同一件事可以引发不同的思考。从一定意义上来说，案例的质量是由思考水平的高低所决定的。因为选择复杂情境也好，揭示人物心理也好，把握各种结构要素也好，都是从一定的观察角度出发，在一定的思想观点的引导下进行的。要从纷繁复杂的教育现象中发现问题、提出问题、解决问题，道出人所欲知而不能言者，这需要一双"慧眼"。具备这样的功力没有什么秘诀和捷径，只有通过长期的磨炼去领悟和掌握。

案例是一种非常个性化、多样化的表述方式，因此在撰写时需要发挥个人的想象力和创造性。阅读他人的案例可以开拓思路，起到借鉴参考作用，但要避免生搬硬套。内容与形式的独特性是教育案例的魅力所在。

案例能够直接、形象地反映教育教学的具体过程，因而有很强的可读性和操作性，也非常适合于有丰富实践经验的第一线教师来写作。要写好案例，首先要加强理论学习，不断地进行实践探索。一篇好的案例，可以胜过许多泛泛而谈。说到底，好文章不是"写"出来，而是"做"出来的。

⭐ **4 个案研究法**

个案研究法是指对某一个体、某一群体或某一组织在较长时间里连续进行调查，从而研究其行为发展变化的全过程，这种研究方法也称为案例研究法，亦称个案历史法。追踪研究某一个体或团体的行为的一种方法。它包括对一个或几个个案材料的收集、记录，并写出个案报告。在现场收集数据的叫作"实地调查"。它通常采用观察、面谈、收集文件证据、描述统计、测验、问卷、图片、影片或录像资料等方法。

　　在大多数情况下，尽管个案研究以某个或某几个个体作为研究的对象，但这并不排除将研究结果推广到一般情况，也不排除在个案之间作比较后在实际中加以应用。对个案研究结果的推广和应用属于判断范畴，而非分析范畴，个案研究的任务就是为这种判断提供经过整理的经验报告，并为判断提供依据。在这一点上，个案研究有点像历史研究，它在判断时常需描述或引证个案的情况。因此个案研究法亦称"个案历史法"。

【案例】

一、个案研究背景

⭐1 个案自然状况

　　罗杰，男，11岁，小学四年级学生，学习成绩较差，平时考试几乎都是班上最后一名；上课如果老师不点名从不发言，注意力不够集中，虽不做小动作，但思想常开小差，写字速度过慢，潦草，一些过于简单的字常不认识或写错，基础过差，自觉性差。

⭐2 家庭生活背景

　　罗杰的父母都在国外，从小跟随外婆长大。外婆一家子都不识字，没有精力和能力与他交流沟通。唯一的交流就是问考试成绩，一听说成绩不理想，就是一顿打骂，长期这样，罗杰也不再有实话对家长讲。总之，这是一个缺少爱与沟通的家庭。

二、主要问题及分析

1 家长教育子女的方式方法存在一定问题

家长对孩子的期望值过高，但耐心程度不够，看到孩子学习成绩不理想，便经常发火，大声训斥，罚写，加上孩子比较任性，听到训斥就撂挑子不干，致使孩子丧失了学习兴趣，作业出现了潦草、糊弄现象，成绩每况愈下。

2 写作业的速度较慢，写字潦草

别人十分钟完成的作业，他要写一节课，这是由于基础差的原因。但因为学习态度不够端正，写字常常非常马虎，毛毛草草，十分潦草。

3 对学习没有兴趣，学习成绩过差

4 不合群，被集体排斥

该生在班上总是很"显眼"，因为他经常考试不及格，题目做错，口诀背不下来，所以当老师说今天有一个同学作业做错了时，全班学生都会异口同声说是罗杰。这种歧视导致他自卑、自闭，排斥在群体之外，他不愿、不敢，也没有信心和同学交流，不参加集体活动。

三、辅导措施及过程

1 抓住闪光点

结合学校研究专题，根据《新课标》的精神，重新来了解、认识罗杰。经过分析，我认为罗杰自身是一个聪明的孩子，但是由于从小缺乏父母的爱，加上没有得到良好的管理、教育、辅导，所以才养成了许多坏习惯。作为校长，我觉得应想办法重新激发起他身上的学习动力和学习的热情，使他从颓废中走出，培养他积极向上的精神，这对他是非常重要的。正好学校举办绘画素质成果展，我知道他很喜欢画画，而且成绩也不错。便鼓励他去试一试。起先他还是习惯性地推脱，在我一再坚持下，他终于答应了。当他获奖的消息传来时，全班响起了热烈的掌声，我能感受到他成功的喜悦。这次成功大大鼓舞了他的信心。

②　提供锻炼机会

自从罗杰在绘画比赛中得奖后，在班级各项小主人小能手比赛中，我都提供机会让他展示出他的闪光点，他在绘画方面表现出了独特的天赋，令同学们对他刮目相看。另外，我总是有意让他参与集体比赛，学会和其他同学协作，让同学们关注他，让他也在集体中找到自己的位置。

③　家校密切联系

说服家长与老师积极配合，指导家长的辅导方法。针对家长性情急躁、简单粗暴的现象，进行说服教育，使他能积极地与老师配合，采取正确的教育方法。把罗杰在学校获得的成绩向他的家长汇报，让他重新认识自己的孩子，做好教育孩子的工作。

四、实施效果

过了一段时间，罗杰的自信心明显提高了。家长反映他不再孤僻、难管了，能主动和父母谈学习上的事，有一定的自觉性，对父母不再报"喜"不报"忧"。更难得的是还经常温习数学知识。在课堂上也能经常听到他的见解，虽然有时在课堂中还是会出现注意力不集中的现象，但他学会了努力地克制自己。学习的态度也发生了改变，积极性高了，做题再也不是马马虎虎的了，做完题后能进行自觉地检查，基本上不会出现漏题或抄错题的现象了。作业的书写也干净、整齐多了，经常可以得到"优"。期末考试成绩有 80 分以上。

第八节　校长撰写论文等技巧

教育科研的大部分时间都在以各种方式获取资料，在研究过程中，随时对资料进行分类整理。当按计划把资料收集齐全时，就要在研究

上下功夫。同样的资料，在不同的研究者手里，会发挥不同的效用。研究者应该高屋建瓴，做资料的主人，不做资料的奴隶。

首先，研究者要根据研究目的对全部研究资料进行内容归类。对原设计的突破点和创新意义的内容尤其要加倍重视。然后，对各类资料的纵向、横向关系进行深入思考，要尽力抓住它们之间的本质联系。分析中，常会出现"疑点"，对这些"疑点"不能放过，它们可能是获得某种认识的关节点，也可能是资料欠缺带来的，如果是后者，则要设法补充资料。

其次，从资料中寻找必然联系，揭示规律是我们的最终目的。研究者要调动自身的理论储备和知识储备，对资料所反映的情况寻求最合理的解释。从思维方式上，则要把收束与发散，求异与求同，正向与逆向结合运用，使资料全部处在研究者的统摄之下。而且要运用分析、综合、归纳、推理等多种逻辑方法，把规律性认识提炼出来。

在以上的分析过程中，研究者要不断动笔记录思考的结果，哪怕是一点思想的火花，也不放过。必要时要画出各种"联络图"。这正是规律性认识的量的积累过程。最后，常有"豁然开朗""如释重负"的感觉。

写科研论文，这是教育事业发展、教育改革深入对校长提出的高标准、高要求。我们认为，进行教育科研的能力与写科研论文的能力是完全一致的。这是因为，教育科研的最终成果表现形式是科研论文（包括实验报告、调查报告等）没有成果，一项科研不能算完成；而任何一篇科研论文，必须有研究过程，是"研究"出来的，"写"，只不过是结束的一个步骤。有一种看法认为，写科研论文，主要在"写"，其实是不对的。不研究，怎么写，写什么。重点在研究。

一、科研论文的特点

1 科研论文是完整科研过程的最终成果

前文说过，写总结以工作过程为基础，写普通论文以学习过程和实践过程为基础，它们都具有研究的性质，但毕竟不是真正意义上的研究。 而科研论文的前提就是完整的科研过程，科研是它的基础。

科研，从选题立项到成果鉴定有一套严密的工作程序，每一个程序都不能忽略，一旦忽略，就会影响科研本身的进程和成果的质量。 目前，我国的教育科研处在开始普及的阶段，参与科研的教育工作者逐渐增加，但仍然是少数，而且真正掌握教育科研程序的就更少。 北京市教育科学研究所在"八五"期间，曾有同志对市级立项的调查研究类课题的研究过程进行调查研究，发现绝大多数课题都缺少严密的研究程序。有的调查、问卷设计不科学；有的调查，没有进行必要的试调查；有的调查、抽取样本不科学……这样当然会影响成果的质量。 某些实验研究、文献研究、经验研究，也不同程度地存在着问题。 这就启示我们，写科研论文一定要掌握科研的程序。 没有科研过程的论文不是科研论文。

2 科研论文在保证科学性的基础上，必须具有创造性

创造性，或说创新性，是科研论文的一个重要特点。 一篇科研论文如果没有创造性，往往没有什么价值。 因为科学的成果，不一定都是创新的成果，有可能早已被他人证明过，论者只不过进行了重复性的劳动。 我们举个例子：某市一位校长写了一篇论文，在市里获了奖，又推荐到省教育学会，又获了奖，并且做了大会发言。 这篇论文被推荐到《校长》杂志，几位编辑审读之后，得出了一致的意见，认为这篇论文误把中小学生的共同特点当作初中二年级的年级特点，以此为依据展开论述，既没有创新意义，又缺乏科学性。 类似的情况，在一些地区和学校并不少见，为什么呢？ 是由于作者和评审者对所论问题的研究状况和理论背景不清楚，对是否有创新把握不准，或者根本不重视创新性这一科研论文的重要特点。

3 应该经过论证和鉴定。 论证和鉴定，实质上都是论证

进行教育科研，选题确定之后，要先论证该题目的必要性、可行性以及有哪方面的突破，经过论证之后，如果得出肯定性结论，才能立项、开题，展开研究。 如果论证得出否定性结论，就不能立项、不能进行研究。 如果肯定、否定参半，就需从实际出发，进行必要的选题调整。

鉴定是对科研成果的评价性论证。一项科研成果，包括科研论文，都需要经过这一步骤。这种鉴定是对成果的科学性、创新性，理论价值、实用价值等进行综合性的评价。真正意义上的科研论文，是必须经过论证和鉴定的。

★4 有普遍意义和推广价值

在上述鉴定基础上，对科研论文的普遍意义做出论断。即指明该论文是否提出了规律性的认识，凡符合规律的，就具有普遍意义，也就有了推广价值。否则，科研论文就没有意义了。

我们常常发现这样一种论文，把一个学校、一个班级的某些现象，不经研究地推而广之，写成普遍的认识，以突出其价值。这是不行的，往往会导致认识上的糊涂与混乱，给实践带来麻烦。

二、科研论文的结构与要求

（一）科研论文

科研论文又称学术论文，一般科研论文包括以下几部分：

★1 标题。 要求突出课题研究成果的中心内容，要科学、严谨地表述。不宜像普通论文那样灵活多样。

★2 署名。 一般先署××课题组，然后写执笔人。必要时，在论文最后署课题组成员的名单。个人的研究课题只写个人。

★3 论文提要。 以精练、概括的语言介绍论文的主要内容。较短的论文，不必写提要。

★4 正文部分。 这是最重要部分，包括：①绪论：说明研究该课题的缘由和重要意义，提出基本假设，说明研究的方法。②本论：是论文的核心。充分展示研究成果，论点要鲜明、清晰，论据要充分，论证要严密。③结论。对本论进一步综合概括，揭示规律性认识。还可写对本课题的研究展望。

⭐ **5 全文结尾。** 要对课题组成员以及支持课题研究的人员致谢。列出参考文献目录。直接引用资料要注明原书、文题目、出版机构、版本、作者姓名。

（二）实验报告

实验报告一般分为题目、署名、正文、附录和参考文献几个部分。其中正文包括以下几个内容。

⭐ **1 研究的目的、意义。**

⭐ **2 研究的方法：** 怎样选择被试；实验的组织类型；实验因子的操纵；无关因子的控制；效果测定的项目、标准、方法、内容；实验步骤。

⭐ **3 研究的过程、结果：** 写明实验具体过程，用科学翔实的数据说明实验结果。

⭐ **4 讨论：** 由实验结果回答实验目的；对实验结果进行分析论证；与同类研究结果进行比较；提出进一步研究的问题和此次研究存在的问题。

⭐ **5 结论：** 根据实验结果的分析得出结论。回答实验目的中提出的问题，提出运用实验结果的建议。

（三）调查报告

调查报告，一般分为题目、署名、正文几个部分，其中正文包括以下几个内容。

⭐ **1 前言：** 简要说明调查的目的、任务、对象、范围、方法、时间、地点等。

⭐ **2 调查结果分析：** 选取最能反映事物本质的现象、数据，可根据需要制成清晰的图表，分析资料反映的基本特征和相互关系，提出新发现、新见解。要高度重视科学理论的指导和严密的逻辑分析。

⭐ **3 结论和建议：** 全篇报告的精髓。结论根据调查分析得出，准确、可靠。据此提出建设性意见。

4 附录：问卷，谈话提纲，调查量表等，如果公开发表，可不提供。

5 致谢、参考文献目录。

三、科研成果鉴定

这是教育科研最后一个重要步骤，没有经过鉴定的成果，不能面世，不能推广。纳入各级教育科学规划的课题，要由主管单位组织专家鉴定。组织鉴定一般有会议鉴定和通信鉴定两种。基层学校和个人的研究课题，由学校组织鉴定，最好请一定比例的专家参加鉴定。

鉴定的目的是对课题研究过程、结果进行全面、科学的评价，主要集中在科学性、独创性和应用性这"三性"上。通过鉴定，可以确定研究成果的水平和层次。

综上所述，校长进行教育科学研究，从选题到成果鉴定，这是一个复杂的过程。在这个复杂过程中，校长既要根据科研的一般程序进行操作，又要体现校长科研工作的特殊性。把共性与个性结合起来，使研究更具有个性，体现出校长科学研究的特色。